Claudius Seidl

HELMUT DIETL
Der Mann im weißen Anzug

Claudius
Seidl

HELMUT DIETL
Der Mann im weißen Anzug

Die Biografie

Kiepenheuer & Witsch

I.

Ein Lebenswerk

Am 9. Mai des Jahres 2014, an einem Abend, der kühl, nass und so stürmisch war, dass weiter westlich die Bäume knickten und die Ziegel von den Dächern fielen, zeigte sich in Berlin der große Filmregisseur Helmut Dietl zum vorletzten Mal der Öffentlichkeit.

Es war der Abend, an dem die deutsche Filmakademie, wie in jedem Frühjahr, die deutschen Filmpreise verlieh. Helmut Dietl hatte die Akademie einst mitgegründet. Später war er ausgetreten, im Zorn und im Streit. Und jetzt wollte diese Akademie ihn trotzdem ehren, für sein Lebenswerk.

Michael »Bully« Herbig, der Komiker und Regisseur, versprach, kaum dass er auf der Bühne war, dass er gleich auf die Knie fallen werde, trug seine Laudatio dann aber doch im Stehen vor. Er sagte, was bei dieser Gelegenheit noch einmal gesagt werden musste, obwohl es im Saal doch alle wussten: dass Helmut Dietl vier Fernsehserien gedreht habe, die so lustig, so melancholisch und so weise waren, dass praktisch jeder, der sie überhaupt gesehen habe, sie eingemeindet habe ins eigene Gedächtnis – so, als hätte er diese Geschichten nicht bloß gesehen, sondern selbst erlebt. Dass man in ihren Helden das Selbstporträt ihres Schöpfers zu erkennen glaube – und Helmut Dietl umso mehr bewundere dafür. Dass Dietls München dem echten München jederzeit vorzuziehen sei. Und dass, wer wie er, Bully Herbig, je mit Dietl gearbeitet habe, dessen Strenge und Präzision nur preisen könne. Wer auch nur ein Komma, das im Drehbuch steht, nicht mitspiele, bekomme Ärger. Zudem sei Dietl mit »Schtonk« für einen Oscar nominiert gewesen. Was man sich erst einmal vorstellen müsse. Eine Oscarnominierung für eine deutsche Komödie. Wo das doch im Rest der Welt für einen Widerspruch in sich gehalten werde: deutsch und Komödie.

Dann schwieg Bully Herwig – und das war der Moment, da sich, wer Dietl kannte, gut vorstellen konnte, dass er jetzt auf die Bühne käme, nur um zu sagen, dass er diesen Preis nicht annehmen könne: weil er es nämlich noch nie darauf angelegt habe, dass sich alle auf ihn einigen könnten – und jetzt, da er älter werde, schon gleich gar nicht.

Weil man von einem Lebenswerk, einem abgeschlossenen, nur bei den toten Künstlern sprechen könne. Und tot sei er nicht und habe auch nicht vor, es so bald zu sein.

Und weil, da Ernst Lubitsch und Billy Wilder längst verstorben seien, ohnehin kein angemessener Lobredner zur Verfügung stehe. Diesen Satz, sagte Herbig, habe Dietl wirklich gesagt – und dann doch den Laudator Herbig akzeptiert. Immerhin hatte der in »Zettl«, Dietls schlimmstem Flop, die Hauptrolle gespielt.

Wie es überhaupt ein paar Gründe gab, den Preis, zögernd und widerstrebend vielleicht, dann doch anzunehmen. Zwei Jahre zuvor, im Winter 2012, war »Zettl« ins Kino gekommen, jener Film, dem fast zehn Jahre lang das Gerücht vorausgegangen war, Helmut Dietl arbeite an der Berliner Fortsetzung von »Kir Royal«, wofür es, von Berlin aus betrachtet, ja allerhöchste Zeit war. Es gab doch, auf eineinhalb Quadratkilometern in Berlin-Mitte jedenfalls, so zwischen »Borchardt« und »Grill Royal«, auf Vernissagen, Premieren und Dinnerpartys endlich genug Geld, Kunst, Sex und Kokain. Es gab Intrigen und Korruption, fast schon von Weltniveau. Und ein paar Journalisten, die, wie einst Baby Schimmerlos in München, weit über ihre Verhältnisse mitspielten und mitfeierten, gab es auch. Es gab ein Milieu, das geradezu ein Recht darauf zu haben glaubte, von Helmut Dietl porträtiert zu werden. Gerne auch schonungslos. Wenn es nur mit Dietl'scher Eleganz geschah.

Dass die ganze Sache so groß und glanzvoll doch nicht ausgehen würde, hatte sich abgezeichnet in den Jahren, in denen Dietl immer noch nicht mit den Dreharbeiten angefangen hatte. Er bekomme das Geld nicht zusammen, er bekomme den Stoff nicht in den Griff, und Benjamin von Stuckrad-Barre, sein Co-Autor, war vielleicht auch nicht der Richtige: So gingen die Gerüchte. Dann kam »Zettl«. Keine Fernsehserie, nur ein relativ kurzer Film – und deutlich sichtbar für alle, die sich dafür hätten interessieren können, war das nur ein Fragment, eine Ruine. Ein paar gute (und ein paar nicht so gute) Szenen aus einem Projekt, das man in einer Viereinhalbstundenfassung ganz gerne gesehen hätte.

Zur Feier der Premiere hatte es einen Exzess der Schmähungen, Beschimpfungen, Beleidigungen gegeben. Dietls künstlerischer Bankrott sei vollkommen; er habe keinen Witz mehr, keinen Sinn für Timing und Pointen. Der Film sehe aus, als hätte überhaupt niemand Regie geführt. Es klang, als ob sehr viele Leute sehr lange Rechnungen offen gehabt hätten mit Helmut Dietl. Es war, als könnte man ihn jetzt, da das Nichtgelingen so offensichtlich war, endlich bestrafen dafür, dass ihm so vieles gelungen war. Und für die Weibergeschichten, für seine ganze Münchner Arroganz.

Und das Publikum wollte »Zettl« dann auch nicht sehen.

Helmut Dietl hatte also ein paar gute Gründe dafür, sich auf die Bühne zu stellen und der Branche, die fast vollzählig im Saal saß, und den Fernsehkameras, die den Abend aufzeichneten fürs erste Programm, mit münchnerischer Nonchalance vorzuführen, dass er von dem bisschen Bösartigkeit nicht besonders beeindruckt war. Dass er auf jeden Fall mehr Witz hatte als die, die versucht hatten, sich über ihn lustig zu machen. Und dass eine gewisse Arroganz in diesem Zusammenhang nur angemessen war.

Leider ging das nicht, und alle wussten, warum. Ein halbes Jahr zuvor hatte Dietl dem Chefredakteur der »Zeit«, Giovanni di Lorenzo, ein Interview gegeben. Er habe Krebs, hatte Dietl da ohne große Umschweife erzählt, er habe nachgerechnet und sei auf ungefähr eine Million Gitanes gekommen. So viel habe er geraucht in seinem Leben, und jetzt habe er den Lungenkrebs. Es war ein grantiges, ein trotziges Interview. Dietl bekannte, dass er nicht nur krank war, sondern auch verletzt, von der Häme und den Verrissen. Er fügte sich in sein Schicksal, und zugleich protestierte er dagegen. Er sprach über Therapien, aber noch lieber sprach er über Filme. Vor allem über die, die er noch inszenieren wollte. Es klang, als wüsste er selbst, dass das nichts werden würde.

Helmut Dietl sah schmal und krank aus, als er auf die Bühne kam, und trotzdem sehr gut in seinem Smoking.

Seine Stimme klang dünn, als er den Leuten von der Akademie die passenden Gemeinheiten sagte, und trotzdem verstand man jedes Wort, als er Iris Berben, die Präsidentin der Filmakademie, für ihre Überredungskünste lobte. »Sie hat gesagt: ›Das musst du machen, aus, Ende!‹ Also mach ich es halt.« Iris Berben heulte da schon, und als Helmut Dietl zur Hauptsache kam, schien es niemanden im Saal zu geben, der noch halbwegs trockene Augen hatte. Seit vierzehn Jahren sei er verheiratet, erzählte Dietl, und noch nie habe seine Frau ihm etwas verboten. Er habe immer gefürchtet, dass sie eines Tages ein umso strengeres Verbot aussprechen würde. Dieser Tag sei vorgestern gewesen. Da habe sie ihm verboten, ihr öffentlich zu danken. Dafür, dass sie ihn gepflegt und betreut habe im letzten halben Jahr. Dafür, dass er ohne sie verloren wäre. Dass er ohne sie nicht hier wäre.

Im Saal heulten alle.

Dann verabschiedete sich Helmut Dietl mit den Worten: »Wenn keiner was dagegen hat, dann geh ich jetzt.«

Und das war der Moment, da vermutlich viele, die jetzt aufstanden und klatschten und weiter mit den Tränen kämpften, am liebsten gerufen hätten: Bitte nicht. Bitte bleiben Sie! Sie sind doch als Mann und Münchner, als Künstler und als Hauptdarsteller im eigenen Lebensfilm immer ein Vorbild gewesen. Es sind doch schon so viele von uns gegangen – und wenn die Kraft nicht mehr reicht für eine zwölfteilige Fernsehserie oder einen großen Film: Dann lassen Sie uns noch ein paar Sätze in dieser Tonlage hören, mit dieser Ironie, die doch schon immer der Verzweiflung abgetrotzt war! Wenn Ihnen die Dreharbeiten zu anstrengend sind, was ja jeder verstehen kann: Dann schreiben Sie ein Buch über Ihr Leben, von dem wir alles wissen wollen!

Helmut Dietl hat es getan. Im Dezemberg 2014, in einer TV-Jahresrückblicksendung, sprach er noch einmal von seinem Leben. Im Frühjahr 2015 ist er von uns gegangen, knapp ein Jahr nach dem großen Auftritt.

Aber er hat ein Buch geschrieben, über sein Leben, das aus seiner Sicht unvollendet blieb. Weil es abbricht, wenn der Junge Helmut erwachsen wird. Und mit dem sich doch ein Werk gerundet hat, das damit anfing, dass ein Junge aus München ganz dringend ein Dichter werden wollte. Und mit großem Ernst Gedichte schrieb.

II.

Unsere kleine Stadt

Wir haben die meiste Zeit in derselben Stadt gelebt, in München, das Helmut Dietl auch in den Jahren nicht aufgab, in denen er in Berlin eine Wohnung hatte und die eineinhalb Quadratkilometer in Berlin-Mitte erforschte und vermaß, um die es gehen sollte bei jenem Film, für den er, wie man sich erzählte, eine Drehbuchfassung nach der anderen schrieb.

Wir sind einander aber nie begegnet, nicht in dem Sinn jedenfalls, dass wir die Hände geschüttelt, die Namen genannt, vielleicht sogar miteinander angestoßen hätten. Die Andeutung eines Kopfnickens aus der Ferne, mehr war es nicht in dreißig Jahren.

Die Filmleute gingen damals ins »Romagna antica«, Elisabeth-/Ecke Zentnerstraße in Schwabing, ein schickes italienisches Restaurant in einem durchschnittlichen Fünfziger-Jahre-Haus. Die Schreiber saßen im »Schumann's« in der Maximilianstraße, im hinteren Raum. Ins »Romagna antica« sind wir Schreiber praktisch nie gegangen. Was sollten wir da, wir hätten die Filmleute beim Feiern doch nur gestört, und das Essen, redeten wir uns immer ein, sei eh nicht so besonders. Die Filmleute kamen manchmal, zum Aperitif oder spät nachts, wenn ihr Stammrestaurant geschlossen hatte, ins »Schumann's«, blieben aber unter sich und im vorderen Raum. Nur Bernd Eichinger, der Produzent, sah uns manchmal da sitzen, wenn er zu den Waschräumen ging, und wenn er zurückkam, setzte er sich dazu und gab eine Runde Lagavulin aus. Worauf er von uns zu hören bekam, dass der Whisky zu teuer und viel zu gut war, als dass wir ihn stehen und verdunsten lassen würden. Dass wir unsere Kritiken aber immer nüchtern schrieben. Niemand sagte »Bernd« zu ihm. Es hieß »Herr Eichinger«.

Helmut Dietl zu duzen, ja ihn überhaupt anzusprechen: Das war völlig undenkbar, schon weil sein Lächeln suggerierte, dass ihm an Verbrüderung nicht gelegen war. Er schien genug zu tun zu haben mit sich selbst und denen, die er eh schon kannte.

München ist, aus der Perspektive der Filmer wie der Schreiber, eine kleine Stadt. Und wenn man sich dann doch zum Abendessen verabredet hätte, zwei Flaschen Rotwein und einen Digestif hinterher, dann wäre man am Ende doch beim Du gewesen. Und diese Nähe hätte einen beim Schreiben korrumpiert. Wo es doch so viel zu schreiben gab, über Helmut Dietl und seine Filme.

Über die Filme hätte man vielleicht noch diskutieren können mit Helmut Dietl, kühl, analytisch, aus einer Distanz heraus, aus der man sehen konnte, was daran gelungen, was vielleicht auch misslungen war. Aber die Serien waren etwas anderes. Sie zu kritisieren, wäre sinnlos gewesen; es ging, wenn man an diese Serien dachte, wenn man von ihnen sprach, über sie schrieb, nicht nur um ein Werk, dessen Schöpfer eben Dietl hieß. Es ging dabei immer ums eigene Leben. Die »Münchner Geschichten« hatte ich erst in der Wiederholung gesehen, bei der Erstsendung war ich zu jung dafür. Als »Der ganz normale Wahnsinn« im Vorabendprogramm lief, war ich Student und belegte meine Seminare so, dass ich auf keinen Fall eine Folge verpasste. Es war, als ob wir verabredet gewesen wären – Maximilian, der Held der Serie, und ich, um zu verhandeln, wie das gehen sollte: ein einigermaßen gelungenes Leben. Der Monaco Franze war ohnehin der Mann, den ich, hätte ich seine Telefonnummer gehabt, mehrmals täglich gefragt hätte, wie man das macht: den Blick aufs eigene Leben in jeder Lage so einzustellen, dass man darin der Held und Hauptdarsteller war. Und Baby Schimmerlos in »Kir Royal«: Da war jede Begegnung eine moralische Herausforderung. Und in jeder Folge ging es um Leben und Tod. Und immer war es, als ob der Bildschirm hier durchlässiger wäre als sonst im Fernsehen. Immer wirkte die Welt, die Dietl inszenierte, wie die stilisierte Fortsetzung meiner eigenen Welt. Unerreichbar und nur einen Schritt weit entfernt.

Auf diese Serien antwortete man nicht mit Kritik, sondern mit den Konsequenzen, die man daraus fürs eigene Leben zog. Es lag letztlich an mir, an meinem Geist, meinem Humor, meiner Entschlossenheit, ob meine Tage und Nächte eine Dietl-Serie waren. Oder etwas Langweiligeres. Und wenn an einem dieser Tage wirklich Helmut Dietl auftauchte, eine Stilisierung seiner selbst mit dem dunklen Bart, den weißen Anzügen, der arroganten italienischen Nase: Da war es, als wäre er selbst gerade aus einer seiner Filme oder Serien herausgestiegen. Und dann ging er eben über die Münchner Leopoldstraße oder saß im »Einstein« in Berlin, und ich hielt den Abstand, der angemessen war.

Wir sind einander dann doch noch vorgestellt worden, viel später, in Berlin. Es war die Geburtstagsfeier eines gemeinsamen Freundes im schicken »Grill Royal«; zum Essen setzte man sich auf den Platz, der einem zugewiesen wurde, und danach haben wir einen Digestif getrunken, womöglich waren es auch mehrere. Es war nicht nur ein Vergnügen, mit Helmut Dietl zu sprechen, aber langweilig war es nicht. Das lag zum einen daran, dass Dietl sehr streng sein konnte, wenn er merkte, dass man an seinen Filmen auch etwas zu kritisieren fand. Und er konnte sehr freundlich sein, wenn er sah, dass einer selbst die Dialoge aus dem »Ganz normalen Wahnsinn« auswendig konnte. So ging es hin und her. Die Party kam gut voran, es waren Schauspieler da, Journalistinnen, Galeristen, gut gelaunte Frauen, gut aussehende Herren, es war eine fast euphorische Sommernacht; und als ich gehen musste, viel zu früh für meinen Geschmack, aber am nächsten Tag gab es sehr viel zu tun, als ich mich also verabschiedete, sagte ich, dass es mir eine Freude und eine Ehre gewesen sei. Und dann, mit Blick auf die Leute um uns herum: »Ist es das? Kir Royal in Berlin. Das ist es doch!«

»Ein Scheißdreck ist es«, sagte Dietl.

Ich ging zu Fuß nach Hause durch die warme Nacht, rauchte dabei und war verstört. Und vielleicht auch ein wenig betrunken. Erst am nächsten Morgen fiel mir ein, dass Dietl sich nur selbst zitiert hatte. Beziehungsweise den Monaco Franze, als der das salbungsvolle Geschwafel über einen angeblich so unvergleichlichen Opernabend nicht mehr hören konnte: Ein rechter Scheißdreck war's. Der legendäre Monaco-Franze-Satz aus der ersten Folge.

In der Wohnung in der Sophienstraße in Berlin-Mitte, in der ich über diesen Satz nachgedacht hatte, sind wir uns dann auch zum letzten Mal begegnet. Ich suchte einen Nachmieter, er suchte ein neues Pied-à-terre in Berlin.

Er saß am Tisch und rauchte: »Die Wohnung gefällt mir gut, ich würde sie gern nehmen.«

»Nehmen Sie sie!«

»Sie ist gut für einen. Aber ich hab ja noch eine Frau in München.«

»Hab ich auch. Es kann zu zweit auch sehr schön sein hier.«

»Und dann hab ich noch ein Kind.«

»Mit einem Kind wird es schwierig. Ein Kinderzimmer gibt es nicht.«

»Von mir aus brauchen die gar nicht nach Berlin zu kommen. Es reicht, wenn ich zu ihnen nach München komme.«

»Na dann.«

Zwei, drei Monate später ist ein alleinstehender Mann in die Wohnung gezogen.

III.

Drei Frauen

Fast alles, was wir vom jungen Helmut Dietl wissen können, von seiner Kindheit, Jugend, vom Erwachsenwerden, hat uns der alte Dietl erzählt – in einem Buch, mit dem sein Werk zu seinen Ursprüngen zurückgekehrt ist. Angefangen hat es ja, das wissen wir aus ebendiesem Buch, mit Gedichten, die leider keiner drucken wollte.

Helmut Dietl hat, als die Kraft zum Filmemachen nicht mehr reichte, sich tatsächlich an den Computer gesetzt und seine Erinnerungen aufgeschrieben – und ob ihm das gelungen sei oder nicht, ist eine Frage, auf die es zwei Antworten gibt. Aus der Perspektive Dietls nämlich ist das Buch nur ein Fragment geblieben, ein Text, der von ihm als Autobiografie angelegt war und einfach abbricht in dem Moment, als die Kraft auch zum Schreiben nicht mehr reichte. Aus der Perspektive nahezu aller anderen, die das Buch gelesen haben, ist es fast perfekt in seiner Struktur: Es fängt an mit den frühesten Kindheitsbildern. Es hört auf, wenn aus dem Jungen fast schon ein Mann geworden ist. Und es erzählt davon, wie viel Glück, Kühnheit und poetische Energie es brauchte, damit aus dem Jungen schließlich Helmut Dietl wurde. Eine klassische Coming-of-Age-Erzählung, die nur deshalb »A bissl was geht immer« heißt, weil Dietl, als das Buch erschien, schon tot war und den Titel nicht mehr verhindern konnte. »A bissel was« gehörte zu den Dingen, die den jungen Dietl ganz bestimmt nicht interessierten. Er wollte alles. Oder mindestens nichts.

Zu den vielen Mutmaßungen über Helmut Dietl, welche auch durch allergenaueste Betrachtungen des Werks weder bewiesen noch widerlegt werden können, gehörte immer auch die, dass Dietl, der Regisseur, ein sehr guter, ja ein wunderbar eigenwilliger Drehbuchautor gewesen sei, der Schöpfer unsterblicher Figuren – dass aber der sprachliche Feinsinn, die erstaunliche und in Deutschland absolut ungewohnte Präzision noch der nebensächlichsten Nebensätze eher ein Werk Patrick Süskinds gewesen sei, Dietls Co-Autors, jenes Mannes also, dem man vermutlich nicht zu nahe tritt, wenn man ihm unterstellt, dass sein Gehör für Sprache fast genauso sensibel sei wie der Geruchssinn des Mörders Grenouille in Süskinds Roman »Das Parfum«.

Zu den vielen Erkenntnissen, die einem bleiben, wenn man Dietls Buch gelesen hat, gehörte auch die, dass es weiterhin keinen Grund gibt, an Patrick Süskinds Genie zu zweifeln; dass aber Helmut Dietl ein Schriftsteller aus eigenem Recht gewesen ist, ein Autor, dessen Können und Stil sich nicht bloß im sprachlichen Detail offenbaren. Sondern, vor allem, in der Art, wie er seinen Stoff und seinen Helden, das Kind, den Jungen, schließlich den jungen Mann, aus dem einmal der berühmte Helmut Dietl werden wird, in den Griff bekommt; wie er der eigenen Erinnerung eine Form abringt, die literarisch ist, ohne dass sie die Wirklichkeit zurechtbiegen müsste.

Was es zu seiner Person überhaupt zu sagen gebe: Das könne man in seinen Serien und Filmen doch deutlich hören oder sehen. So hat das Helmut Dietl immer wieder jenen Leuten gesagt, die ihn durchleuchten und durchschauen wollten. Was es zu seiner Kindheit und Jugend zu sagen gebe: Steht in dem Buch; das ist sein Versprechen. Und zugleich muss man diesen Aussagen misstrauen. Wer sein Selbstporträt malt (oder eben inszeniert), der behält die Kontrolle darüber, was er preisgeben will und was nicht. Wer ein Buch über seine Jugend schreibt, porträtiert darin nicht nur den Jugendlichen, der er einst war. Sondern vor allem sich selbst als erwachsenen Erzähler: Dietls Text braucht keine acht Seiten, da ist er schon bei den Formen der Frauen, die sich besonders herrlich abzeichneten beim Teppichklopfen. Und bei den Jungs, die das betrachteten, mit gerade erwachender Lüsternheit.

Wenn wir den Raum der Erinnerungen zu erkunden versuchen, erkennen wir als Erstes, wie unübersichtlich es dort ist. Es gibt da helle Flecken, überdeutlich sichtbar. Es gibt dunkle Ecken, viel Dämmerlicht, und immer wieder wechselt die Beleuchtung; manches verschwindet, anderes taucht aus dem Dunkel. Die Chronologie hilft einem, sich zurechtzufinden, und schafft doch keine verlässliche Ordnung. Und weiter als bis zum vierten Lebensjahr reicht die Erinnerung bei keinem zurück.

Und andererseits hat jeder, der mit seinen Eltern und Großeltern aufgewachsen ist, deren Erinnerungen geerbt. Keine Familie ist fertig mit der Vergangenheit, kaum ein Mensch kann der Versuchung widerstehen, den Jüngeren davon zu erzählen, dass auch er einmal jung war, unter ganz anderen Bedingungen. Und keine Straße kann durchquert werden, ohne dass die Erziehungsberechtigten dem Kind berichten, dass hier auch früher schon Häuser gestanden und Leute gewohnt hätten. Lange bevor ein Kind eigene Erfahrungen machen kann, hat es aus den Erfahrungen seiner Eltern, Großeltern, Verwandten sein Bild der Welt geformt, einer Welt von gestern, die verschwunden und doch nicht ganz vergangen ist.

In den großen Zeiten des Romaneschreibens im 19. Jahrhundert ging die Erzählung deshalb gern mit den Eltern des Helden los, ja manchmal mit den Großeltern – und wenngleich diese Zeiten vorbei sind und sich Helmut Dietls Leben auch nicht wie ein solcher Roman erzählen lässt, kann man doch auch mit seiner Geschichte gar nicht früh genug anfangen. Denn Helmut Dietl, geboren am 22. Juni 1944 in Bad Wiessee am Tegernsee, wohin die Mutter vor den Bomben, die auf München fielen, sich hochschwanger geflüchtet hatte, aufgewachsen aber in verschiedenen Stadtteilen und Vororten Münchens, Helmut Dietl wurde im Wesentlichen von drei Frauen großgezogen, von denen jede auf ihre Art an einer Abwesenheit litt. Die Männer waren weg, verschwunden oder gestorben. Und so musste über sie umso mehr gesprochen werden. Und über die Welt, in der sie jemand gewesen waren.

Die interessanteste, vielleicht die wichtigste und zugleich die fernste dieser abwesenden Figuren ist Fritz Greiner, Schauspieler und Vater von Helmut Dietls Vater, verstorbener Mann seiner Lieblingsgroßmutter, die Dietl die Greiner-Oma nennt. Sicher ist, dass Greiner im Jahr 1879 geboren wurde, nicht ganz sicher ist, ob das in Wien oder in Pressburg war. Während des Ersten Weltkriegs spielt er am Schlierseer Bauerntheater, irgendwann zwischen 1916 und 1918 geht er nach München, wird von der Münchner Lichtspielkunst, der Vorläuferfirma der Bavaria, engagiert – und nach ein paar Nebenrollen in Filmen, von denen wenig mehr als Titel und Besetzungslisten geblieben sind, bekommt er 1918 die Haupt- und Titelrolle in dem Film »Der schwarze Jack«. Es ist einer der bekanntesten und erfolgreichsten jener Isar-Western, die damals in München produziert und in Oberbayern gedreht werden; nicht an der Isar in diesem Fall, sondern im Nachbartal der Mangfall – mit freundlichen Indianern und bösen Anglos, ganz in der Tradition Karl Mays. Und mit einem Showdown auf dem Wasser, wo ein auf ein Floß gefesselter Unschuldiger in letzter Sekunde vor dem Zermalmtwerden in einer Mühle gerettet wird. Männer, die in Cowboy- und Indianerkostümen durchs Voralpenland reiten – das sieht, wenn die Pferde durchs flache, steinige Flussbett traben, ganz realistisch wildwesthaft aus; aber bizarr ist es, wenn die Wälder, Häuser, Wassermühlen unverkennbar auf Oberbayern verweisen. Es ist unwahrscheinlich, dass Helmut Dietl jemals den »Schwarzen Jack« gesehen hat; es sind eh nur ein paar Ausschnitte verfügbar, und da sieht es aus, als ob Greiner, der »Schwarze Jack«, der Schurke und nicht der Held gewesen sei. Aber vielleicht genügten ja die Erzählungen der Großmutter. Als jedenfalls knapp 55 Jahre später, in den »Münchner Geschichten«, die drei Helden dieser Serie, nämlich der Tscharli, der Gustl und der Achmed, sich im Fasching Gringo, Zorro und Zapata nannten, Pferde besorgten und durchs Siegestor auf den weiten Weg nach Sacramento machten, da hatten diese Jungs auf jeden Fall die wesentlich bessere Orientierung als die Polizisten, die sie aufhielten und wegen groben Unfugs verhafteten. Sie wussten, dass Sacramento gleich hinter München liegen muss.

Fritz Greiner war nicht der größte Star des deutschen Films, aber er war auch keine ganz kleine Nummer; in vielen der populären Harry-Piel-Filme spielte er markante Nebenrollen. In Manfred Noahs Lessing-Verfilmung »Nathan der Weise«, gegen die 1922 die Nationalsozialisten so erfolgreich hetzten, dass sie in München kurz nach der Premiere wieder aus den Kinos verschwand, spielte Greiner den Sultan Saladin, neben Werner Krauß und Max Schreck. Und zweimal spielte Greiner in großen, teuren Filmen die Haupt- und Titelrollen, 1925 in »Wallenstein«, einem Zweiteiler, dem die Kritik damals nicht verzieh, dass es ein stummer Film und kein redseliges Drama von Schiller war. Und 1929 in »Andreas Hofer«, dessen Inszenierung auch heftig getadelt wurde. Immerhin sei aber Fritz Greiner eindrucksvoll und charakterstark gewesen, hieß es. Nach heutigen Geschmackskriterien war er eher ein grimmiger als ein schöner Mann. 1933 spielte er in dem Propagandafilm »SA-Mann Brand«, den selbst die Nazis als kitschig empfanden, den Vater der jungen Frau, die sich in den SA-Mann verliebt. Im November desselben Jahres hat er sich umgebracht. Was ihn dazu trieb, ist nicht bekannt.

Maria hieß die Großmutter, Mirzl wurde sie genannt, und Dietl berichtet, dass sie, als er ein Kind war, noch immer von diesem Mann erzählt, geschwärmt, ihm hinterhergetrauert habe. Ein »homme à femmes« sei er gewesen, was der kleine Helmut naturgemäß nicht ganz verstand. Filmtitel wie »Der Verfluchte«, »Der größte Gauner des Jahrhunderts« oder »Sein größter Bluff« charakterisierten ihn am besten, was dem Jungen schon eher eine Ahnung von seinem Großvater gab. Die Greiner-Oma habe ihre eigene Schauspielkarriere für den Großvater schon früh aufgegeben. Und habe doch später manchmal ihren Enkel mit zur sogenannten Filmbörse genommen, im Hofbräukeller am Wiener Platz, wo die Engagements für Statisten, Komparsen und Kleindarsteller vergeben wurden. Die Greiner-Oma sei dort fast immer erfolgreich gewesen, berichtet Dietl, wobei das wohl an ihrem Status als Witwe eines einst berühmten Schauspielers und an ihrem enormen Selbstbewusstsein gleichermaßen lag.

Und dieses Selbstbewusstsein war es auch, das dem siebenjährigen Helmut seine erste Filmrolle verschaffte. Im Herbst 1950 inszenierte Emil Edwin Reinert, ein Regisseur, der im österreichischen Galizien geboren wurde, das Filmemachen nach dem Ersten Weltkrieg aber in Frankreich gelernt hatte, in den bayerischen Alpen oberhalb von Mittenwald die Verfilmung von Vicky Baums Novelle »Das Joch«. Es waren eigentlich zwei Filme, eine deutsche Fassung, die »Verträumte Tage« hieß, eine französische mit dem Titel »L'Aiguille rouge«, aber in beiden Sprachen das Melodram einer Ehe, die angesichts der Alpengipfel und der dort wirkenden Naturgewalten in eine existenzielle Krise gerät. In der Filmbörse, so erzählt Dietl, habe die Großmutter erfahren, dass die Produktion für eine kleine Rolle einen Jungen, ungefähr in Helmut Dietls Alter, suche, ein blondes, blauäugiges und etwas dickliches Kind. Sie sei mit Helmut, der allerdings dunkle Haare hatte, braune Augen und einen schmalen Körper, mit der Trambahn in den Vorort Geiselgasteig gefahren, wo die Bavaria-Studios stehen, sei an vielen wartenden Müttern mit ihren dicken blonden Jungs vorbei ins Produktionsbüro gestürmt und habe den anwesenden Herren, darunter der Produzent und Reinert, der Regisseur, ihren Enkel vorgestellt. Und hinzugefügt, dass das mit der Blondheit und der Dicklichkeit doch Unsinn sei: Der junge Helmut Dietl hier, der sei die ideale Besetzung. Erstaunlicherweise sei Reinert gleich einverstanden gewesen. Er habe beim Schreiben nie ein blondes dickes Kind vor Augen gehabt. Dieser zarte Junge mit den dunklen Augen gefalle ihm viel besser.

Klingt märchenhaft, kann aber nicht ganz erfunden sein: Den Film gibt es ja. Und der stille Junge, dem, im Film, immer wieder von den Erwachsenen bescheinigt wird, wie brav und wohlerzogen er doch sei; dieser Junge, der immer ein wenig traurig in die Welt zu schauen scheint, was, im Film, daher kommt, dass die Eltern ständig streiten und schimpfen: Das ist eindeutig Helmut Dietl.

Er habe den Sohn des Paars in der Krise gespielt, glaubt sich Dietl zu erinnern, was aber, wenn man den Film ansieht, nicht ganz stimmen kann. Es ist ein anderes Paar, das im selben Berghotel wohnt und mit seinen Streitereien der These des Films nur einen Hallraum gibt: dass eigentlich alle Ehen unglücklich sind. Aglaia Schmidt, die schöne österreichische Schauspielerin, spielte die Frau, die mehr will, als ihr Mann ihr bieten kann. Michèle Philippe, die schöne Französin, spielte die Rolle in der französischen Fassung, und man muss Helmut Dietl wohl glauben, dass er die Österreicherin sehr schön fand, dass es aber die Französin war, in die er sich verliebte. Er war sieben, sie war 24, zehn Jahre später würde er sie heiraten. Das war sein Plan. Dass sie auf ihn warten würde, davon war er spätestens beim Abschied überzeugt; Michèle Philippe heulte, er heulte auch, es schien wahre Liebe zu sein.

Den Mann, der anscheinend mehr als jeder Ehemann zu bieten hat, spielte O. W. Fischer, der österreichische Schauspieler, der ein, zwei Jahre später der größte Star des deutschsprachigen Kinos wurde, der Cary Grant der Bavaria, geliebt vom weiblichen wie vom männlichen Publikum dafür, dass er mehr Charme, mehr Humor, eine lässigere Männlichkeit hatte als die eher steifen Herrendarsteller des deutschen Films (und erst recht der deutschen Wirklichkeit in diesen fünfziger Jahren). Gefürchtet wegen seiner Exzentrik, seiner Allüren, seines leichten Wahnsinns, war er erst in späteren Jahren – aber eine erste Ahnung davon bekam schon der junge Dietl zu spüren. »Erzherzog Johanns große Liebe«, der Film, mit dem Fischer zum Lieblingsschauspieler der Deutschen und Österreicher wurde, war abgedreht, aber noch nicht in den Kinos. Noch war Fischer nur ein anständiger Schauspieler von sehr gutem Aussehen und gewinnendem Wesen. Er war aber schon exzentrisch genug, zu allen Dreharbeiten seine vier Katzen mitzubringen. Weil Fischer sehr viele Szenen hatte in den »Verträumten Tagen«, Helmut Dietl dagegen sehr wenige, und zusammen hatten sie keine einzige – deshalb bekam der Junge den zusätzlichen Auftrag, O. W. Fischers Katzen zu hüten und, vor allem, sie an die Leine zu nehmen und mit ihnen spazieren zu gehen. Fünf Mark, so berichtet Dietl in seinem Buch, habe er für jeden Spaziergang mit den Katzen bekommen, zwei Monate dauerten die Dreharbeiten. Am Schluss hatte der Junge an O. W. Fischers Katzen mehr als mit seiner kleinen Rolle verdient.

Als die Dreharbeiten vorüber waren, habe der junge Dietl, so erzählt es der alte, seine Zukunftsvorstellungen noch einmal gründlich überdacht. Forschungsreisender oder Archäologe habe er werden wollen, aber jetzt sei ihm klar geworden, dass er vielleicht doch lieber Schauspieler werden solle. Tatsächlich gibt es eine Szene in den »Verträumten Tagen«, da schreien die Eltern einander an, und dann geht eine Tür auf, und der junge Dietl, im Schlafanzug, steht in der Tür und beschwert sich über den Lärm. »Ich will schlafen«, darf er sagen, »Marsch ins Bett, du Lümmel«, schreit die Mutter; der Junge flüchtet – es ist der größte Auftritt, den Dietl in diesem Film hat, und man kann da, wenn man will, ein gewisses Talent sehen, gutes Aussehen sowieso und Präsenz genug, die Aufmerksamkeit des Publikums zu erregen. Aber wegen der Dreharbeiten war der junge Dietl zwei Monate der Schule ferngeblieben. Das sollte, fand die Mutter, nicht wieder vorkommen – und so wurde die Filmkarriere vertagt, womöglich, wie so viele Kinderträume, auch vergessen, weil Helmut Dietl dann, kaum hatte er das Schreiben einigermaßen gelernt, lieber Dichter werden wollte.

Dass er in die Welt des Films hineingeboren worden sei, lässt sich also schon deshalb nicht sagen, weil der Alltag des Schülers Helmut Dietl das Gegenteil war: Richtig gut ging es der Familie nur selten. Und Glamour war nicht das richtige Wort, um das Leben in der Vorstadt Neufriedenheim zu beschreiben, später im Vorort Gräfelfing, in München-Pasing, wo das Gymnasium war. Für die Großmutter war das Kino, trotz der Ausflüge an die Filmbörse, die verlorene Vergangenheit. Für den Enkel war es die Ahnung, dass es, jenseits der Vororte, eine Welt gab, in der die Frauen so schön waren, dass man sie unbedingt heiraten wollte. Und die Männer so gut aussehend und charismatisch wie O. W. Fischer.

Dass er das Talent, die Freude am Spielen und Inszenieren gewissermaßen im Blut gehabt habe, ist eine Vermutung, die sich schon deshalb nicht halten lässt, weil Helmut Dietl sich seiner Herkunft immer ungewiss war. Als Teenager, so erzählt er, habe er es endlich gewagt, seine Mutter zu fragen, ob sie, die vom Vater dauernd betrogen worden war, denn selber immer treu geblieben sei. Und dann habe die Mutter von einer kurzen Affäre mit einem Italiener erzählt, während des Krieges, im Herbst 1943, was passen würde. Sie habe den Mann für ein paar Tage versteckt, wer auch immer hinter ihm her gewesen sein könnte. Wenn das stimmt, und warum sollte es erfunden sein, dann wusste dieser Vater nichts von seinem Sohn, und der Sohn kannte seinen Vater nicht, und so musste Helmut Dietl selbst damit zurechtkommen, dass er, wenn er in den Spiegel schaute, einen Menschen mit dunklen Augen und dunklen Haaren sah, einer italienischen Nase, einer undeutschen Physiognomie. Mag sein, dass er sich damit manchmal einsam fühlte. Es war aber kein ganz schwacher Trost, dass dieses Aussehen den Frauen gefiel (und die Männer neidisch machte). Seinem offiziellen Vater Heinz, genannt Henry Greiner-Dietl, und seinem Großvater Fritz hat Dietl, soweit man das anhand alter Fotos und Filmausschnitte beurteilen kann, niemals ähnlich gesehen.

Über den zweiten Abwesenden ist weit weniger bekannt, nicht viel mehr als sein Name, sein Beruf, seine politische Überzeugung. Helmut Dietl schreibt, dass er ihm überhaupt nur einmal begegnet sei – und dass dieser Mann dennoch wichtig gewesen sein muss, merkt man weniger Dietls Erinnerungen als vielmehr seinen Fernsehserien an. Es war Xaver Donhauser, der Großvater mütterlicherseits, von Beruf Schneidermeister, ein überzeugter Kommunist. Er sei verhaftet und ins Konzentrationslager Dachau gebracht worden, das er aber überlebt habe, berichtet Dietl. und wenn er sich an die einzige Begegnung mit dem Großvater, kurz vor dessen Tod, erinnert, sieht er einen alten Mann mit weißen Haaren vor sich, der am Stock geht und einen Pullover mit V-Ausschnitt unter einem Tweedsakko trägt. Xaver Donhauser war der Mann der sogenannten Betty-Oma, die Dietl als sittenstrenge, zum Frömmeln neigende Dame beschreibt, die ihren Enkel zwar geliebt und manchmal auch verwöhnt habe; die aber alles, was aus der Ferne wie eine Vergnügung, eine Ausschweifung, womöglich wie eine verbotene Lust ausgesehen habe, missbilligt, zurückgewiesen und, wo immer es ging, verboten habe. Kochen konnte sie auch nicht, ganz im Gegensatz zur Greiner-Oma, von deren Tafelspitz Helmut Dietl immer schwärmte.

Wie Xaver Donhauser, der, wie man sich später erzählte, wenig gesprochen habe und mit seiner Frau am liebsten gar nicht, und die prüde Betty es geschafft hatten, zwei Kinder zu zeugen, von denen eine Dietls Mutter Else war: Das fragt sich eher Dietl, der spätere, ältere Erzähler. Helmut, das Kind, lernte solche Fragen erst allmählich. Und dass die glücklichste Zeit dieser Ehe damals gewesen sei, als Xaver Donhauser in Dachau saß, ist ein böser Scherz des Enkels, den man hinnehmen muss.

In der Ehrengutstraße, erzählt Dietl, haben die Donhausers gewohnt, im Dreimühlenviertel südlich der Münchner Innenstadt, einer Gegend, die heute restlos renoviert, saniert und gentrifiziert ist, sehr begehrt trotz kleiner Wohnungen, weil die Stimmung städtisch ist und gleich nebenan die Isar fließt und man mit dem Fahrrad nur zwanzig Minuten braucht, dann ist man draußen aus der Stadt. Noch in den frühen Achtzigern war das Viertel kleinbürgerlich bis proletarisch, altmünchnerisch gemütlich nur für solche Leute, die nicht unbedingt ein schickes Bad und eine Zentralheizung brauchten zum Gemütlichsein; und wenn man sich in diese halb sanierte Straße den Schneider Donhauser hineindenkt, wie er auf dem Weg zu einem längst vergessenen Wirtshaus ist oder den Roecklplatz überquert auf seinem Abendspaziergang, dann wäre man fast schon mittendrin in einer Dietl-Serie. Nein, direkt porträtiert hat er seinen Großvater nie, so gut kannte er ihn ja nicht. Aber ohne diesen Typus, ohne solche Handwerker, die können, was sie tun, und tun, was sie können, die wenig sprechen und schon gar keinen Blödsinn; und die sich nicht aufplustern und nicht wichtig machen, aber im Zweifelsfall nicht kuschen vor der Obrigkeit, ohne solche Männer hätten Dietls Spinner, Träumer, Genießer und Größenwahnsinnige keine Existenzgrundlage gehabt. Man braucht, wenn man im großen Maßstab träumen will, ja ein Publikum; man muss, wenn man sich selbst für jemand Besonderen hält, einen Begriff davon haben, was normal sein könnte. Und normal, so denkt man, wenn man an Dietls München denkt, normal war Donhauser, der Mann, der für seine politische Überzeugung in Dachau saß. Keinen Charakter zu haben, war für Dietl nicht normal. Wer keinen Charakter hatte, war ein Depp für ihn.

Wenn Xaver Donhauser aber so ein guter Mann war, wird die Betty-Oma keine so schlechte Frau gewesen sein – und wenn Dietl in seinen Erinnerungen ausnahmsweise mal nicht spottet über die Strenge der alten Dame, wenn er einfach nur von den Tagen mit dieser Oma erzählt, dann ahnt man, was er geerbt hat von ihren Erfahrungen und Erinnerungen. Sie sei sehr gerne über die Friedhöfe spaziert, sie habe es geliebt, mit der Trambahn durch die Stadt zu fahren. Auf dem alten südlichen Friedhof, dem ältesten in München, las der Junge auf den Grabsteinen die Namen der Helden des bürgerlichen Münchens, lange bevor er wusste, wofür eigentlich Baader und Klenze, Kaulbach, Liebig, Spitzweg so berühmt geworden sind. In der Kirche am Sendlinger Berg zeigte ihm die Oma das Fresko von der Sendlinger Bauernschlacht zu Weihnachten 1705 und erzählte ihm vom Kampf der Bayern gegen die Kaiserlichen um Bayerns Selbstständigkeit. Und wenn der Junge mit der Oma kreuz und quer durch die Stadt fuhr in den Fünfzigern, als es noch keine U-Bahn gab, sah er Kriegsruinen, neue Häuser und das, was vom alten München der Großeltern stehen geblieben war. Man muss sich nur das Staunen des Kindes bei diesen Entdeckungsreisen mit der Trambahn kurz vorstellen, dann versteht man ein bisschen besser, warum München, diese nicht besonders große und nicht besonders kosmopolitische Stadt, für den erwachsenen Dietl ein Weltmodell war. Einer wie der Monaco Franze konnte nur in der Kazmairstraße auf der Schwanthaler Höhe aufgewachsen sein. Und wenn der Monaco und sein Freund Manni Kopfeck vor dem Stadtplan stehen und die Herkunft der Elli, die der Monaco gern wiedertreffen will, quasi stadtsoziologisch einzukreisen versuchen: Dann verstehen auch Leute aus Hamburg oder Berlin, die selbst noch nie durch die Lindwurmstraße gefahren sind, die Poesie der Szene und die Neugier auf die Geheimnisse der eigenen Stadt. »Nein, aus Haidhausen kommt sie nicht. Haidhausen ist ja jetzt in. Die kommt eher woher, wo es out ist.«

Heinz Dietl-Greiner, der Mann der Mutter und vielleicht Helmut Dietls Vater, vielleicht aber auch nicht, war manchmal anwesend, öfter abwesend, und was der Mutter fehlte, wenn er weg war, das war, anscheinend, je länger die Ehe dauerte, immer weniger der Mann und immer mehr das Geld, die Sicherheit, der bürgerliche Lebensstil. Als der Junge sehr klein war, reichte das Geld für ein großes Haus, wenn auch nur in Neufriedenheim, das nicht besonders schick war und damals am westlichen Stadtrand von München lag. Später sind sie umgezogen, in eine kleine Wohnung im damals noch dörflichen Vorort Gräfelfing; dann ging es nach Oberbayern, nach Neuhaus am Schliersee, wo Heinz Dietl-Greiner sich als Pächter eines Wirtshauses, das »Bauerngirgl« hieß, sowie als Kinobetreiber versuchte – was anscheinend vor allem daran scheiterte, dass weder Heinz noch die Greiner-Oma, die kochte, und auch nicht die Mutter, die sich ums Kino kümmerte, von diesem Geschäft irgendetwas verstanden. Und die Einheimischen, die Dietl nur die Bergoberbayern nennt und die er, wegen ihrer Verschlagenheit, ihrer Bosheit, ihrer bierseligen Dumpfheit, ihrer Bigotterie und ihrer Geldgier, so hasst wie kaum einen anderen Menschenschlag, diese Einheimischen hätten dem Projekt noch den Rest gegeben. Der »Bauerngirgl« und das Kino gingen bankrott, die Schulden blieben, die Eltern trennten sich, nach fünfzehn Jahren Streit und Zerrüttung endgültig. Und Heinz Dietl-Greiner, der immer zu viel getrunken hatte, trank jetzt noch mehr, zahlte keinen Unterhalt und wurde zuletzt in der Paul-Heyse-Straße nahe dem Münchner Hauptbahnhof gesehen, wo er einen Stehausschank betrieb.

Was der Vater so getan hatte, als er noch mehr Geld nach Hause brachte, blieb für den Jungen rätselhaft, und als Helmut Dietl seine Erinnerungen aufschrieb, war es zu spät, das zu rekonstruieren. Beim Fronttheater in Kiew sei er gewesen während des Krieges, schnappt der Junge irgendwo auf, mit den Amerikanern habe er Geschäfte gemacht in den Nachkriegsjahren, Special Service habe er das genannt, aber anscheinend gehörten dazu auch »Damenringkämpfe im Schlamm«, solche Dinge. Später, erzählt Dietl, war er Filmkaufmann, was immer das auch heißen sollte.

Dieser Henry Greiner ist in den Erinnerungen Helmut Dietls keine sehr sympathische Figur, und eine andere Quelle gibt es nicht. Man meint hier das Urbild all der dubiosen Figuren zu erkennen, die in Dietls Serienkosmos immer wieder die Helden verführen, bestechen, zu unglaublich sicheren Geschäften überreden wollen, die Checker, Strizzis, Gschaftler und notorischen Bankrotteure, all die Männer, die gern Lebenskünstler wären, wenn sie nur diese Kunst etwas besser beherrschten. Wenn der Monaco Franze, am Ende der Serie, moralisch verwahrlost und zum Trinker wird, der an den Stehausschänken in den schäbigeren Vierteln der Stadt kleine Schnäpse in sich hineinschüttet, dann weiß sein Regisseur und Autor über solche Figuren zu gut Bescheid, als dass er dieses Leben nur romantisieren könnte.

Und doch muss man, wenn man diesem Mann gerecht werden will, kurz darauf hinweisen, dass dieser Heinz dem Sohn womöglich mehr Gutes getan hat, als das dem

Erzähler Dietl bewusst ist. Er war nicht da, damit fing es schon einmal an: Andere Väter derselben Generation waren da, und die Söhne wünschten sich, dass sie verschwänden. Es wurde viel geprügelt in jenen Jahren, und den Krieg bekamen die Kriegsteilnehmer nicht mehr heraus aus ihren Köpfen. Indem Heinz Dietl-Greiner wegblieb, stellte er sicher, dass der Junge mit drei Frauen aufwuchs. Die Mutter, Else Dietl-Greiner, liebte ihren Sonn – und wie sehr der Junge seine Mutter liebte, spürt man, wenn der alte Dietl sich erinnert. Die Großmütter liebten ihn auch, und jede auf ihre Weise half dem Jungen, einigermaßen stabile moralische, kulinarische und ästhetische Maßstäbe zu finden. Es war da niemand, vor dem der Junge hätte Angst haben müssen, was nicht selbstverständlich war in den fünfziger Jahren. Einmal, so erzählt Dietl, als die Familie in Gräfelfing lebte, sei er zum Essen eingeladen gewesen bei reichen Nachbarn, einer Generaldirektorsfamilie. Die Tochter, in Helmuts Alter, war schön und traurig, die Mutter war schön und noch trauriger, und gesprochen wurde leise und sehr wenig, weil alle Angst vor dem Vater hatten. Den man aber eigentlich hätte fragen müssen, wo er zehn, elf Jahre vorher gewesen sei. Und unter welchen Leuten er damals Angst und Schrecken verbreitet habe.

Und ganz egal, ob Heinz Dietl-Greiner an der Front wirklich Theater gespielt oder ganz andere Dinge getan hat: Dass er, zurück aus diesem Krieg, nicht in ein ordentliches bürgerliches Leben fand, das spricht womöglich nicht nur gegen ihn. Die Betty-Oma glaubte immer, sich erinnern zu können, dass damals, im Frühjahr 1945, als die amerikanischen Truppen von Arnbach her anrückten, um das

KZ in Dachau zu befreien, unter ihnen auch Henry Greiner gewesen sei, in amerikanischer Uniform; dass er die Truppe womöglich sogar angeführt, dass er auf jeden Fall gedolmetscht und nebenbei auch verhindert habe, dass die Dörfer nördlich von Dachau beschossen wurden.

IV.

Wie weit reicht der Horizont

»Es gibt nur eine Stadt in Deutschland, der Hitler versprach, sie groß zu machen – und die es trotzdem geworden ist.« Mit diesem Satz fing, im Herbst 1964, in dem Jahr also, da Helmut Dietl zwanzig geworden war, die Titelgeschichte des »Spiegels« über München an, die Story, die den Slogan von der »heimlichen Hauptstadt« etablierte und in der es weiter hieß: »Nirgendwo sonst mischen sich Knödeldampf, Bierdunst und Weihrauch so innig mit dem Duft der großen Welt. Nirgendwo sonst fühlen sich Playboys und Professoren, Bayern und Preußen, Sozis und Spezis, Gamsjäger und Kulturkritiker, Dirndl-Matronen und Topless-Twens in gleichem Maße zu Hause wie in ebendieser Stadt.« Das waren die Verhältnisse, wie Dietl sie vorfand, als er erwachsen und dann zum Chronisten dieser Verhältnisse wurde. Und wenn man sich noch einmal vor Augen führt, dass die Mutter eben zwanzig Jahre zuvor, im Frühjahr 1944, aus einem München, das in Trümmern lag und als »Hauptstadt der Bewegung« auch moralisch ruiniert war, nach Bad Wiessee am Tegernsee geflohen war, um dort, einigermaßen sicher, ihren Jungen zur Welt zu bringen, wird einem auch klar, dass die erneute Münchenwerdung Münchens und die Dietlwerdung Helmut Dietls sich zur selben Zeit am selben Ort abgespielt haben; dass es also womöglich einen tieferen inneren Zusammenhang gibt. Die Jahre, in denen Helmut Dietl groß wurde, waren zugleich die Jahre, in denen München aus Ruinen wiederauferstand. Und größer wurde, als es je gewesen war.

Nach München zogen nach dem Krieg die großen Unternehmen um, allen voran Siemens, dem es im belagerten Westberlin zu eng und zu unsicher geworden war. Nach München zog das liberale Bürgertum, das hier nicht nur Jobs fand, sondern auch eine schnell wiederbegründete Hochkultur, zwei Schauspiel-, zwei Opernbühnen, drei Symphonieorchester sowie die Hoffnung auf Lebensfreude und liberalitas Bavariae. Nach München zog es schließlich auch die Schriftsteller und Intellektuellen, die Verlags- und Zeitungsleute, die alle spürten, dass Westberlin zu düster, zu isoliert, zu randständig geworden war, ein ökonomischer und kultureller Pflegefall, nicht mehr kräftig und vital genug für die Rolle der Metropole. Randständig war München auch, es war aber der richtige, der südliche Rand. Man brauchte damals, mit einem PS-schwachen Käfer und ohne Brennerautobahn, dreimal länger bis zum Gardasee. Aber immerhin konnte man sich jetzt so ein Auto leisten. Und die Nähe Italiens lag doch offensichtlich in der Luft, auch wenn man auf der nördlichen Seite der Alpen blieb. »Liederliche Sitten« hatte Thomas Mann einst den Münchnerinnen bescheinigt, und genau das, ein Lebensstil, der anscheinend das Gegenteil des zackigen, martialischen Preußentums versprach, war es, wozu man sich jetzt, nach Weltkrieg und Naziherrschaft, unbedingt bekennen wollte.

Damit aus der »Hauptstadt der Bewegung«, der Stadt also, in der Hitler und die Nazis groß geworden waren mit kräftigen Subventionen aus dem Münchner Großbürgertum, das genaue Gegenteil wurde, die heiterste, südlichste, zukunftsfreudigste deutsche Stadt: Dafür mussten, außer vielen Trümmern, auch große Mengen an Erinnerungen weggeräumt oder zumindest neu zusammengesetzt und frisch gestrichen werden. Und Helmut Dietl hat, als die Stadt dann Schauplatz und Gegenstand seiner Werke wurde, immer wieder darauf bestanden, dass die Vergangenheit nicht verschwunden und noch nicht einmal ganz vergangen war. Dass es also ein paar gute Gründe gab, an der Farbe zu kratzen und in den Trümmern zu wühlen.

Aber für die, die zu jung waren, als dass sie hätten mitschuldig werden können am Krieg und an den Verbrechen der Nazis, war das Leben im München der Nachkriegszeit – obwohl oder vielleicht auch gerade weil die Altstadt, all die Kirchen und Paläste konsequenter als in jeder anderen deutschen Stadt wieder aufgebaut wurden – so neu und unerhört, wie Reinhart Kosseleck das für Frankreich nach der Revolution beschrieben hat. Die Alten waren als Vorbilder und Role Models erledigt. Und von den Jungen wurde die Zeit »als Aufbruch in eine nie da gewesene Zukunft erfahren«.

Und natürlich erfasst dieser Geist auch einen kleinen Jungen, der am westlichen Rand der Stadt München aufwächst, in der Innerstorfer Straße, in einem Viertel, das seinen Namen, Neufriedenheim, von jener Nervenheilanstalt hat, die dort als erstes Gebäude stand. Und in welcher, wegen seelisch-künstlerischer Verwirrtheit, auch der Schriftsteller Oskar Panizza einst zehn Tage lang Patient gewesen war.

Die Familie war nicht reich, wohlhabend nur vorübergehend, bis das große Haus in Neufriedenheim für eine sehr viel billigere Wohnung im Vorort Gräfelfing aufgegeben werden musste, bankrott nach dem Ende des Wirtshaus-Abenteuers am Schliersee. Und als die Eltern dann geschieden waren, zahlte der Vater keinen Unterhalt, und die Mutter arbeitete viel und verdiente wenig. Dass er trotzdem ungeheures Glück mit dieser Familie hatte, in der der Vater meistens weg war – das war Dietl sehr bewusst. Es sieht so aus, als habe es auch in dieser Familie ein paar Geheimnisse gegeben, Dinge, von denen man lieber nicht sprach und schon gar nicht mit einem Kind, tief vergrabene und verschüttete Erinnerungen. Aber es sieht eben auch so aus, als ob es dabei eher um erotische als um politische Verstrickungen gegangen sei, um Fritz Greiners Lebenswandel vor allem und dann um die Frage, wie sein Sohn sich durchgeschwindelt hatte durch den Krieg und wie er es schaffte, rechtzeitig zu den Amerikanern überzulaufen. Die Großväter waren tot, der eine war Kommunist gewesen und in Dachau, der andere hatte sich umgebracht, bevor er sich hätte schuldig machen können. Und der Vater war ein Strizzi, aber ganz bestimmt kein Nazi gewesen.

Und so darf man diese, mehr oder weniger, vaterlose Kindheit als ein Glück begreifen, eine unverdiente Gnade. Helmut Dietl blieb viel von dem erspart, was deutschen Männern seines Alters das Leben so furchtbar schwer machte: das Verdrängte und Verschwiegene, die Schuld der Väter, deren Last, gerade weil darüber nicht gesprochen werden durfte, an die Söhne weitergereicht wurde. Die Kindheit in Familien, wo die Väter ihre totale Niederlage als Soldaten, den Bankrott all dessen, wofür sie gekämpft hatten, zu vergessen versuchten, indem sie sich wie die totalen Herrscher aufspielten. Oder schweigsam und verbittert den alten Zeiten nachtrauerten. Der Hass, der Zorn, die Unversöhnlichkeit der Generation von 1968 lässt sich sicher nicht nur aus solchen Kindheitserfahrungen erklären; aber aus ihnen eben auch, wie Götz Alys Studie »Unser Kampf 1968« gezeigt hat. Nichts, absolut gar nichts wollten diese Kinder übrig lassen von der Welt ihrer schweigsamen, unsicheren, lieblosen Eltern. So blieben sie ihnen fester verbunden, als es ihnen lieb sein konnte.

Die Frauen, unter denen Helmut Dietl aufwuchs, hatten den Krieg nicht gewollt, sie hatten ihn nicht geführt, und sie hatten nichts getan, was danach verschwiegen werden musste. Sie hatten niemanden erschossen, niemanden an die Polizei ausgeliefert – im Gegenteil, die Mutter hatte jenen Italiener, der womöglich der Vater war, vor der Polizei versteckt. Sie waren am Schluss nicht geschlagen worden, besiegt, womöglich gedemütigt und gequält in der Kriegsgefangenschaft. Sie hatten den Krieg nicht verloren, und es waren die Frauen, die tatsächlich allen Grund hatten, das Kriegsende als Befreiung zu empfinden. Sie hatten eine andere, eine bessere, eine weniger gebrochene Geschichte als die Männer, und sie durften sie anders erzählen. Und so erzählte die Greiner-Oma außer von der Film- und der Lebenskunst vor allem von der Kunst des Kochens – einer Kunst, die sie sehr gut beherrschte. Und ihr Enkel schaute und schwärmte schon als Junge am allerliebsten die Mädchen und die Frauen an. Aber gleich danach, an zweiter Stelle unter den sinnlichen Freuden, kamen die bayerisch-österreichischen Herrlichkeiten, welche die Oma kochte und backte, der feine Tafelspitz, das Kalbsgulasch, das Paprikahuhn, der Apfelstrudel und die anscheinend sagenhaften Marillenknödel, von denen der junge Helmut sechs bis sieben gut verkraften konnte. Wer so aufwächst, wird ja nicht nur zur Kennerschaft erzogen und lernt, dass solche Genüsse die Kennzeichen einer zivilisierten Existenz sind und eigentlich ein Menschenrecht. Er verbindet mit Herkunft und Tradition etwas anderes als das Schweigen, das Verdrängen, die uneingestandene Schuld der Väter. Der Marillenknödel und der Tafelspitz bezeichnen insofern eine Herkunft, zu der man sich viel leichteren Herzens bekennen kann, eine Tradition der Selbstgewissheit und der Sinnlichkeit, die nichts gemein hat mit den Posen, dem faulen Zauber und den halb wahren Geschichten, die auch in Bayern die Auseinandersetzung mit der Vergangenheit immer ersetzen sollten. Später, als Helmut Dietl erwachsen und berühmt war, ist vielen seiner Bewunderer aufgefallen, dass er, einerseits, die perfekte Verkörperung eines Münchners war, mit seiner Eleganz, seiner Weltläufigkeit, seinem unaufgeregten Beharren darauf, in Ruhe gelassen zu werden. Und andererseits war er das genaue Gegenteil eines typischen Münchners, ein Mann, dem der Dunst von Bier, Bratensoße und Ressentiment immer zuwider war; der mit dem Preußenhass so wenig anfangen konnte wie mit der sogenannten Griabigkeit, jenem bornierten und durch nichts gerechtfertigten Selbstgefallen, den schon Lion Feuchtwanger in seinem Roman »Erfolg« dafür mitverantwortlich gemacht hatte, dass es eben München war, wo die Nationalsozialisten, solange sie nur Lederhosen trugen und genug Bier vertrugen, groß werden konnten.

Es kommt halt, wenn ein Kind aufwächst und langsam anfängt auszumessen, wie weit der eigene Horizont reichen könnte, nicht bloß darauf an, in welchen Verhältnissen es lebt, wohnt, zur Schule geht, schläft – Verhältnisse, die im Falle Helmut Dietls eher bescheiden waren zwischen Neufriedenheim, dem Würmtal und einem kurzen Abstecher nach Oberbayern. Es kommt eben auch auf die Verhältnisse an, von denen es träumt, nach welchen es sich sehnt, nach den Verhältnissen, die in Gesprächen und Erzählungen herbeibeschworen werden. Dass schon der Fünfjährige das Jenseits des Schönen bei Filmdreharbeiten kennenlernte; dass die Gespräche mit den drei Frauen nicht bloß um den Alltag in den Vororten kreisten, sondern sich gern auf den Weg machten zu den sagenhaften Orten, wo der Großvater seine Filme gedreht hatte, Berlin, Lissabon, Wien, Budapest – das hat der geistigen Entwicklung des Kindes ganz sicher nicht geschadet.

Diese Kindheit war wohl, von innen, aus der Sicht des Kindes betrachtet, glücklich – und im Rückblick war sie noch mehr: Geglückt möchte man das nennen, weil, einerseits, kaum etwas besser für Geist und Charakter eines Kindes ist, als wenn es Liebe, Zuwendung, ernst gemeintes Interesse bekommt, was in Helmut Dietls Fall nicht nur von der Mutter kam, sondern von zwei Großmüttern, die um die Zuneigung des Jungen konkurrierten. Und andererseits waren die Mittel der Familie meistens knapp genug, dass der Junge früh genug lernte, wie man die Bewunderung der anderen Jungen und das Interesse der Mädchen auch mit anderen Mitteln als mit einem üppigen Taschengeld erringen konnte. Mit Witz, Fantasie und Entschlossenheit. Und zugleich stachelte der Mangel den Ehrgeiz an, später, aber eigentlich sehr bald die Welt zu erobern. Oder München, was aus der Perspektive der Vororte fast das Gleiche war.

Und doch scheint, wenn Helmut Dietl sich an die Kindheit erinnert, eine gewisse Melancholie den Ton der Erzählung zu bestimmen, was, wenn man sich die »Verträumten Tage« anschaut, den kleinen, stillen, etwas traurigen Jungen, den Dietl da spielte, bestätigt und noch verstärkt wird – obwohl das doch nur die Rolle ist. Mag sein, dass ein alter Mann, der von seiner Kindheit und Jugend erzählt, zwangsläufig davon melancholisch wird. Mag sein, dass Melancholie und das grundsätzliche Unvermögen, zufrieden zu sein mit den Verhältnissen und sich selbst, immer ein Charakterzug Helmut Dietls war; womöglich war das also schon beim sehr jungen Dietl so. Sicher ist jedenfalls, dass erst diese Melancholie das Glück des jungen Dietl überhaupt erträglich macht. Es schien ihm ja nicht alles zu gelingen, aber das, worauf es ankommt, wenn einer ein Junge ist und an den Mädchen interessiert, das schien ihm jedenfalls kaum Mühe zu machen. Fast beiläufig erzählt er, dass er kaum acht war, als er, zumindest in seiner Fantasie, in ganz Gräfelfing verrufen war als der »Wüstling aus der Rottenbucher Straße«, weil er nämlich die Nachbarstochter Ruth Abendschön, seine erste große Liebe, und ihre Freundin Bärbel Blatt dazu verführt hatte, mit ihm über die Hühnerleiter auf den Dachspeicher zu steigen und dort miteinander Doktor zu spielen. Dass ihn später das Gewissen plagte, auch weil er, anders als die Mädchen, das Verbrechen weder den Eltern noch dem Pfarrer gebeichtet habe, erzählt Dietl auch; allerdings kann der Schmerz nicht allzu groß gewesen sein, denn er machte einfach weiter. Im Schülerwohnheim in Bad Tölz, wo er untergebracht war, während die Familie am Schliersee das Wirtshaus betrieb, waren es Biggi aus Waakirchen und Ilse aus Saarbrücken, denen er auch schon an die Brüste fassen durfte. All die anderen nennt er nicht beim Namen, aber es müssen viele Mädchen gewesen sein, viel mehr, als andere Jungs im gleichen Alter sich nur vorzustellen trauten. Er habe weder Briefmarken noch Fußballerbildchen gesammelt, erzählt Dietl. Aber jedem Mädchen, mit dem er ging, wie man damals sagte, habe er ein Foto abgeschwatzt; pro Jahr seien da 25 bis 30 Bilder zusammengekommen.

Nur bei Annemarie Achthaler aus Gräfelfing nutzte ihm sein selbstbewusstes Auftreten anscheinend nichts. Bei der musste er sich mehr anstrengen, und so fing er, acht Jahre alt, damit an, kleine Theaterstücke zu schreiben, Einakter, in denen Annemarie immer die weibliche Hauptrolle bekam. Er selbst führte Regie und spielte den Helden, und Annemarie, erzählt Dietl, habe trotzdem einen anderen interessanter gefunden, seinen Freund Vlady, der die Schurkenrollen spielte, was ja auch eine Lehre war. Mehr als zehn Stücke schrieb der junge Autor, gespielt wurde im Garten der Familie Achthaler – erhalten sind diese Jugendwerke leider nicht. Geblieben ist dem Jungen nur die erstaunliche Erfahrung, dass das Schreiben, Spielen, Inszenieren ein großes Vergnügen war. Und zugleich ein ziemlich gutes Geschäft. Jedenfalls wenn man selbstbewusst genug war, einen Eintrittspreis von fünfzig Pfennigen zu verlangen. Was damals nicht gerade billig war. Ein Karte für einen richtigen Kinofilm kostete eine Mark. Dass Erwachsene bereit waren, die Hälfte davon auszugeben für die Stücke und Inszenierungen eines achtjährigen Jungen, das war wohl die erste ernst zu nehmende Anerkennung für Helmut Dietls Talent.

V.

Endlich Schwabing

Es muss ums Jahr 1960 herum gewesen sein, als die Familie, oder das, was von ihr geblieben war, von Gräfelfing nach Schwabing zog. Die Eltern waren endlich geschieden, der Vater zahlte nichts, und die Mutter fand eine Anstellung als Kontoristin bei der Spedition Heimerl in Westschwabing in der Römerstraße, zwischen der Ainmiller- und der Hohenzollernstraße. Der Job, erzählt Dietl, war nicht schlecht, aber sehr schlecht bezahlt, und schon weil der Weg von Gräfelfing nach Schwabing recht weit war, gab die Mutter ihre einfache, aber komfortable Dreizimmerwohnung auf, und die beiden zogen um. Es war eigentlich keine Wohnung, was die beiden bezogen im Haus der Spedition, es waren Lagerräume, die zweckentfremdet wurden; ohne Bad, das Klo war im Treppenhaus, und statt einer Küche gab es nur eine Kochplatte. Aber es war eine andere, wie der junge Dietl fand, eine viel bessere Welt – schon die Weigerung der frommen Betty-Oma, auf ihren Spaziergängen und -fahrten das sündige, verdorbene, aus ihrer Sicht letztlich unmünchnerische »Wahnmoching« jemals zu betreten, war ja Versprechen genug gewesen für den Enkel.

Schwabing hatte seine besten Zeiten eigentlich schon immer hinter sich. Damals, als Dietl dort ankam, so erzählt er selbst, war der Mythos von Schwabing nur noch eine Erzählung, deren Helden (und Schurken) die Künstler und Bohemiens der vorvergangenen Jahrhundertwende waren, Franziska von Reventlow und Frank Wedekind, Erich Mühsam und Rainer Maria Rilke und natürlich der Herr Meyer aus der Kaiserstraße, der eigentlich Uljanow hieß, aber hier, in Schwabing, den Kampfnamen Lenin annahm. Und um die Ecke vom Haus der Firma Heimerl, in der Ainmillerstraße, erinnerte ein Schild an den Schriftsteller Karl Wolfskehl, in dessen Wohnung sich regelmäßig die Münchner Jünger Stefan Georges getroffen hatten.

Von heute aus betrachtet, scheint einem jene Zeit, die frühen Sechziger, besonders interessant und fast schon mythisch zu sein. Man wäre damals, als München die freizügigste Stadt in Deutschland war und die sexuelle Revolution, ganz ohne dass es dafür die APO gebraucht hätte, längst begonnen hatte, gern in einem italienischen Café auf der Leopoldstraße gesessen, später vielleicht tanzen gegangen in einem der Kellerlokale in den Seitenstraßen. Und dabei zu sein und die nostalgische Schwärmerei von der Jahrhundertwende-Boheme bald zu vergessen: Darauf lief Helmut Dietls Schwabinger Existenz ja auch hinaus.

Bevor es damit, mit dem Dabeisein, aber richtig losgehen kann, muss hier, endlich, von Else Dietl-Greiner, geborene Else-Betty Donhauser die Rede sein, von der Mutter, die ziemlich sicher das Beste war, was Helmut Dietl passieren konnte. Dass er sie geliebt habe und sie ihn, als er ein Kind war, ein Halbwüchsiger, ein werdender Mann, das schreibt Dietl in seinen Erinnerungen alle paar Seiten – und vermutlich ist genau das der Grund dafür, dass diese Frau in dem Buch niemals wirklich anschaulich wird. Sie sei schön gewesen, so viel schreibt er schon –

und auf Fotos sieht man eine brünette Frau mit sanften Zügen, strahlenden Augen, einem schüchternen Lächeln. Und dass Dietl über ihren Habitus, über ihre Art, sich zu bewegen, zu sprechen oder auch ihn, den Sohn, nur selten streng und meistens voller Verständnis anzuschauen, so wenig Sätze verliert, muss wohl daran liegen: Er war zu nah dran, er hatte nie den Abstand, das ganze Bild auszumalen. Erschwerend kommt hinzu, dass es äußerst selten, ja eigentlich fast nie, einen Streit gegeben hat, was zwar für die Beteiligten schön ist, für den Betrachter aber schlecht. Wenn zwei sich streiten, werden die Konturen ja besonders gut sichtbar.

Was bleibt, ist die Schilderung einer Frau, die dem Kind die Sicherheit des Geliebtseins gab, und als Dietl dann der Schwabinger Teenager wurde, war sie offensichtlich noch jung und offen genug für die Rolle der Gefährtin, der Komplizin und Vertrauten. Dort, in der Römerstraße, habe er, Dietl, von ersten ernsthaften Verliebtheits- und Eifersuchtsgefühlen beunruhigt, seine Mutter dann auch gefragt, ob sein Vater wirklich sein Vater sei. Und sie habe ihm, ehrlich und doch etwas verworren, die Geschichte von jenem Italiener erzählt, sehr gut aussehend, sehr charmant, der vor irgendjemandem auf der Flucht gewesen sei. Und eingelassen habe sie sich mit ihm, weil er eben so nett war. Und weil Heinz irgendwo am Fronttheater war und es eh nicht gewiss war, ob er wiederkommen würde.

Dorothea Fischer, Dietls Freundin, von der noch die Rede sein wird, hat diese Wohnung so beschrieben: Es gab zwei Zimmer, von denen Helmut das schönere, hellere hatte, mitsamt dem ehemaligen schönen breiten Ehebett. Im anderen Zimmer sei, in einer dunklen Ecke, die Kochnische gewesen. Geschlafen habe die Mutter in einer anderen Ecke, das Bett sei durch einen Vorhang abgetrennt gewesen.

Das Tor wurde abends abgeschlossen, einen Schlüssel nachzumachen, wäre viel zu teuer gewesen, und so, erzählt Helmut Dietl, sei es zu einem Arrangement gekommen: Er wollte raus, abends, wollte »strawanzen«, wie man damals sagte, sich herumtreiben. Die Mutter war nicht begeistert, hatte aber auch etwas gegen Verbote. Und so einigten sich die beiden, dass der Sohn nicht mehr als vier Abende in der Woche hinausging, dass er um zehn Uhr zu Hause war und dass er pfiff, damit die Mutter ihm die Schlüssel hinunterwarf. Was er so trieb in diesen Nächten, wem er begegnete und was dann daraus folgte, das sollte er nur dann erzählen, wenn er es erzählen wollte. Was ein ziemlich guter Trick war. Wenn seine Mutter ihm so sehr vertraute: Wie hätte er sie da belügen dürfen?

Der junge Dietl war ganz offensichtlich ein versponnener Typ, eigensinnig, verträumt, einer, der als Gesellschaft nur sich selbst und seine Fantasien brauchte. Von Kinderspielen erzählt er nie, von den üblichen Wünschen, dass ein Junge demnächst Indianer werden wolle oder Kapitän, ist kaum die Rede. Wenn er spielte, dann spielte er gleich Theater, und schon damals, als kleiner Junge, habe er angefangen, Gedichte zu schreiben. Er sei entschlossen gewesen, ein großer Dichter zu werden, habe, kaum dass er alt genug war, diese Lyrik auch nur einigermaßen zu verstehen und zu empfinden, sich stilistisch an Hölderlin, Rilke, Brecht und Benn orientiert, an den Übersetzungen von Rimbaud und Verlaine; und über alles habe er Heinrich Heine verehrt.

Er war ein Einzelkind, das hat die Versponnenheit sicher gefördert. Aber dass sich der junge Dichter in erdachte und erträumte Welten hätte flüchten müssen, weil er in der echten so einsam und so unglücklich war – das ist eine geläufige Erklärung, die aber auf Dietl nicht zutrifft. Es war wohl häufig Überschwang, der Wunsch, starke Gefühle mitzuteilen, ohne sich erst einen Zuhörer suchen zu müssen. Es war manchmal Trotz, Widerstand, Verdruss angesichts der unpoetischen Verhältnisse in der Wirklichkeit, speziell der in den westlichen Vororten. Und es waren wohl die ersten Versuche, Schönheit nicht nur zu bewundern, wofür er ja sehr früh ein Talent bewiesen hatte, sondern Schönheit selbst zu schaffen. Mal reimte er, mal schrieb er reimlos. Er zweifelte schon früh, wie jeder echte Dichter, immer wieder an seinem Talent – und allein seine Methode, die Qualität seiner Gedichte zu überprüfen, zeigt schon, dass es nicht Unglück und Einsamkeit waren, was den Dichter zum Dichten trieb. Er habe seine Gedichte, schreibt Dietl, seinen jeweiligen Freundinnen vorgetragen. Ein Gedicht, das den Mädchen gefiel, warf sofort die Frage auf, ob es wirklich etwas tauge. Eines, das die Mädchen grässlich fanden, war womöglich nicht schlecht.

»Das heimliche Schluchzen des Meeres / Schweigt in den törichten Winden / Die im Sand verborgen ein leeres / Glas herber Erinnerung finden.« Das ist eines der wenigen Gedichte des jungen Dietls, die der alte zitierte; natürlich nicht, ohne sich vom Schwulst und von der Adjektivseligkeit zu distanzieren – und die Geschichte zu diesem Gedicht ist so gut, dass sie hier nicht unerzählt bleiben darf. In den Sommerferien 1961, so erzählt Dietl, er war gerade siebzehn geworden, machte er zusammen mit seinem Freund Herbert eine Reise nach Italien und Südfrankreich. Herbert war schon achtzehn, hatte gerade das Abitur bestanden und durfte den VW-Käfer seines Vaters fahren. Sie machten Station in Portofino, das für sie aber zu schick und vor allem zu teuer war. Sie fuhren weiter an der Riviera, passierten die Grenze nach Frankreich, die Gegend, erzählt Dietl, erschien ihm paradiesisch, und in Juan-les-Pins, am Cap d'Antibes, fanden sie nicht nur einen Campingplatz, den sie sich leisten konnten. Sie lernten auch zwei Mädchen kennen, zwei sachliche, nüchterne junge Frauen aus Norddeutschland, und eine der beiden, Elke hieß sie, fand Dietl sehr begehrenswert. So begehrenswert, dass er das Gedicht oben extra für sie schrieb im Gefühlsüberschwang. Ihr gefiel der hübsche dunkelhaarige Junge auch, und so suchten sich die beiden eine einsame Bucht. Sie waren entschlossen, es zum Äußersten kommen zu lassen, und dass Dietl ein wenig nervös war, lag daran, dass er bis dahin zwar alle möglichen Spiele gespielt hatte mit den Mädchen, aber wirklich geschlafen hatte er noch mit keinem. Elke habe sich ausgezogen und ganz herrlich ausgesehen dabei, er habe, zögernd, endlich auch seine Badehose abgestreift. Und dann, kaum dass er nackt war, sei es ihm auch schon gekommen. »Ejaculatio praecox«, so habe Elke das diagnostiziert und die ganze Sache als Missgeschick betrachtet. Dietl selbst aber kam, nachdem er offenbar doch ein wenig darüber nachgedacht hatte, zu dem Schluss, dass es jetzt, endlich, keine Zweifel mehr daran geben könne, dass er ein Dichter sei. Seine Fantasie habe ihn überwältigt, der Praecox habe ihm mit Sicherheit bewiesen, dass er ein Poet sei.

Dass Dietl weiter zweifelte, das hatte vor allem mit Fritz Arnold zu tun, den er kurz zuvor kennengelernt hatte. Fritz Arnold, der heute fast vergessen ist, dessen schönes Erinnerungsbuch »Freundschaft in Jahren der Feindschaft« ebenso vergriffen ist, wie es seine gesammelten Essays und Rezensionen sind, Fritz Arnold war damals ein wichtiger und einflussreicher Mann im deutschen Kulturbetrieb, Lektor und Leiter des Insel-Verlags, ein geborener und überzeugter Münchner, Literat und Bildungsbürger, ein Mann, der, Jahrgang 1916, von der Wehrmacht zwar eingezogen worden war, dann aber wegen einer Sehnenscheidenentzündung nur Bürodienste verrichten durfte, und zwar in Rom, wo er, wie er später erzählt hat, gewissermaßen italienische Dienstzeiten hatte, also sehr viel Gelegenheit fand, die Stadt, ihre Häuser, Kirchen und Museen genau zu studieren und auf sich wirken zu lassen, wovon er anscheinend sehr gut erzählen konnte. Dietl berichtet, er hätte diesen Mann gern zum Vater gehabt, zum Vormund mindestens, zum väterlichen Freund. Während Arnold, der homosexuell war, sich eine ganz andere Beziehung zu dem gut aussehenden, charmanten Jungen wünschte. Was Dietl wiederum insofern für sich zu nutzen versuchte, als er irgendwann den Mut fand, dem bewunderten Fritz Arnold zu gestehen, dass er Gedichte schreibe, mehr als hundert habe er. Arnold gab ihm den Rat, erst mal die schlechten und die halb gelungenen auszusortieren, Dietl verbrannte das meiste, was er hatte. Und dann schickte er die, die garantiert den Freundinnen, mit denen er wie immer den Test gemacht hatte, missfallen hatten, an den Insel-Verlag, Herrn Fritz Arnold persönlich.

Das war vor den Ferien gewesen, und natürlich hatte Dietl darauf gehofft, ja eigentlich damit gerechnet, dass zwei, spätestens drei Tage später die Antwort kommen würde, ein hymnisches Lob von Arnold, dazu das Angebot, die Gedichte in einem Prachtband zu publizieren, die Aussicht auf eine herrliche Zukunft als Dichter.

Sie sind, nach der Geschichte mit Elke, weitergefahren, die beiden Jungs, nach Venedig, nach Wien, und dort war es wohl, wo ihn der Brief aus dem Insel-Verlag, nachgeschickt von der Mutter, endlich erreichte. Sie taugten nichts, diese Gedichte, es sei spätpubertärer Schwulst, er solle es bleiben lassen, das Schreiben, und lieber einen anständigen Beruf erlernen. Er habe sich umbringen wollen, erzählt Dietl, habe einen Strick gesucht, aber keinen gefunden, sei ziellos durch Wien gewandert und habe sich endlich in ein Café gesetzt, um dort der Mutter einen Abschiedsbrief zu schreiben. Im Café habe allerdings ein sehr schönes Mädchen gesessen, Louise hieß sie, und mit der habe er angebandelt, geflirtet, sei mit ihr spazieren gegangen und schließlich in eine Wohnung, wo er seinen Grundkurs in körperlicher Liebe bekommen und erfolgreich abgeschlossen habe. Leider sei die schöne Louise am nächsten Tag verschwunden; er habe sie nie wiedergefunden.

VI.

In »Lilo's Leierkasten«

Helmut Dietl musste nicht lange strawanzen durch Schwabing, bis er sein Stammlokal gefunden hatte. »Lilo's Leierkasten« hieß es, lag in der Occamstraße im sogenannten Alt-Schwabing zwischen der Münchner Freiheit und dem Englischen Garten und war eigentlich ein Schwulentreff – wobei das in den frühen Sechzigern noch eine konspirative Angelegenheit war. Bernd Stockinger, der damals in »Lilo's Leierkasten« an der Bar stand, um sein Studium an der Modeschule zu finanzieren (später wurde er tatsächlich ein erfolgreicher Designer, für fast alle Dietl-Filme hat er die Kostüme entworfen), erzählt, dass man mit einem Kurzbesuch der Polizei jederzeit rechnen musste, weshalb die Herren meist in Begleitung sogenannter »Sandgräfinnen« kamen, junger Frauen also, deren Gegenwart davon ablenken sollte, dass hier lieber Männer mit Männern flirteten. »Sandgräfinnen« hießen sie wegen des Sands in den Augen uneingeweihter Betrachter. Der Paragraf 175, der bis ins Jahr 1994 galt, verbot alle »unzüchtigen Handlungen« zwischen zwei Personen des gleichen Geschlechts; wobei die meisten Zeitzeugen sich daran erinnern, dass die Münchner Obrigkeit nicht besonders streng gewesen sei.

Um die Zeit herum, als Helmut Dietl dort Stammgast wurde, hatte sich das Lokal gewandelt; es war noch immer eine Schwulenbar, aber es kamen auch Männer, die sich mehr für Frauen interessierten, und es kamen Frauen, die nicht nur ihre homosexuellen Freunde zur Tarnung begleiteten. Es kam, wie Bernd Stockinger sich erinnert, sehr häufig Johannes von Thurn und Taxis, der damals noch nicht das Oberhaupt seiner reichen und einflussreichen Familie war und entsprechend unbeschwert feierte mit jungen Männern. Es kamen Künstler, Intellektuelle wie Fritz Arnold, es kam Andreas Baader mit seiner Clique, zu der auch der angehende Journalist (und spätere »Bunte«-Chefredakteur und noch spätere »Bild«-Briefeschreiber) Franz-Josef Wagner gehörte. Es kamen Leute, die sich als Boheme fühlten – und schon damals, so erinnern sich Dietl wie Stockinger, war der Rummel manchmal so groß, dass sich einer, Stockinger oder sein Freund Rolf, an die Tür stellen musste, um streng zu sortieren, wer reindurfte und wer nicht.

Es seien Bernd und Rolf gewesen, meint Dietl, die für Stimmung in »Lilo's Leierkasten« gesorgt hätten. »Die Zwillinge« habe man sie genannt, obwohl sie doch offensichtlich nicht Brüder, sondern ein Paar waren, exzentrische junge Männer, die sich ihre Kleidung selbst schneiderten, sehr gut aussahen dabei und mit ihrem Hedonismus die anderen Gäste inspirierten und mitrissen. Ganz so toll wie Dietl sich erinnert, sei er, Stockinger, aber nicht gewesen; dass er mit Rolf am hellen Tag verliebt und Hände haltend über die Leopoldstraße flaniert sei, das könne er nicht bestätigen; es sei eben verboten gewesen, und auch nachts habe man das Spiel des Flirtens und Begehrens diskret spielen müssen, in Andeutungen und halb versteckten Gesten. Und genau das muss es gewesen sein – der Flair eines Lokals, in dem Männer nur spielen, sie seien mit ihren Freundinnen unterwegs; in dem die Frauen nur so taten, als wären sie Begleiterinnen; in dem also keiner auf das festgelegt werden konnte, was er oder sie auf den ersten Blick zu sein schien. Es war die schöne Dialektik der Verbote. Einerseits hätte der Paragraf 175 natürlich schon damals dringend abgeschafft werden müssen; aber andererseits erzwangen die strengen Vorschriften eine Subtilität der Zeichen, ein Spiel mit Rollen und Masken, das da, wo wortwörtliche Bekenntnisse erlaubt und gewünscht sind, nicht zu haben ist. Der junge Dietl, da sind sich alle einig, die ihn damals kannten, sei sehr gut in diesem Spiel gewesen. Nicht nur dass er, der ja gerade 16 war, als er anfing, regelmäßig in das Lokal zu kommen, es schaffte, sich als ernst zu nehmender junger Herr von fast neunzehn Jahren zu inszenieren; er verzichtete anscheinend auch darauf, jenen Männern, die sich für ihn interessierten, allzu brutal die Wahrheit, dass er eher auf Frauen stand, ins Gesicht zu sagen. Lieber spielte er ein wenig mit, genoss das Begehrtsein und schaute mal, ob er diese Bekanntschaft pflegen und bei Gelegenheit die eigene Heterosexualität nur sanft und schonend gestehen sollte.

Wie das Spiel gespielt wurde in »Lilo's Leierkasten«, das hat Dietl besonders schön da geschildert, wo es um seine erste feste Freundin, die Lili, geht. Und natürlich muss das hier kurz nacherzählt werden, auch wenn Bernd Stockinger, der dabei war und fast sechzig Jahre danach noch immer den Kontakt zu jener Lili hält, darauf besteht, dass es genau so nicht gewesen sein kann. Aus Wien sei Dietl zurückgekommen, mitten in der Nacht, todunglücklich, seelisch zerstört, weil er in ganz Wien gesucht habe nach der magischen Louise, die er aber nicht habe finden können. Die seelische Kraft habe gerade noch ausgereicht, bis zu »Lilo's Leierkasten« zu kommen, wo es voll war, sehr voll, Samstagnacht, und so habe Dietl sich an die Bar gestellt, direkt neben das schönste, glamouröseste Paar, das er seit Langem gesehen hatte. Der Mann habe wie Jean Marais ausgesehen, nur jünger. Die Frau, blond und strahlend, habe ihn an Marlene Dietrich und die junge Greta Garbo erinnert. Deutsche konnten das gar nicht sein, so mondän und weltläufig, wie die beiden wirkten. Sehr schnell habe er Louise vergessen, sich sofort in die schöne Blonde verliebt, und weil er Übung darin hatte, habe er auch bald durchschaut, dass die beiden kein Paar sein konnten, der junge Mann interessierte sich offensichtlich für andere Männer. Bernd stellte sie einander vor, der Mann hieß Frankie, die Frau hieß Lili, sie waren Geschwister, und sie sprachen deutsch, sie sprachen sogar bayerisch. Und Dietl erzählt, dass er, da die Verständigung dann doch sehr einfach war, sie ganz direkt gefragt habe, ob vielleicht etwas gehe mit ihnen beiden. Und Lili habe prinzipielle Lust darauf signalisiert, aber erst kurz nachdenken müssen, ob es einen guten Ort dafür gebe. Bei ihr zu Hause – eine andere Möglichkeit sei ihr nicht eingefallen, und so hätten die beiden wenig später im Mercedes-Kombi von Lilis Familie gesessen, und Lili, erst seit wenigen Wochen im Besitz eines Führerscheins, habe das Auto durch eine sehr neblige Nacht bis nach Moosinning gesteuert, ein Dorf, rund dreißig Kilometer nördlich von Schwabing im Erdinger Moos (»Moos« heißt in Bayern, was weiter nördlich »Moor« heißt), wo die Familie einen Bauernhof und ein Wirtshaus hatte. Während der Fahrt sei das Make-up, mit dem Frankie sie in eine

Marlene-Dietrich-hafte Glamourkönigin verwandelt hatte, zerflossen; dahinter kam das Gesicht eines sehr schönen, sehr bodenständigen Bauernmädchens zum Vorschein.

Richtig daran ist, sagt heute Bernd Stockinger, dass der Bruder Frankie eine große Begabung fürs Verwandeln und Verschönern von Gesichtern hatte, später sei er ein von Magazinen und Modefirmen sehr gefragter Stylist geworden. Richtig sei auch, dass Lili ein sehr hübsches, sehr bayerisches Mädchen war. Aber die Geschichte jener ersten Nacht, von der Bar in »Lilo's Leierkasten« direkt in Lilis rustikale Bettstatt in Moosinning und dazwischen der Grusel einer Nebelfahrt durchs Erdinger Moos: Das sei doch eher der Entwurf für ein paar schöne Spielfilmszenen als die Beschreibung der Wirklichkeit. In dieser Wirklichkeit sei Lili eher ein wenig schüchtern gewesen, und der junge Helmut habe zwei Monate gebraucht, bis er sie endlich herumgekriegt habe. Richtig sei aber auch, dass die beiden dann ein sehr hübsches Paar wurden, was auch Dietls Mutter gerne sah, nicht nur weil sie das freundliche Mädchen mochte, sondern wohl auch, weil Lili, wenn sie zu Besuch kam, mit vollen Taschen kam. Dem Bauernhof ging es sehr gut; von den Überschüssen an Eiern, Schinken, Wurst, Butter gab Lili gern etwas weiter. »Eier-Lili« habe man sie genannt, erzählt Dietl, als »Eier-Lili« sei sie auch in »Lilo's Leierkasten« bekannt gewesen, bestätigt Stockinger. Und der Name sei ihr geblieben, auch als sie erwachsen war und den Kitzbüheler Koch und Gastronomen Josef »Hasi« Unterberger heiratete, mit dem zusammen sie die »Untersberger Stuben« betrieb, über Jahrzehnte das beste Restaurant in Kitzbühel.

VII.

Revolution

Der 21. Juni 1962 war ein Donnerstag, Fronleichnam, Sommeranfang, ein Tag vor Helmut Dietls achtzehntem Geburtstag (was damals, weil man erst mit 21 volljährig wurde, nicht so viel bedeutete). Der Tag war heiß gewesen, der Abend war immer noch warm, und als gegen zehn Uhr die Polizei in den Englischen Garten kam, um fünf junge Musiker, die auf der Wiese unter dem Monopteros osteuropäische, vor allem aber russische Lieder gespielt hatten, aus dem Park zu verscheuchen, was, weil ja niemand gestört wurde, alle Anwesenden sehr erstaunte, gingen die jungen Menschen trotzdem friedlich auseinander, und die Musiker zogen weiter auf die Leopoldstraße, zum südlichen Teil, wo um diese Zeit noch viele Menschen spazieren gingen auf den breiten Bürgersteigen, auf denen Schwabinger Maler ihre Kunst ausstellten und zu verkaufen versuchten. Vor dem »Hahnhof«, einem Lokal, das sehr beliebt war bei Studenten und Bohemiens, weil ein Glas Wein nur eine Mark kostete und man einen Brotkorb dazubekam, setzten sich die Musiker auf eine Bank und spielten weiter. Anscheinend spielten sie ganz gut, denn bald waren sie von dreißig, vierzig Menschen umringt, die mitklatschten, tanzten, sich begeistert zeigten. Und dann kam die Polizei, die ein Nachbar, der sich in seiner Ruhe gestört fühlte, gerufen hatte. Das Publikum wurde aufgefordert, weiterzugehen und sich zu zerstreuen, die Musiker wurden festgenommen. Und diesmal ließen sich die Leute das nicht gefallen. »Vopos«, riefen sie, »Nazipolizei«, »Gestapo«. Die Musiker wurden durch die rechte Tür in den Polizeiwagen gestoßen, und zur linken stiegen sie gleich wieder aus, wo allerdings andere Polizisten sie wieder festnahmen. Jemand hatte die Luft aus den Reifen gelassen, andere hoben das Auto an und ließen es wieder fallen, erste Bierflaschen flogen in Richtung der Polizisten, die es mit den platten Reifen gerade mal hundertfünfzig Meter weiter schafften, bis vors »Café Nest«, auch das ein Treffpunkt der Boheme, wo dann ein anderer Wagen die festgenommenen Musiker übernahm.

Es blieb sehr warm in München. Der nächste Abend begann damit, dass an all den Straßencafés und Wirtsgärten auf der Leopoldstraße die Tische und Stühle weiter hinaus auf die Bürgersteige rückten. Auch auf den Fahrbahnen demonstrierten die Menschen für ihr Recht zu feiern, indem sie Twist tanzten, ihr Eis mitten auf der Straße aßen und sich vom Hupen und Schimpfen der Älteren nicht beeindrucken ließen. Und weil die Polizei mit starken Kräften und brutalem Einsatz von Schlagstöcken die sogenannte Ordnung wiederherzustellen versuchte; weil andererseits nicht mehr nur Künstler, Studenten und Bohemiens sich provoziert fühlten, sondern rauflustige Jugendliche aus allen Stadtvierteln und dem Umland nach Schwabing kamen, deshalb wurde daraus eine Straßenschlacht, was sich die folgenden vier Nächte, mit noch mehr Menschen und noch mehr Härte, wiederholte. Und erst zu Ende ging, als es am Dienstag darauf abkühlte und regnete.

Andreas Baader brüllte lautstark die prügelnden Polizisten an. Und wurde gleich als Rädelsführer festgenommen. Helmut Dietl erzählt, er habe sich gerade noch in ein Haus in der Ainmillerstraße retten können vor den Schlagstöcken. Hans-Jochen Vogel, damals Oberbürgermeister von München, Sozialdemokrat und sehr stolz auf den soeben gefundenen Slogan von der »Weltstadt mit Herz«, traute sich in der dritten Nacht nach Schwabing und suchte das Gespräch mit den Protestierenden. »Was wollt ihr denn?«, fragte er die jungen Leute, bekam aber keine Antwort, mit der die Politik irgendetwas hätte anfangen können. Nur Nonsens, Chaos, Sätze, die er nicht deuten konnte; die verständlichste unter den Parolen hieß »Bier her!«.

So mancher Münchner Polizist erzählte später, er habe die Schwabinger Krawalle, während er mittendrin war, als die größte Wirtshausrauferei seines Lebens empfunden. So mancher anfangs Unbeteiligte erinnerte sich später, dass man, wenn man sich der Leopoldstraße nur näherte, wenn man womöglich einen Polizisten nur danach fragte, ob man hinübergehen dürfe auf die andere Straßenseite, gleich mal vorsorglich den Schlagstock zu spüren bekam, mit der Folge, dass man in der nächsten Nacht wiederkam, um zu demonstrieren. Und Wolfram Kunkel, einer der fünf Musiker, mit denen alles angefangen hatte, beschrieb die Krawalle als einen Kampf, in dem es ums Lebensgefühl ging, nicht um politische Forderungen. Viele der Jungen, so erinnerte sich Kunkel, waren, wie Helmut Dietl eben auch, schon in Südfrankreich gewesen, in Paris, in Italien. Sie hätten dort eine freiere, charmantere, lässigere Art, sich in der Öffentlichkeit zu bewegen, kennengelernt, und genau das hätten sie dann auch für das deutsche, auf jeden

Fall aber für das Münchner Leben gefordert. Mehr Straßencafés, bessere Laune, mehr Musik, mehr Flirts, mehr Lächeln, mehr Süden. Und keine autoritären Nachbarn, die die Polizei holen, wenn nicht um Punkt halb elf Uhr Ruhe herrscht.

Die Polizei war naturgemäß nicht der Adressat dieser Forderungen (immerhin entwickelte sie nach den Unruhen aber die sogenannte »Münchner Linie«, was bedeutete, dass künftig auch Demonstranten wie Staatsbürger behandelt wurden), der Oberbürgermeister auch nur bedingt – und im Rückblick glaubt man zu erkennen, dass die Forderungen, wie so häufig, genau in dem Moment mit aller Macht gestellt wurden, da sie fast schon erfüllt waren. Die Gesellschaft war längst dabei, sich zu liberalisieren, und in München, der Stadt, welcher Besucher aus nördlicheren Gegenden schon immer bescheinigt hatten, dass Sittenstrenge nicht zu ihren auffälligsten Eigenschaften gehörte, und die, während Starkbieranstich, Fronleichnamsprozession und Oktoberfest laut und lustvoll gefeiert wurden, in diesen sechziger Jahren zugleich zur modernsten Stadt in der Bundesrepublik Deutschland wurde – in München, und erst recht in Schwabing, war der Kampf um die Freiheit und ein südlicheres Leben fast schon gewonnen. Nicht unbedingt in dem Sinn, dass die allgemeine Libertinage geherrscht und die sexuelle Revolution schon gesiegt hätte. Aber die Älteren hörten auf, sich am Stil der Jüngeren zu stören, sie ließen sie gewähren, und heimlich schienen sie die schönen, freien, jungen Menschen zu beneiden. Was man zwei, drei Jahre später überdeutlich sehen konnte, als auf der Leopoldstraße und in den Münchner Boulevardzeitungen ein sehr schönes junges Mädchen erschien, dunkelhaarig, mit einem sinnlichen Mund, einem unabweisbaren Lachen. Sie war Fotomodell (wie man damals sagte) von Beruf, zwei Jahre jünger als Helmut Dietl, von den Zeitungen wurde sie vor allem für ihre Schönheit gefeiert. Und dass sie die Angewohnheit hatte, sich ihre Liebhaber selbst auszusuchen und schnell wieder fallen zu lassen, ja dass sie dazu neigte, die Männer so zu behandeln, wie damals eigentlich nur die Männer die Frauen behandeln durften, das fand man in München ganz besonders sexy. Sie hieß Uschi Obermaier, und als sie 1968 nach Berlin ging und in die Kommune 1 einzog, wurde sie, wegen desselben Lebensstils, für den man sie in München gefeiert hatte, von den dortigen Zeitungen und deren Lesern als Revoluzzerschlampe und Kommunistenhure beschimpft. Im Rückblick, mehr als fünfzig Jahre danach, sieht es so aus, als ob die Härte, der Hass, die Unversöhntheit der Berliner Kämpfe rund ums Jahr 1968 herum vor allem darin ihre Ursache hatten: dass das liberale, fortschrittsfreundliche Bürgertum die eingeschlossene Stadt längst verlassen hatte. Und dass die Zurückgebliebenen die Frustration über die eigene Zurückgebliebenheit als Hass gegen jene wendeten, die ein besseres Leben wollten.

Helmut Dietl gehörte nicht zu den sogenannten Rädelsführern. Wenn man versucht, ihn sich vorzustellen in den Schwabinger Straßen der frühen Sechziger, dann sieht man einen jungen Mann, dessen dunkle Haare auf französische Art geschnitten sind, ein bisschen jünger als Alain Delon sieht er aus, aber es ist der gleiche Stil. Schmale Hosen, eng geschnittene Hemden, darüber eher eine Windjacke als ein Jackett, im Gesicht jener halb spöttische, halb distanzierte Gesichtsausdruck, den sonst nur Italiener und

Franzosen beherrschen. Zwischen den Lippen eine Gitane. Dass dieser junge Mann sehr zornig werden kann, glaubt man gerne. Dass er das revolutionäre, rauflustige Volk anführen wolle, eher nicht. In seinen Erinnerungen deutet Dietl an, dass er aus diesen Krawallen den Schluss gezogen habe, sich künftig herauszuhalten. »Eines wurde mir damals ganz klar: Ich will weder von links noch von rechts erschossen werden, selbst wenn es da angeblich qualitative Unterschiede geben soll.«

Der diese Sätze schreibt, ist der alte Helmut Dietl, und Erinnerungen darf man naturgemäß nicht mit Tatsachen verwechseln. Aber es sieht doch so aus, als habe der 18-jährige Dietl damals eine Entscheidung getroffen, deren Konsequenzen man überdeutlich erst im Rückblick erkennt, zumal dann, wenn man sich vor Augen führt, was aus anderen, die in München dabei waren, dann geworden ist. Andreas Baader zum Beispiel, auch ein sehr gut aussehender Junge, fast gleich alt wie Dietl und ähnlich wie der getrieben von der Ambition, irgendetwas Bedeutendes zu tun, etwas Künstlerisches am besten, und dabei sagenhafte Frauen herumzukriegen. Oder Dieter Kunzelmann, damals, je nach Blickwinkel, Schwabings größer Spinner oder originellster Kopf, Mitglied der Künstlergruppe »Spur« (deren Motto so ging: »Wer in Politik, Staat, Kirche, Wirtschaft, Militär, Parteien, sozialen Organisationen keine Gaudi sieht, hat mit uns nichts zu tun«), der Situationistischen Internationale, der Subversiven Aktion. Sie sind tot, man kann sie nicht mehr nach jenen Münchner Jahren befragen – aber von heute betrachtet sieht es so aus, als ob gerade das Unernste und Lustvolle, der wirtshausraufereihafte Krawall sie dazu inspiriert hätten, in der Revolte der

Studenten, die in den Jahren darauf losging und eskalierte, in der Revolution, an die sie dann glaubten, zuallererst das Abenteuer zu sehen, die Forderung nach einem guten Leben und dessen Erfüllung in der Aktion des Revoltierens. In einer Villa am oberbayerischen Kochelsee (die dem reichen Vater des späteren Verlegers Lothar Menne gehörte, eines Mannes, der in seiner Jugend Dieter Kunzelmanns treuester Anhänger war) trafen sich im Juni 1966 unter anderem Dieter Kunzelmann, Rudi Dutschke, seine spätere Frau Gretchen, Bernd Rabehl (der später ein bedeutender Studentenrevolutionär und noch später ein Sympathisant rechtsextremer Parteien wurde), um über alles, vor allem aber über die Gründung, wie sie es nannten: revolutionärer Kommunen in den westlichen Städten zu beraten. Sie nannten sich, damit das Lustprinzip dabei auch angemessen gewürdigt werde, die »Viva-Maria-Gruppe« – nach dem lustigen und heute ein bisschen harmlos wirkenden Revolutionswestern von Louis Malle mit Jeanne Moreau und Brigitte Bardot.

Helmut Dietl war damals noch nicht ganz so weit, dass er zu solchen Aktionen gesagt hätte, lieber drehe er einen Film wie »Viva Maria«, als dass er eine revolutionäre Kommune gründe – aber das war die Richtung, in die er sich bewegte. Mit denen, die dann die Revolte anführten, verband ihn ein profundes Uneinverstandensein mit den meisten althergebrachten Machtverhältnissen und Autoritäten, ein Hass auf alte Nazis und ein gesundes Unvermögen, sich anzupassen. Was ihn von denselben Menschen unterschied, war ebendas – er konnte sich auch nicht jenen anpassen, die glaubten, für eine gute Sache zu kämpfen. Und es unterschied ihn eine gewissermaßen ästhetisch bedingte

Einsamkeit und Arroganz. Er war Künstler, auch wenn er noch nicht so genau wusste, welche Kunst es werden sollte. Leute wie er würden niemals in der Mehrheit sein, niemals an der Macht. Und fürs Volk interessierte sich der junge Dietl nur dann, wenn es Leute wie sein Großvater Donhauser waren, jene Sorte von typischen Münchnern, hinter deren schweigsam-grantigen Umgangsformen man Stolz, Unbeugsamkeit und eine geradezu unzerstörbare Moral erkennen konnte, wenn man nur genau hinsah. Oder Frauen wie seine Mutter, deren Anmut und Großzügigkeit etwas Nobles hatten, auch wenn sie eine einfache Frau ohne formale Bildung war. Dietl hatte, lange bevor er solche Figuren in seinen Serien auftreten ließ, ein Gespür dafür, dass diese Menschen etwas Besonderes und nicht etwa die Mehrheit waren – und womöglich gehörte das ja zu den wenigen und zu den wichtigsten Dingen, die ihm bei der Bundeswehr noch einmal mit aller Drastik beigebracht wurden.

Im Frühsommer 1964 bestand er mit ganz guten Noten sein Abitur. Im Oktober desselben Jahres sollte er einrücken, wovor er sich gern gedrückt hätte, zumal der Ort, wo er seinen Dienst antreten sollte, dreihundert Kilometer nordwestlich von München lag, in Külsheim, einem hübschen kleinen Städtchen im Norden Baden-Württembergs, unweit von Tauberbischofsheim, Wertheim, Würzburg, nahe der Romantischen Straße, in einer fast lieblichen Landschaft am Fuß des Odenwalds gelegen, was Helmut Dietl aber rein gar nicht interessierte. Er hatte in München zu tun, er verreiste grundsätzlich in die andere Richtung, in den Süden oder zumindest weit nach Westen, nach Paris – und als sensibler Künstler hatte er seine Zweifel, ob er das seelisch durchstehen würde. Er versuchte also, dem Eingezogenwerden zu entkommen, besuchte einen Arzt, der, schwer verwundet im Zweiten Weltkrieg und voller Trauer um beide Söhne, die in den letzten Tagen jenes Kriegs gefallen waren, alles Militärische hasste und fast jedem jungen Mann das entsprechende Attest ausstellte. Aber Dietl war schon zwei Jahre zuvor, als er 18 wurde, gemustert worden, er hatte den Tauglichkeitsgrad eins bekommen, voll verwendungsfähig, und da, meinte der Arzt, könne man leider nichts machen. Wenn er vor der Musterung gekommen wäre, dann wäre bestimmt etwas gegangen mit einem Attest. Aber jetzt sei die Einberufung nicht mehr abzuwenden.

Helmut Dietl rückt also ein im Herbst des Jahres 1964, und die erste Frage, die ihn beschäftigt, ist eine, die er denen, an die sie sich eigentlich richtet, gar nicht stellen muss: Wo waren diese Männer, die jetzt die Rekruten ausbilden, schikanieren, kleinhalten – wo waren sie vor zwanzig Jahren? Wenn sie jetzt, 1964, Mitte vierzig sind, dann waren sie alt genug für Hitlers Krieg, tauglich waren sie sowieso, und die Lüge, wonach deutsche Soldaten nur ihre Pflicht getan, das Vaterland verteidigt und ihren Anstand immer behalten hätten, die glaubt Helmut Dietl schon damals nicht. Es ist die Frage, die sich ihm immer wieder stellt, wenn er den deutschen Autoritäten gegenübersteht, es ist die Frage, die ihn auf sein Außenseitertum zurückwirft, weil sie sich den Gleichaltrigen, deren Kindheit vom Verschweigen, Verdrängen oder Verharmlosen der Schuld geprägt war, nicht oder jedenfalls ganz anders stellt. Es ist die Frage, auf die es am Bundeswehrstandort Külsheim, wo Helmut Dietl zum Fallschirmjäger ausgebildet werden soll, von Anfang an sehr klare Antworten gibt. Der Feind ist, wie zwanzig Jahre zuvor, »der Russe«; die militärische Totalniederlage der Wehrmacht ist verdrängt, der moralische Kollaps der Deutschen ist vergessen oder nie geschehen, und so sollen die Rekruten einfach die alten Lieder singen, vom Feind, vom Sieg, dem Tod und der Ehre; und wenn einer einen Scherz macht, womöglich auf Kosten des ganzen pompösen Zaubers, dann wandert er gleich mal in den sogenannten Bau, zwei Tage, mit Wasser und Brot. Dietl erzählt, er habe sich eigentlich nur die Frage erlaubt, warum so ein Aufwand getrieben werde, wenn doch der Feind »der Russe« sei. Mit *einem* Russen werde man schon fertig werden. Das war »Lächerlichmachung der Wehrkraft«. Humor in der Bundeswehr ging anders. Humor war es, ein Lied zu singen, in dem der abgeschossene Fallschirmjäger an die Tür von Walhalla klopft, und Odin spricht. »Komm herein, wir haben Frauen und Bier.«

Frauen mochte Helmut Dietl auch, der Unterschied war halt, dass die auch ihn mochten, weshalb es für ihn nicht so furchtbar wichtig war, ständig von den Weibern zu sprechen, zu prahlen, zu grölen. Bier mochte er nicht, das war schlecht für sein Image bei den Stubenkameraden – und hier, in seinem Bericht vom Wehrdienst, kann man schon erkennen, was später, in seinen Filmen und Serien, noch deutlicher sichtbar wird: dass Politik und Ästhetik nur schwer zu trennen sind. Er verabscheut die Bundeswehr ganz grundsätzlich, weil sie sich so eindeutig in die Tradition der Wehrmacht stellt. Und er verabscheut die alltägliche Praxis dort, das Rohe, Vulgäre, Unmenschliche, Hässliche. Dass beides miteinander zusammenhängt, scheint ihm nur logisch zu sein.

Dietl war damals ein Außenseiter; ein Menschenfeind war er nicht. Fremd, womöglich feindselig wurde er erst, wenn genügend Menschen beisammen waren, die alle das Gleiche wollten, sprachen, tranken. In seinen Erinnerungen erzählt er von einer Zugfahrt, von München zurück zur Kaserne, und vom Gespräch mit einem Kameraden bei dieser Fahrt. Der Junge ist, weil ihn die Familie übers Wochenende mit Schweinsbraten und Knödeln gut versorgt hat, in aufgeräumter Stimmung, und so vertraut er sich seinem Kameraden Helmut an. Er habe beschlossen, sich mit dem Hauptmann einzulassen, der sei ja offensichtlich hinter ihm her. Wenn er nachgebe, das habe der Hauptmann versprochen, bekomme er ein Einzelzimmer, könnte Dienst tun in der Schreibstube, was bequemer als der Dienst der anderen sei. Na und so weiter, nichts als Vorteile habe man davon. Außerdem sehe der Hauptmann doch sehr gut aus. Ob er, Dietl, denn nicht homosexuell sei, und wenn wirklich nicht, warum er sich zu den Fallschirmjägern gemeldet habe, wo doch jeder wisse, dass das die Abteilung mit den meisten Schwulen sei.

Nein, beteuert Dietl, er mache sich absolut nichts aus Männern, und dass bei den Fallschirmjägern so viele Homosexuelle seien, habe er schon gleich gar nicht gewusst – und man darf sich diese Szene gern als wundervolle und leicht absurde Inversion aller geläufigen Klischees vorstellen. Der eine, Sohn eines Münchner Bäckermeisters, bodenständig, schweinsbratengenährt, Dialekt sprechend, der dem Kameraden erklärt, dass der ganze martialische Männerkult der Fallschirmjäger ein homosexuell codierter Spaß sein könnte, jedenfalls für die, die das Kommando haben. Und der andere, sensibel, Künstlertyp, bisschen arrogant, der davon nichts gemerkt hat. Und darauf beharrt, das er sich ausschließlich für Frauen interessiere.

Es ist der alte Dietl, der sich an diese Szene erinnert, der Mann also, der jahrzehntelang Drehbücher geschrieben und einen sehr gut geschulten Sinn für solche Pointen hat. Aber man glaubt ihm gern, dass auch der junge Dietl schon neugierig und menschenfreundlich genug war, an einem solchen Gespräch seine Freude zu haben. So wie man ihm sofort glaubt, dass er abends, in der Stube, wenn die anderen ein Bier nach dem anderen tranken und dabei geschwätzig, sentimental und immer stumpfer wurden, mit ihnen nichts zu besprechen hatte und sich lieber einsam fühlte, als dass er sich mit ihnen gemein gemacht hätte.

In Külsheim bleibt Dietl ein knappes halbes Jahr. Seine Mutter sei schwer krank, er müsse sich um sie kümmern, hatte Dietl seinen Vorgesetzten erzählt. Und so bekam er eine sogenannte Heimschläfergenehmigung und wurde nach München versetzt, zu den Fernmeldern am Oberwiesenfeld. Abends um sechs durfte er die Kaserne verlassen, morgens um sechs musste er wieder antreten. Dazwischen durfte er leben, wie er wollte. Und der Mutter ging es gut.

VIII.

Ein Geschenk Gottes

Die Revolution hatte gesiegt – was man schon daran erkennen konnte, dass die Eier-Lili in der Wohnung in Schwabing übernachten durfte, ohne dass die Mutter sich zu sehr fürchten musste, als Kupplerin angeklagt zu werden. Und weil es trotzdem nicht ganz ideal war, Sex in Hörweite der Mutter, mietete Lili eine kleine Wohnung für die Treffen mit ihrem Geliebten, und auch das ging, ohne dass jemand das Paar nach einer Heiratsurkunde gefragt hätte.

Und dann ging die Geschichte zu Ende, und im Atelier seines Freundes Ugo Dossi, des Malers, der mit Helmut Dietl aufs Real-Gymnasium am Elisabethplatz ging und immer wieder die Gedichte illustrierte, traf Helmut Dietl seine nächste Freundin. Sie war sehr hübsch, dunkelhaarig, mit großen dunklen Augen, elegant geschwungenen Lippen. Dietl erzählt, er habe sie anfangs für eine Italienerin gehalten. Sie hieß aber Dorothea Fischer, geboren in München – und dass von ihr und der Geschichte mit Helmut Dietl hier ein wenig ausführlicher berichtet werden soll, hat zwei Gründe. Der eine ist der, dass aus Helmut Dietl, wäre er ihr nicht begegnet, womöglich niemals Helmut Dietl geworden wäre, nicht der Dietl jedenfalls, den wir für seine Serien und Filme lieben und verehren. Der zweite Grund ist der, dass Dorothea Fischer, die inzwischen in den Vereinigten Staaten lebt, gewissermaßen zurückgeschrieben hat. Sie fand sich in Dietls Erinnerungen liebevoll, aber nicht ganz korrekt porträtiert, und so hat sie die Geschichte aus ihrer Sicht erzählt und im Selbstverlag veröffentlicht.

Dass Dietl das Mädchen Dorothea, allseits meistens Dorle genannt, von Dietl aber, in Zeiten allergrößter Verliebtheit: »Gottesgeschenk« (was die deutsche Bedeutung dieses griechischen Namens ist), dass Dietl also Dorle für eine Italienerin hielt, dauerte nur die paar Minuten, die er brauchte, um sie zu einem Kaffee zu überreden – den dann aber sie bezahlen musste, wie Dietl sich erinnert, der meistens knapp bei Kasse war. Sie saßen im Café Cadore, einer italienischen Espressobar auf der Ostseite der Leopoldstraße, und Dorle sprach deutsch, fehlerfrei und im weichen, melodischen Dialekt der Münchner Oberschicht. Es dauerte nicht lange, da durfte Helmut seine neue Freundin zu Hause besuchen, in der Mechthildenstraße im Münchner Westen, knapp eine halbe Stunde Trambahnfahrt von Schwabing entfernt, aber sehr angenehm zwischen dem Hirschgarten und dem Nymphenburger Schlosspark gelegen. Im Garten des hübschen Reihenhauses, so erinnert sich Dietl, stand ein etwas grantig wirkender dunkelhaariger Mann, den Dietl nicht kannte. Es war Walter Sedlmayr, damals Ende dreißig und unter Kinogängern schon als grimmiger Bayerndarsteller berühmt; in Alfred Weidenmanns braver »Buddenbrooks«-Verfilmung hatte er den Alois Permaneder gespielt. Sedlmayr war, wie Dietl erfuhr, ein begabter Gärtner. Und eine Art Hausfreund in der Mechthildenstraße.

Die Hausherrin war eine schöne, erwachsene, sehr stark und selbstbewusst wirkende Frau von Anfang vierzig. Sie hieß Elfie Pertramer und war damals, im Sendegebiet des Bayerischen Rundfunks jedenfalls, weltberühmt. Sie war Schauspielerin – eine Volksschauspielerin würde man sie nennen, wenn dieses Wort nicht zu direkt aufs derbe, geistig oft etwas stumpfe sogenannte Bauerntheater verwiese, in dem die Bayern sich selbst vorspielen, wie bayerisch, also wie wunderbar und einzigartig und sehenswert sie doch seien. Elfie Pertramer, eine Tochter aus sogenanntem guten Haus, aufgewachsen im prächtigeren Teil der Nymphenburger Straße, hatte seit den späten Vierzigern in Kinofilmen gespielt, meistens die resche Bayerin, manchmal auch die fesche Münchnerin; meistens waren es Nebenrollen. In »Max, der Taschendieb« war sie immerhin die Frau von Heinz Rühmann. Ihre eigentliche Bühne, ja geradezu ihr Lebensraum, war aber das Fernsehen, das damals noch neu war. Und offen für neue Formen. »'s Fensterl zum Hof« hieß (in Anspielung auf Hitchcocks Thriller) die Serie, in der sie nicht nur die Hauptrolle spielte, eine kleinbürgerliche Münchnerin mit einem großen Talent zur Aufsässigkeit, bösem Witz und einer Liebe zum Absurden. Sie schrieb das auch selbst, produzierte, bestimmte, wie das inszeniert wurde. Und sie sang, tanzte, parodierte, inszenierte sich selbst mal als Münchner Sophie Loren, mal als bayerische Antwort auf Marilyn Monroe.

Das war das Gegenteil des augenzwinkernden Einverständnisses mit sich selbst und allem anderen, was das bayerische Volkstheater oft so unausstehlich macht. Elfie Pertramer pflegte das profunde Uneinverstandensein, das ja eigentlich in der bayerischen Sprache schon angelegt ist, in diesem Dialekt, dessen Worte sich immer den Sachverhalten, die sie benennen sollen, zugleich widersetzen wollen. Und auch dafür liebten sie die Leute.

Sie allerdings, so berichten ihre Kinder und all jene, die sie kannten in ihrer größten Zeit, sie schien eine unbezwingbare Angst davor zu haben, dass diese Liebe vergehen könnte. Sie, die sich selbst so kraftvoll inszenieren konnte, war zugleich kapriziös, überempfindlich, unsicher, lag ganze Tage im Bett und traute sich nicht hinaus und ließ sich von der Tochter mit Tee und Trost versorgen. Dorothea Fischer erzählt, eines Nachts habe die Mutter sie aus dem Bett geholt, ins Auto gezogen, und dann seien sie, beide im Nachthemd, nach Großhesselohe gefahren, in den Süden von München, wo eine Eisenbahnbrücke in großer Höhe die Isar überquert. Selbstmörderbrücke hieß die damals, als sie noch nicht so gut gesichert war, und genau das habe die Mutter vorgeschlagen: dass sie beide da jetzt hinuntersprängen. Sie habe es sich dann aber doch anders überlegt.

Es gab (und gibt) noch einen Sohn, Wolfi Fischer heißt er, beide Kinder waren unehelich geboren, drei Ehen hatte sie damals hinter sich, und dass die Tochter schon bei der ersten Begegnung ihrer Mutter mit ihrem neuen Freund eifersüchtig war, das, so erinnert sich Dietl, habe auch daran gelegen, dass Elfie Pertramer von ihrem jungen Geliebten, einem Münchner Arzt, der aber lieber Filmregisseur werden wollte, vor Kurzem verlassen worden war, wegen einer sehr viel jüngeren Schauspielerin aus Wien. Die Namen sagten Dietl damals wenig; es waren Michael Verhoeven und Senta Berger.

Der junge Helmut Dietl kam als Nachfolger erst einmal nicht infrage; er war ja viel zu verliebt in die Tochter.

Manchmal, so erzählt er, sei er mit der Trambahn nachmittags von Schwabing nach Nymphenburg gefahren, einfach um dem Haus, in dem Dorle lebte, nahe zu sein. Immer habe er sich aber gefürchtet, ihr auf diesen Wegen zu begegnen, ertappt zu werden bei diesen Anfällen von Liebesverrücktheit. Er hatte sie seinem Freund Ugo Dossi ausgespannt, und schon deshalb hatte er immer ein bisschen Angst, dass der Nächste sie ihm ausspannen würde. Auch diese Liebesgeschichte wurde von Dietls Mutter gutgeheißen, aber Dorothea Fischer erinnert sich, dass sie die Mutter zwar sehr gern mochte, dass ihr die Wohnung im Lagerhaus aber duster und traurig vorkam. Wenn die beiden allein sein wollten miteinander, dann trafen sie sich lieber in der Mechthildenstraße; die Mutter war ja oft genug aus dem Haus.

Die beiden waren ein Paar, als Helmut Dietl sein Abitur machte, sie blieben es, als er zur Bundeswehr eingezogen wurde, und im Spätsommer, der dazwischenlag, fuhren die beiden nach Spanien, im alten Peugeot-Cabriolet von Dorotheas Stiefvater; sie hatte den Führerschein, wenn auch erst seit Kurzem, er nicht, und für beide war diese Reise offenbar unvergesslich, denn beide schildern sie ausführlich, wenn auch mit ganz verschiedenen Akzenten. Helmut Dietl, der künftige Dichter, so erinnert er sich, sei vor allem von einem Gedicht Antonio Machadas über die Kathedrale von Taragona und eine Schleiereule, die durch deren Fenster fliegt, besessen gewesen, weshalb er stundenlang diese Kathedrale betrachtet habe. Die Schleiereule sei aber nicht gekommen. Dorothea Fischer erinnert sich vor allem daran, dass ihr Freund sie nicht besonders galant behandelt habe in den fremden Städten, durch die sie spazierten.

Beide spürten aber eine heftige Erregung, die daher kam, dass sie sehr jung und sehr weit weg von zu Hause waren, unterwegs in einem klapprigen Auto, ausgestattet mit sehr wenig Geld und umgeben von Leuten, mit denen sie sich, da sie nicht Spanisch und schon gar nicht Katalanisch sprachen, trotzdem irgendwie verständigen mussten: mit Bruchstücken aus Latein und Französisch, was ihnen aber anscheinend ganz gut gelang. Die Entfernungen waren damals, in den frühen Sechzigern, als nicht alle Englisch sprachen und der größte Teil der Strecke über Landstraßen führte, viel größer, als sie es heute sind. Für Helmut Dietl waren sie grade groß genug. Er wäre, so erinnert er sich, lieber als Klempner für die verwahrlosten Duschen und Waschbecken eines spanischen Campingplatzes zuständig gewesen, als bei der deutschen Bundeswehr einzurücken. Was, gerade weil er als Handwerker äußerst unbegabt war, nicht bloß als Ausdruck einer typisch deutschen Sehnsucht nach dem Süden gelesen werden darf. Es ging tiefer bei ihm; er schien sich unter Franzosen, Italienern, Spaniern weniger fremd als unter den Deutschen zu fühlen. Und spätestens seit jenem Tag, da die Mutter ihm ihren Seitensprung mit einem Südländer gestanden hatte, jenen Seitensprung, der zu gut zu Dietls Geburtsdatum passte, als dass er die Geschichte wieder hätte vergessen können, hat er im Süden immer auch die eigene Herkunft gesucht. Nicht den Vater in Gestalt einer konkreten, mit viel Aufwand und Recherche womöglich noch zu ermittelnden Person. Nachdem der erste Vater Henri Dietl-Greiner aus seinem Leben mehr oder weniger verschwunden war, hatte Dietl nicht unbedingt Bedarf an einem zweiten. Es war eher die Sehnsucht des Südländers, der nur zufällig im Norden geboren wurde, endlich nach Hause zu kommen, wo auch immer dieses Zuhause lag.

Womit, zum Teil jedenfalls, auch schon erklärt ist, wie es kam und wie es Dietl schaffte, dass er in München immer Außenseiter, Eigenbrötler, radikaler Individualist war – und zugleich die nahezu perfekte und allseits dafür beneidete Verkörperung des Münchners. München, wenn man sich den Geist der Stadt als kollektives Subjekt vorstellen mag, München war ja immer dann bei sich, wenn es zugleich außer sich war. München hatte jahrhundertelang dem Norden eher den Rücken zugewandt und die eigenen Perspektiven, die ästhetischen jedenfalls, im Süden gesucht, was man dem Bau der Stadt, ihren Kirchen und Palästen seit der Renaissance deutlich ansah. Und als nach dem Zweiten Weltkrieg die Stadt zerbombt und zerstört war, überlegten die Münchner ernsthaft, ob man München nicht zumindest dreißig Kilometer südlich wieder aufbauen solle, an den Ufern des Starnberger Sees. Was daran scheiterte, dass die Münchner doch lieber ihre römischen Kirchen, ihre florentinischen Paläste und palladianischen Museen an Ort und Stelle wiedererrichten wollten. Dass sich im Blau ihres Himmels aber das Mittelmeer spiegle, davon waren die Münchner überzeugt.

Und dass dieser junge Mann nicht wie ein Ausländer aussah, eher wie die südlichste Version eines Deutschen; dass er einen fehlerfreien Schwabinger Dialekt sprach und zugleich einen romanischen Habitus hatte, die Eleganz und leichte Arroganz – das machte ihn gewissermaßen zum Wunschbild der Münchner von sich selbst.

Wenn Dietl sich an die Zeit mit Dorle erinnert, dann beschreibt er einen jungen Mann, der außer mit seiner Liebe, seiner Mutter und vielleicht dem Abitur vor allem mit sich selbst beschäftigt war. Mit seiner Poesie und mit den Gefühlen, aus denen einmal Poesie werden könnte. Freunde und Gefährten, wie Bernd Stockinger aus »Lilo's Leierkasten« oder der Maler Ugo Dossi oder auch Herbert, der Schulfreund, tauchen auf, spielen kurz eine Rolle in seiner Erinnerung und werden dann zurück in den Hintergrund geschickt. Existenzielle Rollen spielen sie nicht; und so ist man versucht, sich den jungen Dietl als Einzelgänger vorzustellen.

In der Erinnerung von Dorothea Fischer erscheinen ganz andere Bilder. Sie seien häufig ausgegangen, in ein Lokal hinterm Viktualienmarkt, in den neuen Night Club hinter dem Bayerischen Hof, und für sie seien die Abende im Wesentlichen immer gleich verlaufen. Sie hätten sich einen Tisch gesucht und Drinks bestellt, und dann habe er sie da hocken lassen, habe sich unter die Leute gemischt, habe brilliert mit seinem Witz, habe geflirtet nach allen Seiten, habe sich feiern und einladen lassen und auf diese Weise praktisch jeden und jede kennengelernt, die schön, reich, erfolgreich oder zumindest wichtig waren. Sie sei nur dagesessen, habe geraucht oder an den Zitronenschnitzeln ihrer Drinks herumgekaut und sich so durch die Abende gelangweilt, bis, wie sie sich erinnert, gegen halb zwei, zwei Uhr morgens ihr Helmut sich an sie erinnerte und mit ihr nach Hause ging.

Es waren die Jahre, als das Nachtleben in München so richtig in Schwung kam – und auch das, so kommt es einem heute vor, war eine Folge der siegreichen Schwabinger Revolution von 1962. Es gibt einen kleinen Fernsehfilm des Bayerischen Rundfunks aus dem Jahr 1965, da wagt sich das Team hinunter ins »Big Apple«, den Club an der Leopoldstraße, wo die damals heißesten Beat-Gruppen auf ein junges Publikum trafen, das jederzeit bereit war, sich in die Ekstase zu tanzen. In einer Pause, als es ein bisschen ruhiger ist im Lokal, antworten die Gäste, 17- bis 18-jährige Mädchen und Jungs, auf die Frage, was denn die Eltern von diesen Ausschweifungen hielten: Ach, die hätten eigentlich nichts einzuwenden, solange man brav die Schule besuche und das Abitur bestehen wolle. Es gibt einen englischen Fernsehbericht über das »Blow up«, 1967 eröffnet am Elisabethplatz und damals Deutschlands größte (und vielleicht auch teuerste) Diskothek, da kann man schon die typisch münchnerische Mischung aus Sex, Wahnsinn, Geld und Schick betrachten. Staunend fährt die Kamera an Schlaghosen, Minikleidern und bauchfreien Tops entlang, und alles sitzt so gut, als ob es maßgeschneidert wäre. Die Stimmung ist ein bisschen zu gut und laut und aufgekratzt, als dass man allen diese gute Laune glauben möchte. Und einmal fängt der Blick der Kamera einen jungen, sehr schicken und selbstbewussten Mann ein, der, auch wenn der Kommentar dazu nichts sagt, eindeutig Gunter Sachs ist, damals Deutschlands regierender Playboy.

Es waren die Jahre vor der 68er-Revolte (die dann in München auch nicht so böse und unversöhnlich wie in Berlin oder in Frankfurt war). Es war die Zeit, als es so aussah, als werde sich die Gesellschaft allein dadurch modernisieren, dass die Jungen sich nahmen, was sie wollten. Es waren die heiteren Sechziger, als die seit jeher lockereren Sitten Münchens und der Geist der Zeit sich in Schwabing trafen und eine unwiderstehliche Mischung ergaben.

Es waren ja auch, wenn es um ein freieres, besseres Leben ging, weitaus weniger Widerstände zu überwinden als in anderen westdeutschen Städten. Die Schwabinger Häuser, die den Krieg überstanden hatten oder die wiederaufgebaut worden waren, hatten nach Norden noch die großen Atelierfenster aus der Jahrhundertwende, jener Zeit also, als zumindest hier und einen Kilometer weiter südlich, in der Maxvorstadt rund um die Universität, die Boheme gut gelebt und im Glücksfall auch gemalt, gedichtet, gedacht und gefeiert hatte, bis die Niederschlagung jener Räterepublik, die als Regime der Literaten begonnen hatte und als quasikommunistische Zwangsherrschaft scheiterte, die Boheme für lange Zeit aus München vertrieb. Außer den Malern, die wegen der damals sehr bedeutenden Kunstakademie nach München gekommen waren, außer Kandinskij, Klee, Kubin, Marc, De Chirico, waren auch die Schriftsteller und Theaterneuerfinder gekommen, die Lebensreformer, die »Genieanwärter«, wie Erich Mühsam sie nannte. »Die Kunst«, schrieb damals der Wahlmünchner Thomas Mann, sei »an der Herrschaft«, und in den Nächten traf man die »Verbrecher des Traums«. Es war nicht so, dass dieses Stück jetzt einfach wiederaufgeführt worden wäre im Schwabing der Sechziger. Um die Malerei ging es nur am Rande, und einen Thomas Mann, der das alles aus der Distanz genau beobachtet und beschrieben hätte, brachte das Jahrzehnt auch nicht hervor. Aber es scheint so, als habe dieser »seltsame Stadtteil«, wie die Schriftstellerin Franziska zu Reventlow das Schwabing der vorletzten Jahrhundertwende nannte, die Erinnerung an freiere Sitten und eigenwilligere Lebensentwürfe aufbewahrt. Es war, was sich hier jetzt entfaltete, auf den Straßen, in den

Cafés und Diskotheken, den Studentenbuden, Ateliers und an den Ufern des Schwabinger Bachs im englischen Garten, längst angelegt in den Möglichkeiten Schwabings. Und es vertrug sich sehr gut mit dem traditionell katholischen Feierkalender Münchens, in dem der Fasching (der ein Monat voller Bälle und Partys war), die Starkbierzeit, das Oktoberfest, der Advent kaum Zeit zum Zuhausebleiben und Insichgehen ließen.

Es war diese Welt, durch die sich der junge Helmut Dietl bewegte – und in der er sich, weil das Geld, wie bekannt, ziemlich knapp war, mit Geist, Witz, Charme und Attraktivität behauptete.

Für die Musik, die doch für die meisten der Treibstoff des Wandels war, scheint sich Dietl nicht besonders begeistert zu haben. Lieber als ins »Big Apple«, das an der Nordseite der Ecke Franz-Joseph-Straße und Leopoldstraße lag, ging er ins »Café Europa« an deren Südseite, eine modern eingerichtete Espressobar in einem kantigen Nachkriegsbau, mit einer großen Terrasse davor. Später, sehr viel später, im Frühjahr 2010, als auch das »Café Adria«, wie der Laden dann von 1972 an hieß, schließen musste und eine Häagen-Dasz-Filiale einzog in die Räume, später erinnerten sich die Stammgäste, dass das »Europa« das liebste Lokal der 68er gewesen sei, ein Ort mit revolutionärer Grundstimmung, in welchem einige der Gäste sogar mit der damals sogenannten »Baader-Meinhof-Gruppe« sympathisiert hätten. Zu Dietls Stammgastzeiten aber, um die Mitte der sechziger Jahre herum, war es der Treffpunkt von Münchens jüdischer Jugend, und hier war es, wo Helmut Dietl und Towje Kleiner einander begegneten und sich gleich anfreundeten. Kleiner, Sohn polnischer Juden, war in einem Lager für sogenannte »displaced persons« bei Wolfratshausen geboren worden, aufgewachsen in Bayern und in Israel und sprach ein Münchnerisch, so schön und schnell, melodisch und urban, wie es die wenigsten Münchner können. Sein Debüt als professioneller Komiker gab Kleiner in Tel Aviv. Im »Café Europa«, so erinnert sich Dietl, spielte Kleiner manchmal Gitarre, sang dazu und trug Sketche und kleine Szenen auf Jiddisch vor. Dass die beiden, Dietl und Kleiner, einander mochten, ja womöglich als Brüder im Geiste empfanden, war fast logisch. Beide sehr münchnerisch und sehr undeutsch zugleich, im Aussehen und im Habitus. Und verbunden durch eine gewisse Fremdheit, die sie unter ihren deutscheren Zeitgenossen nie ganz überwinden konnten. Elf, zwölf Jahre später, in der Serie »Der ganz normale Wahnsinn«, würden Dietl und Kleiner geradezu verschmelzen in der Rolle des Helden, Maximilian Glanz, die Kleiner spielte. Und die zugleich Dietls Selbstporträt war.

Im Sechstagekrieg, im Juni 1967, so erinnert sich Dietl, war das »Café Europa« das Münchner Hauptquartier all jener, die auf einen Sieg der israelischen Armee hofften und Mosche Dajan, den israelischen Verteidigungsminister, bewunderten. Seit dem Frühjahr hatten der ägyptische Staatschef Nasser und seine syrischen und jordanischen Verbündeten immer lauter und ganz unverblümt die Zerstörung, Vernichtung, die Auslöschung des jüdischen Staats gefordert, sie hatten aufgerüstet mit sowjetischer Hilfe, und Ägypten hatte seine Truppen an der israelischen Grenze aufmarschieren lassen. Am 5. Juni hatte die israelische Armee in einem Präventivschlag nahezu die gesamte Luftwaffe aller drei Staaten zerstört, am 10. Juni standen die Israelis am Suezkanal, hielten Ostjerusalem und das Westjordanland, die bis dahin zu Jordanien gehört hatten, besetzt und hatten die syrischen Golanhöhen, die für uneinnehmbar galten, erobert. Am 11. Juni, als der letzte Waffenstillstandsvertrag unterzeichnet war, wurde im »Café Europa« ein großes Fest gefeiert. Helmut Dietl erzählt, dass er dort ein schönes, kluges und ein bisschen melancholisches Mädchen traf. Sie hieß Rosita Zubel, er durfte sie nach Hause in die Schwanthaler Straße begleiten, wo es aber, warum auch immer, bei ein paar keuschen Küssen blieb.

IX.

Elfie

Die Liebesgeschichte mit Dorle hatte zart und schön und recht schnell begonnen, sie hatte Höhen und Tiefen gehabt, eine Abtreibung im Ausland, weil das in Deutschland verboten war; eine Brustverkleinerung, die Dorle ihrem Freund, wie sie das nannte, zu Weihnachten schenkte, während dieser Freund doch an den natürlichen Brüsten gar nichts auszusetzen hatte – aber das Wichtigste an der ganzen Geschichte, das offenbart sich im Nachhinein, ist das Ende der Geschichte. Und das, was sich daraus ergab.

Seit Helmut Dietl zurück war aus Külsheim, stritten sie sich öfter und brauchten länger, um sich wieder zu versöhnen, und irgendwann, so erzählt Dietl, hätten sie sich sehr heftig gestritten, und keiner von beiden habe den Schritt zur Versöhnung machen wollen, aus Stolz und dem Gefühl, im Recht gewesen zu sein – und als er sich dann doch überwand und anrief in der Mechthildenstraße, bekam er erst eine nichtssagende Antwort von der Mutter. Und dann einen Brief, in dem Elfie Pertramer ihn darüber unterrichtete, dass die Tochter erst einmal für ein Jahr nach Paris gezogen sei, danach gehe sie vielleicht nach New York; er werde sie wohl so bald nicht wiedersehen.

Und so kam es, dass Helmut Dietl bald darauf in die Mechthildenstraße kam, Tee trank und die ganze Geschichte besprach mit Elfie Pertramer. Und als sie hinaufging und nach ihm rief, da folgte er ihr ins Schlafzimmer und wurde ihr Geliebter.

Womit die Helmutdietlwerdung des Helmut Dietl einen ganz entscheidenden Schritt vorankam. Denn Elfie Pertramer reichte es nicht, die Nächte mit ihrem jungen Geliebten zu teilen. Sie wollte ihn auch am Tag bei sich haben, und so wurde Dietl ihr Regieassistent, Aufnahmeleiter, Drehbuchberater, obwohl er, als er anfing, keinen Schimmer hatte von diesen Dingen. Er werde das schnell lernen, davon war Elfie Pertramer überzeugt. Und er lernte gut, wie man bald sehen konnte.

Helmut Dietl hat nie davon erzählt, wann der Moment kam, da er sich von seinem Traum, ein Dichter zu werden, verabschiedet hat und ob es diesen Moment überhaupt gab. Oder ob er, wenn er schon Geld für die Arbeit bekam, diese Arbeit eben erledigte und dann dabeiblieb, weil er ja irgendwie Geld verdienen musste. An der Münchner Ludwig-Maximilians-Universität hat er sich eingeschrieben für Theaterwissenschaft, im Wintersemester 1966/67; aber Vorlesungen und Seminare hat er sehr selten besucht, fast nie.

Dass die Arbeit an den Drehbüchern ihm Freude machte und dass er ein bisschen stolz darauf war, wenn Elfie Pertramer seine Kritik, seine Ratschläge ernst nahm: Das glaubt man aus seiner Erzählung herauszuhören, auch wenn er es nicht direkt ausspricht. Er hatte ja, bis auf seine sehr kurze kindliche Karriere als Autor, Regisseur und Hauptdarsteller kleiner Theaterstücke, keine Erfahrung – und diese Stücke hatte er, wie er immer wieder erzählte, vor allem deshalb geschrieben, weil er damit ein Taschengeld verdienen konnte, so wie er jetzt diesen Job vor allem deshalb angenommen hatte, weil er irgendeinen Job brauchte. Aber ein kleiner Junge, der, statt Zeitungen auszutragen oder den Rasen der Nachbarn zu mähen, zum Geldverdienen Theaterstücke schreibt, wird schon eine gewisse Begabung gehabt haben.

Und wie beim Inszenieren fürs Fernsehen und fürs Kino die Kunst, das Handwerk und das Geschäft miteinander zusammenhängen, das lernt man als Regieassistent ohnehin viel schneller und genauer als an einer Filmhochschule.

Was er darüber hinaus gelernt hat in dieser Zeit und ob Elfie Pertramer ihn künstlerisch beeinflusst habe: Dazu hat Dietl sich nie geäußert. Es ist aber offensichtlich. Auch wenn es Kabarett war, bayerische Comedy, was Elfie Pertramer so spielte und inszenierte – und Helmut Dietl als Autor und Regisseur immer dann am besten war, wenn er seinem Hang zum Kabarett nicht nachgab (und am schwächsten, wenn seine Figuren bloß Parodien waren). Aber die Kraft, mit der Elfie Pertramer dem Münchner Dialekt alle Möglichkeiten des Widerstands gegen die bestehenden Verhältnisse, des Nichteinverstandenseins und der Freude am komplett Absurden abrang: Das findet sich wieder, vor allem in Helmut Dietls Frauenrollen. Elfie Pertramers Rollen und Stücke waren Anschläge gegen die üblichen Selbstinszenierungen der Bayern als gemütliche Lederhosenträger und Dialektsprecher, die gewissermaßen touristische Blicke auf sich selbst warfen und denen angesichts ihrer selbst, ihrer feschen Buben und sauberen Mädchen sowie der Berge, der Seen und des weißblauen Himmels dauernd das Herz so überging, dass sie nur noch singen und jodeln konnten. Pertramers Bösartigkeit war auch deshalb ein so wirksames Gegengift, weil es damals, um die Mitte der Sechziger, eben damit anfing, dass die Bundesrepublik in Oberbayern ihre Toskana sah, in München ihre heimliche Hauptstadt. Und im bayerischen Dialekt und der Münchner Lebensart die einzige Möglichkeit, deutsch zu sein – und trotzdem liebenswürdig und charmant.

Es gibt vom »Fensterl zum Hof« einen Mitschnitt von 1964, in dem malt Elfie Pertramer, derb und böse und in der Wortwahl noch sehr präfeministisch, sich aus, was passieren würde, wenn all die Frauen aus dem Mietshaus, das der Schauplatz ist, plötzlich mit entblößten Brüsten in die Öffentlichkeit gingen. Es ist eine herrliche Ermächtigungsfantasie.

Angefangen hatte sie in Schwabinger Kabaretts, und als sie erkannte, dass sie auf jeden Fall gut genug fürs Fernsehen, das damals noch sehr neue Medium, war, hatte sie versucht, einen Termin beim Fernsehdirektor des Bayerischen Rundfunks zu bekommen. Sie bekam aber keinen, und später hat sie erzählt, dass sie ihm dann auf dem Flur aufgelauert habe, irgendwann müsse der Mann ja auf die Toilette. Dass sie ihn, wenn sie ihm nur gegenüberstünde, schon überzeugen würde, daran konnte es ja gar keinen Zweifel geben. Es dauerte nicht lange, bis solche Männer froh sein durften, wenn Elfie Pertramer sich an ihre Namen erinnerte. Sie war in der ersten Hälfte der Sechziger der größte Star des bayerischen Fernsehens.

Und Helmut Dietl, so kann man jedenfalls spekulieren, der Mann, der gerade noch geglaubt hatte, es müssten Gedichte sein, wenn er sich selbst und seine widerstrebenden Gefühle und Empfindungen ausdrücken wollte, Helmut

Dietl lernte jetzt, dass Dialoge dafür womöglich besser taugen als Verse. Und dass der Münchner Dialekt, der verschlungene bayerische Satzbau und der starke Hang des Bayerischen zur Uneigentlichkeit, zu Irrealis, doppelter Verneinung und verwirrender Mehrdeutigkeit, dass all das, wenn er es zu seinem Werkzeug machte, ihm besser als das gelungenste Gedicht die Möglichkeit erschließen könnten, sich zu seiner Münchner Herkunft zu bekennen – und zugleich auf seiner Fremdheit zu bestehen.

X.

Für eine Handvoll Lire

Es lässt sich, mehr als fünfzig Jahre danach, nicht verlässlich sagen, wann genau Helmut Dietl aufhörte, ein Junge zu sein, ein sehr gut aussehender und selbstbewusster immerhin; aber eben ein Junge, der gewissermaßen auf zwei Erziehungsberechtigte hörte, auf seine Mutter und auf seine Geliebte. Und wann er anfing, aufzutreten wie ein Mann, der seine Angelegenheiten selbst regelt. Es war womöglich ein Abend in den mittleren Sechzigern, ein Abendessen in einem längst vergessenen Schwabinger Restaurant, einem langen Schlauch im ersten Stock eines Nachkriegsbaus auf der Westseite der Leopoldstraße. Dabei waren Elfie Pertramer, dann der Journalist und Fotograf Axel Arens, Helmut Dietl; und schließlich Karin Wichmann, eine junge und sehr ehrgeizige Journalistin. Drei dieser vier Personen leben nicht mehr – und so kann von diesem Abend und von dem meisten, was darauf folgte, nur auf eine Weise erzählt werden: entlang der Erinnerungen von Karin Dietl-Wichmann, die so heißt, seitdem sie, in den späten Sechzigern und frühen Siebzigern, mit Helmut Dietl verheiratet war.

Sie habe Elfie Pertramer in der Mechthildenstraße besucht, erinnert sich Karin Dietl-Wichmann, sie habe ein Interview mit ihr geführt, wenn nicht alles täuscht für die »Bunte«, und weil das alles ganz gut und freundlich verlaufen sei, habe man danach ein Glas Wein getrunken, und als beide etwas angeheitert waren, habe Elfie Pertramer gefragt, ob sie, Karin, und der Fotograf, nicht mitkommen wollten zum Abendessen in jenes Schwabinger Restaurant, sie sei da mit einem interessanten jungen Mann verabredet.

Der junge Mann war Helmut Dietl, er saß schon da, am hintersten Tisch, und er sei ihr gleich aufgefallen, wegen seines guten Aussehens, seiner dunklen Haare. Und weil er, da ist sich Karin Dietl-Wichmann ganz sicher, ganz in Weiß gekleidet war, was ein schöner Kontrast war zu den dunklen Haaren.

Es gibt sehr gute Quellen und Zeugen, die sind sich sicher, dass Dietl erst in der Siebzigern die weiße Kleidung zu seinem Markenzeichen gemacht habe – aber Karin Dietl-Wichmann war dabei an jenem Abend. Andere Zeugen gibt es nicht, und so darf man sich halt den 21- oder 22-jährigen Dietl weiß gekleidet vorstellen.

Er habe wenig gesagt, fast gar nichts, er habe nur gefragt: »Wen bringst du denn da mit?«, als Elfie Pertramer mit Karin Wichmann und Axel Arens ankam. Danach habe er nur noch geantwortet, wenn Elfie Pertramer ihn etwas gefragt habe. Sie, Karin Wichmann, habe sich schon gar nicht getraut, das Wort an ihn zu richten, und als sie auf die Uhr schaute, sah, dass es sehr spät war, und zu gehen beschloss, wusste sie nicht mehr über diesen Mann, als dass er ein Freund von Elfie Pertramer war. Und so eine Art Assistent. Dass er ihr Geliebter war, musste nicht extra angesprochen werden. Das spürte man.

»Ich gehe jetzt, ich muss noch den Hund ausführen«, habe sie gesagt.

»Ich gehe mit Ihnen«, habe Helmut Dietl gesagt.

»Ich habe ein Auto vor der Tür.«
»Für immer«, habe Dietl dann gesagt.
Und sie: »Das glauben Sie!«

Mit einer Geste, die wohl ausdrücken sollte: »Ich weiß auch nicht, was der Junge will«, habe sie das Lokal verlassen. Helmut Dietl hinterher. Da, wo sie jetzt hinfahre, könne er nicht mitkommen; sie habe einen Mann. Dietls Antwort: »Das stört mich nicht.« Sie habe lachen müssen, erzählt sie, und dann sei sie davongefahren.

So ging die Geschichte mit Elfie Pertramer zu Ende – von der wir heute nicht einmal genau sagen können, wie lange sie gedauert hat. Karin Dietl-Wichmann glaubt sich zu erinnern, dass jener Abend, an dem eine neue Geschichte begann, im Jahr 1964 gewesen sei. Was aber schon deshalb unwahrscheinlich ist, weil Helmut Dietl in diesem Jahr erwiesenermaßen erst sein Abitur bestanden hat; im Herbst 1964 wurde er zur Bundeswehr eingezogen, während seines Wehrdienstes war er mit der Tochter liiert. Und die Affäre mit Elfie Pertramer hat erst danach angefangen, also frühestens im Frühsommer 1966. Ein paar Monate wird sie wohl gedauert haben, was man zwar nicht mit Quellen, aber mit Indizien belegen kann. Zwar nennt ihn Karin Dietl-Wichmann, wenn sie heute von den alten Zeiten spricht, nur »Elfies Kabelträger«. Aber es spricht halt sehr viel mehr dafür, dass er, als Regieassistent, Drehbuchberater, Gegenüber ziemlich viel gelernt hat von ihr. Und dass er, als Mitarbeiter und fast ständiger Begleiter von Elfie Pertramer, auch lernte, wen man kennen musste, und was man zu können mindestens behaupten sollte, wenn man selbst etwas werden wollte beim Fernsehen.

Ob auch Elfie Pertramer dieser Affäre langsam überdrüssig wurde, ist ungewiss; es ist jedenfalls nichts bekannt über Szenen, Dramen, Wutanfälle, nachdem er sie verlassen hatte. Ob er an jenem Abend wirklich nur die Geliebte verließ, weil er sich in eine andere verliebte, oder ob er von der ganzen Rolle genug hatte und nicht mehr den jungen Begleiter einer erwachsenen Frau spielen wollte, zumal die, weil Dreharbeiten eben so funktionieren, erwartete, dass alle nach ihrer Pfeife tanzten – darüber muss man nicht groß spekulieren: Es war für einen jungen Mann von Helmut Dietls Selbstbewusstsein auf Dauer wohl unerträglich, als Elfie Pertramers Gigolo wahrgenommen zu werden. Irgendwann, so erzählt Dorothea Fischer heute, sei sie von ihrem langen Auslandsaufenthalt zurückgekommen und habe es kaum ertragen, dass im Zimmer nebenan ihr Exgeliebter mit ihrer Mutter schlief. Was umgekehrt auch für Dietl wohl nicht das größte Vergnügen war: Diese Liebesgeschichte war nicht auf Dauer angelegt, und anscheinend waren beide nicht allzu traurig, als sie vorüber war.

Dass es Elfie Pertramer selbst gewesen sei, die Helmut Dietl ihre Telefonnummer gab, vermutet Karin Dietl-Wichmann. Jedenfalls habe er nicht lockergelassen und so oft angerufen, dass sie sich endlich doch mit ihm getroffen habe. Mit ihrer Ehe ging es zu Ende, mit dem seltsam besessenen Dietl wollte sie sich trotzdem nicht einlassen. Und so habe sie beschlossen, einen Job in Rom anzunehmen, Pressearbeit im Auftrag der Gloria-Film.

Er gehe selbstverständlich mit, habe Dietl gesagt. Auf keinen Fall, habe sie erwidert. Und dann flog sie nach Rom und bezog eine Wohnung an der Piazza del popolo.

Es ging um »Angélique«, jene von der Filmgeschichte fast vergessene, damals aber äußerst erfolgreiche Filmreihe nach den Bestsellerromanen von Anne Golon; es waren sehr bunte und laute Popversionen von Kostümfilmen, die sich um eine junge Adelige im Frankreich Ludwigs XIV. drehten, um eine eigenwillige und aufsässige Frau, die wegen genau dieser Eigenschaften in die gefährlichsten Abenteuer und Intrigen verwickelt wird. Die Filme sahen aus, als ob sich Bewohner der sechziger Jahre mit zeitgemäßen Gesichtern und modernem Habitus nur aus dem Fundus der Epochen die rüschigsten Kostüme ausgesucht und ihr Leben mit viel Gold und leuchtenden Primärfarben nach vage barocken Vorbildern dekoriert hätten. Historienpop. Michèle Mercier, die französische Schauspielerin, deren Gesicht und Gestik perfekt dem Schönheitsideal des Jahrzehnts entsprach, spielte die rothaarige Wilde, und sie war es wohl, die beide Geschlechter ins Kino zog. Manchmal wirkte es so, als wäre der Film eine einzige misogyne Fantasie, so oft wie Angélique da mit patschnasser Bluse aus dem Wasser steigen muss oder gleich die Kleider vom Leib gerissen bekommt, damit die Kamera auch möglichst viel von ihrem schönen Körper zu sehen bekommt; und so oft wie sie von mächtigen Männern zum Sex genötigt wird. Manchmal sah es aber auch so aus, also ob diese Frau, die sich keinem Mann unterwirft und sich ihre Liebhaber selbst aussucht, eine Feministin des Barocks gewesen wäre, eine Schwester der Frauen der sechziger Jahre. Auf jeden Fall war »Angélique« ein Spitzenprodukt der europäischen Filmwirtschaft, und entsprechend waren auch die anderen Rollen besetzt: Robert Hossein, Giuliano Gemma, Jean Rocheford, Charles Regnier und Serge Marquand; gedreht wurde in den Studios von Cinecittà.

Es war auch damals schon ein bisschen ehrenrührig, wenn ein Journalist, statt tapfer auf seiner Unabhängigkeit zu beharren und die Pressefreiheit auszureizen, sich auf die Gehaltsliste eines Unternehmens setzen ließ und letztlich Werbung für diese Firma machte – in Karin Wichmanns Fall für Ilse Kubaschekswis Gloria-Film, die »Angélique« mitproduzierte. Aber so ein Job war halt nicht nur sehr gut bezahlt. Der Arbeitsplatz war Rom, das damals genauso lebensfroh und feiersüchtig wie München war, nur noch schicker, glanzvoller, mondäner. Auf der Via Veneto waren die Nächte vielleicht nicht ganz so überdreht, wie Federico Fellini das ein paar Jahre zuvor in »La dolce vita« vorgeführt hatte, aber es ging schon in diese Richtung. Und Cinecittà war in den Sechzigern die europäische Filmhauptstadt. Hier drehten nicht nur die Italiener ihre italienischen Filme. Hier wurden auch die großen europäischen Koproduktionen inszeniert. Und die Amerikaner kamen gerne, weil in Rom das Leben gut und die Produktionskosten niedriger waren.

Hier also war Karin Wichmanns Arbeitsplatz, hier durften deutsche Journalisten den Set von »Angélique« besichtigen oder bekamen Interviews vermittelt. Und hier stand dann auch bald Helmut Dietl, der seinen Job bei Elfie Pertramer nach jenem Abend aufgegeben und sich das Geld für den Flug nach Rom von seiner Mutter geliehen hatte. Er stand da, und anscheinend konnte Karin Wichmann ihm jetzt nicht mehr widerstehen. Er zog mit ein in die Wohnung an der Piazza del popolo, er war in Rom, er war mittendrin im Filmbetrieb und unter den Leuten, die hier das gute Leben leben wollten. Nur leider hatte er kein Geld. Und eine gewisse Scheu, auf Kosten seiner neuen Geliebten zu leben.

Und so geht die Geschichte, wie sie Karin Dietl-Wichmann mehr als fünfzig Jahre später erzählt: Er spielte Karten, mutmaßlich Poker, so ganz genau kann das heute keiner mehr sagen. Niemand hatte je davon gehört, und auch er selbst hat nie davon berichtet, dass er dieses Talent besaß. Er lernte die Stars der »Angélique«-Serie kennen, Robert Hossein, der Angéliques große, immer wieder verlorene, entrissene, verschwundene Liebe spielte; und Serge Marquand, der sehr präsent war in der Serie mit seinen harten Zügen, seiner großen Nase, obwohl er nur eine Nebenrolle spielte, und der, seiner grimmigen Ausstrahlung zum Trotz, damals zum harten Kern der vergnügungssüchtigen Jet-Set-Clique um Brigitte Bardot und Gunter Sachs gehörte. Helmut Dietl traf diese Männer abends, in den Bars der Via Veneto, den Restaurants von Trastevere, den beiden Cafés an der Piazza del popolo, wo die römischen Künstler und Literaten ihr Hauptquartier hatten. Oder auch in den Drehpausen, aus denen ja der größte und langweiligste Teil jeder Filmarbeit besteht. Jedenfalls für jeden, der nicht Regisseur oder Kameramann ist. Helmut Dietl spielte, er spielte um Geld, und was auch immer sein Trick oder sein besonderes Talent war: Er gewann meistens. Und er gewann genug, um davon leben zu können in Rom.

Wenn man von heute zurückblickt auf das Rom der mittleren und späten Sechziger, dann sieht man deutlich, dass die besten, die reichsten Zeiten gerade vorübergingen. Die amerikanischen Filmstudios hatten seit den mittleren Fünfzigern nahezu all ihre Kostüm- und Sandalenfilme in Cinecittà gedreht, »Cleopatra« zum Beispiel mit Elizabeth Taylor in der Titelrolle oder »Ben Hur« und dazu viele jener Produktionen, die mit italienischer Eleganz und europäischer Sophistication auch das amerikanische Publikum gewinnen sollten, mit der Folge, dass die regierenden Fürstinnen des schönen Lebens in Rom ein Jahrzehnt lang amerikanische Namen hatten, Ava Gardner, Elizabeth Taylor, Jayne Mansfield, was wiederum dazu führte, dass die echten Fürsten und Grafen, von denen es in Rom mehr als anderswo gab, sie genauso umschwärmten, wie das die Paparazzi und die Gigolos taten. Diese Filmstudios waren aber jetzt dabei, sich zurückzuziehen. Die großen und unendlich teuren Kostümfilme spielten ihre Kosten nicht mehr ein, das ganze Hollywoodsystem war vom Fernsehen in die Krise getrieben worden, und die New-Hollywood-Regisseure, die das System beerben wollten, hatten an der Studioherrlichkeit und Kulissenpracht von Cinecittà so wenig Interesse wie an römischer Dekadenz. Sie wollten amerikanischere Filme drehen, draußen, auf den Straßen New Yorks oder unter dem hohen Himmel Kaliforniens.

Die Laune blieb aber trotzdem prächtig in Rom. Wenn die Amerikaner fanden, die große Zeit der Monumentalfilme sei vorbei, drehten eben die Europäer hier »Angélique«; und wenn die Amerikaner keine Lust mehr hatten, in Amerika Western zu drehen, erfand der Italiener Sergio Leone das Genre eben neu und inszenierte in der spanischen Steppe und in den Studios von Cinecittà seine »Für eine Handvoll Dollars«-Trilogie, mit den amerikanischen Schauspielern Clint Eastwood, Lee van Cleef und Eli Wallach. Und wenn Michelangelo Antonioni, der, unter anderem, auch der eleganteste unter den italienischen Regisseuren war, fand, dass jetzt in London mehr los sei, und dorthin ging, um »Blow up« zu drehen, dann konnte man ihm von Rom aus nur viel Vergnügen mit dem Nebel und dem Regen wünschen. Und mit dem englischen Essen. Nein, von Rom aus betrachtet blieb Rom der Mittelpunkt der Welt, bis weit in die siebziger Jahre hinein. Von Deutschland aus betrachtet auch. Als Weltstar galt, wer schon mal in Cinecittà gedreht hatte. Elke Sommer, Senta Berger, Mario Adorf.

Karin Dietl-Wichmann sagt, sie habe den Mann noch nie gesehen gehabt, diesen Amerikaner, der tatsächlich einen Cowboyhut trug, Stiefel, Westernkleidung, und der sie angesprochen habe in einer Bar an der Via Veneto. Das heißt, viel gesprochen habe er gar nicht, sich nur an ihren Tisch gesetzt und sie angelächelt. Wer er sei, habe sie gefragt, und was er so tue. »I am Clintie, I am an actor.«

Er wollte etwas von ihr, sie wollte nicht, und dann wollte er wenigstens den Mann kennenlernen, dem zuliebe diese Frau einem wie ihm, der ja seit dem ersten Film der Sergio-Leone-Trilogie, »Per un pugno di dollari«, weltberühmt war, widerstand. Clintie nannte er sich – und so stieß auch er zu den Leuten, die abends gerne Poker spielten mit Helmut Dietl. Clint Eastwood habe besonders viel Geld verloren in diesen Runden, erzählt Karin Dietl-Wichmann. Und Helmut Dietl habe besonders viel gewonnen. Man würde das gern auf einer Leinwand sehen: Clint Eastwood, damals in seinen Dreißigern und berühmt dafür, dass sich seine Gesichtszüge nur in Ausnahmefällen bewegen, mit Helmut Dietl, Anfang zwanzig, dunkle Haare, italienische Züge, beim Pokern am Tisch einer Bar in Cinecittà. Und im Hintergrund laufen die barock kostümierten Komparsen von »Angélique« vorbei.

Nur eines stört das schöne Bild: Helmut Dietl, erzählt seine Witwe Tamara, hatte kein Talent zum Kartenspielen. Er habe, wenn seine Tochter Serafina ihn doch zu einer

Partie Mau-Mau überredete, die Karten nicht einmal richtig gehalten. Und Patrick Süskind sagt, um Geld hätte Dietl nie gespielt. Das Risiko wäre ihm zu hoch gewesen. Wenn die ganze Poker-Geschichte also nur eine Erfindung ist, die Verklärung einer Zeit, die lange vergangen ist – dann ist es umso schöner, sich vorzustellen, sie wäre wahr. All das ist lange her; es gibt, wenn man von Clint Eastwood absieht, nur eine Quelle (Robert Hossein und Serge Marquand leben schon lange nicht mehr) – und so kann man nur Vermutungen anstellen darüber, womit sich Dietl in Rom sonst so die Zeit vertrieb. Ob ihm also Fritz Arnold, der ja noch lange sein Mentor blieb, von seiner römischen Zeit erzählt hatte; und ob dann Dietl, auf Arnolds Spuren, zwischen den Ruinen der Antike spazieren ging, in den barocken Kirchen kühlere Temperaturen und erhabenere Gefühle fand oder sich ganze Tage in den Vatikanischen Museen verlor. Oder ob er lieber hinausfuhr nach Ostia, an den Strand, um zu schwimmen, braun zu werden und insgesamt an der eigenen Italianità zu arbeiten.

Helmut Dietl hat in seinen Serien und Filmen immer wieder eigene Erlebnisse als Rohstoff gebraucht, doch auf seine römische Zeit ist er nie explizit zurückgekommen. Aber wenn man sich, trotz aller Einwände und weil die Geschichte eben zu gut ist, vorzustellen versucht, wie ein junger Mann aus München, charmant, aber völlig unbekannt und unbeschrieben, es schafft, weltberühmte Schauspieler zum Pokern zu überreden und ihnen, für seine eigenen Verhältnisse jedenfalls, eine Menge Geld abzunehmen: Dann sieht man nicht nur den Tscharli aus den »Münchner Geschichten« vor sich, diesen Jungen, der ja im Vergleich geradezu harmlos wirkt. Sondern auch all die Trickser, Hochstapler und Vabanque-Spieler, die Dietl dann in seinen Fernsehserien sehr genau und böse, aber auch mit einer unwiderlegbaren Sympathie, porträtiert hat.

Und wieder ist man mit dieser Widersprüchlichkeit konfrontiert, die schon in den Erinnerungen von Dorothea Fischer so deutlich sichtbar wird: dass da einerseits ein sehr sensibler, eigenwilliger junger Mann vor einem steht, ein Radikaler des Gefühls, der für eine Frau fast alles aufzugeben bereit ist. Und dass dieser Mann zugleich eine große Begabung darin hat, mit wichtigen, reichen und einflussreichen Menschen ins Gespräch zu kommen. Ihnen zu gefallen, sie für sich einzunehmen. Und diese Beziehungen auszunutzen, zum eigenen Vorteil.

Es war schön in Rom, und irgendwann war es doch vorbei. Der Reiz, jeden Morgen nach Cinecittà zu fahren, um dort nervigen Journalisten immer die gleichen Fragen zu beantworten, die gleichen Geschichten zu erzählen, verblasste, und Ilse Kubaschewski, die große alte Dame des alten deutschen Films, sei auch ein bisschen komisch geworden – vermutlich schon deshalb, weil sie, wie so viele deutsche Produzenten, nicht verstehen konnte oder wollte, warum das Publikum den bewährten und gut abgehangenen Heimat- und Komödienkitsch nicht mehr sehen wollte. So begründet Karin Dietl-Wichmann, weshalb es dann doch zurück nach München ging.

Sie bezogen erst eine Wohnung in der Hohenzollernstraße, mitten in Schwabing, dann in der Klopstockstraße am Nordrand Schwabings, und irgendwann, es muss im Lauf des Jahres 1968 gewesen sein, bezogen sie ein ganzes Stockwerk einer Villa in der Redwitzstraße im vornehmen Herzogpark. Die Haus gehörte Michael Graf Soltikow, einem Mann, dessen Profil hier kurz skizziert werden muss: nicht weil er persönlich so wichtig gewesen wäre für den Fortgang von Dietls Lebensgeschichte und Karriere. Sondern weil dieser Soltikow eine Figur war, wie es sie damals nur in München gab: ein Hochstapler, Geschichtenerzähler, Wichtigtuer und Streithansl, ein Mann, von dem man offenbar nie ganz sicher sein konnte, ob er das, was er so an Helden- und Gruselgeschichten aus seinem Leben erzählte, womöglich selbst glaubte. Eine Dietl-Figur also, rückblickend betrachtet, in Potsdam als Sohn eines Lehrers geboren, als junger Mann von einem russischen Grafen adoptiert, als Unteroffizier nach dem Krieg aus der Wehrmacht ausgeschieden. Soltikow verdiente sein Geld mit sogenannten Tatsachenromanen, »Geheimagentin Nicole« oder »Eine Frau genügt nicht« hießen die, und die Geschichten, die er über sich selbst erzählte, waren noch romanhafter. Dass er in der Abwehr unter Wilhelm Canaris tätig gewesen und in Berlin akkreditierte Diplomaten ausgespäht habe. Dass er zugleich zum Widerstandskreis um Canaris gehört und, neben vielen anderen Heldentaten, den Einmarsch der Wehrmacht in der Schweiz verhindert habe. Und dass, weil er so viel wisse, das Establishment der CSU, namentlich deren Mitgründer Josef Müller, genannt Ochsensepp, hinter ihm her sei – ausgerechnet jener Müller, der seine Mitwirkung im Widerstand sehr viel besser belegen konnte, als das Soltikow je gelang. Welche der vielen Geschichten Soltikows auch Helmut Dietl zu hören bekam, ist ungewiss. Einigermaßen gewiss ist aber, dass Dietl diese Mischung aus trivialer Literatur, Journalismus, Geheimdienst und Hochstapelei im Gedächtnis blieb. Und dass er später darauf zurückkommen würde.

Die Studenten spielten Revolution in den Jahren 1967 und 1968, was Dietl zwar zur Kenntnis nahm. Besonders wichtig war es ihm aber nicht. Die politischen Forderungen, die »Ho Chi Minh«- und »Enteignet Springer«- Parolen blieben ihm unverständlich, und die Befreiung der Lebenswelt, die sexuelle Revolution war ja, in München jedenfalls, längst im Gang. Für seine eigene Befreiung brauchte Dietl keine Außerparlamentarische Opposition, und der Generationenkonflikt war ja schon sechs Jahre zuvor, während der Schwabinger Krawalle, mit angemessener Härte ausgetragen worden. Weshalb es jetzt in München zwar auch Proteste und Demonstrationen gab. Aber so brutal und unversöhnlich wie in Berlin wurde es nicht.

Länger als ein Jahr dauerte es auch nicht, bis Dietl und Karin Wichmann wieder umzogen, zurück nach Schwabing in die Danziger Straße, in eines der hübschen Reihenhäuschen an der Rückseite des Ungererbads, 1500 Mark im Monat, was damals, es war inzwischen 1969, selbst im teuren München ziemlich teuer war. Immerhin gab es, unterm Dach, ein Arbeitszimmer, und hier entstanden wohl die ersten Skizzen und Entwürfe für die »Münchner Geschichten«.

Auch in München war es Karin Wichmann, die das Geld verdiente. Sie war als Illustriertenschreiberin für den »Stern«, die »Bunte«, manchmal auch »Bravo« so gefragt und beschäftigt, dass sie, wie sie selbst erzählt, immer wieder mehr Aufträge annahm, als sie dann selbst erledigen konnte, mit angemessener Sorgfalt und Stilsicherheit jedenfalls. Und so habe Helmut Dietl damit angefangen, manche schnell geschriebene Artikel gegenzulesen, zu redigieren, sprachlich zu polieren, und mindestens einmal habe er die Notizen und Aufzeichnungen genommen und den Artikel gleich selbst geschrieben. Es ist lange her, aber im Archiv des Burda-Verlags hat sich einer dieser Artikel tatsächlich gefunden. Er ist im Mai 1970 erschienen, in der Zeitschrift »Freundin« unter dem Titel »Ein Engel ohne festen Flugplan«. Es ist ein eigenwilliger Text, es geht um Christine Kaufmann, die Schauspielerin, die ein paar Jahre zuvor aus Hollywood zurückgekehrt war nach München, jene Christine Kaufmann also, die, neunjährig, als »Rosen-Resli« mit dem gleichnamigen Film zum deutschen Kinderstar geworden war, die 1961 aber, als Siebzehnjährige, sich in den amerikanischen Filmstar Tony Curtis verliebt hatte und zu ihm übergelaufen war, nach Hollywood, was das deutsche Publikum fast genauso stark missbilligte, wie es ein paar Jahre zuvor Romy Schneiders Liaison mit Alain Delon missbilligt hatte. Christine Kaufmann war also zurückgekehrt nach Deutschland, nach München; das deutsche Publikum hatte sie skeptisch begrüßt, und in den Filmen, die ihr angeboten wurden, gab es für sie kaum Haupt-, eher Nebenrollen. Eigentlich gab es für das Porträt in der »Freundin« keinen richtigen Anlass, außer der Nachricht, dass Christine Kaufmann jetzt manchmal darüber nachdenke, ob sie nicht nach London ziehen solle. Der Ton ist kühler, schärfer, direkter, als das sonst bei Illustriertenporträts üblich war (und ist); und er kommt viel schneller zur Sache. Eine kurze Einleitung: »Christine Kaufmann ist 25 Jahre alt, hat zwei Kinder und eine geschiedene Ehe hinter sich. Sie ist 162 cm groß, hat helle graublaue Augen und lange schwarze Haare. Männer drehen sich auf der Straße nach ihr um, Frauen betrachten sie mit erhöhter Aufmerksamkeit: Christine

Kaufmann ist schön.« Um sie dann mit zwei markanten, wenn auch nicht besonders unterschiedlichen Sätzen zu zitieren: »Es gibt nichts Schöneres, als mit einem Jungen, in den man verliebt ist, ins Bett zu gehen!« und: »Es macht großen Spaß, mit einem Mann zu schlafen.« Was im Jahr 1970 nicht unbedingt schockierende Aussagen sind. Aber eben auch nicht das, was anderen Schauspielerinnen als Erstes einfällt, wenn sie mit Journalisten über ihr Leben sprechen.

Der Rest des Artikels beschäftigt sich damit, dass Christine Kaufmann offensichtlich ganz froh darüber ist, das etwas anstrengende Hollywoodleben an der Seite von Tony Curtis, mit dem sie von 1963 bis 1968 verheiratet war, hinter sich zu haben. Und dass sie jetzt ein lässigeres, hippieskes Leben in München führt, in einer »Tausend-Mark-Wohnung« am Arthur-Kutscher-Platz in Schwabing, mit ihren Töchtern Alexandra und Allegra. Und mit Schnuddel, ihrem Geliebten, den Dietl so charakterisiert: »Schnuddel ist ein langhaariger Schwabinger, der nach eigenen Angaben gern Klavier spielt, gern liest und sich ansonsten mit den seltsamen Wegen seiner Gedanken beschäftigt.« (In Christine Kaufmanns Erinnerungen heißt derselbe Mann allerdings Schnudel.)

Sie findet München im einen Moment sehr gemütlich, im nächsten dann aber viel zu gemütlich, weshalb sie ja nach London gehen will. Was sie, wenn die Quellen einigermaßen zuverlässig sind, dann doch nicht getan hat, nicht für eine nennenswerte Zeit jedenfalls. Nebenbei erwähnt der Artikel noch, dass sie 10 000 bis 12 000 Mark monatlich von ihrem Exmann bekommt; sie kann sich also nicht nur eine gewisse Unentschlossenheit leisten. Sondern auch Männer wie Schnuddel, über dessen Brotberuf der Text wohl deshalb kein Wort verliert, weil es den nicht gibt.

Wie damals der Chefredakteur auf diesen ungewöhnlichen Text reagierte, ob es erstaunte Leserbriefe gab: Das weiß heute keiner mehr. Der Erfolg dieses Artikels lässt sich allenfalls daran messen, dass die offizielle Autorin Karin Dietl, wie sie inzwischen hieß, weil die beiden, eher nebenbei, geheiratet hatten, dass Karin Dietl jedenfalls nicht in Ungnade fiel.

Von heute aus betrachtet und mit der Erinnerung an die Drehbücher, die Dietl dann schrieb, die Serien und Filme, die er inszenierte, von heute aus liest sich das eher wie das Exposé für einen Film als wie ein Porträt: in der Hauptrolle eine Frau, die trotz ihrer Jugend und Schönheit ganze Zentnerlasten von Vergangenheit mit sich herumschleppt und nicht so recht weiß, was aus ihrer Zukunft werden soll. Eine Stadt, die gemütlich ist, aber auch ein wenig borniert, wenn man die Maßstäbe von Hollywood anlegt: aggressiv gemütlich, wenn jemand die Gemütlichkeit stört. Ein gewisser Hang zur Libertinage, der Neid erregt und Ablehnung. Und Männer, die nicht ganz für voll zu nehmen sind. Der ganz normale Wahnsinn der beginnenden Münchner siebziger Jahre also; wenn man sich ein bisschen Mühe gäbe, würden sich ein Gegenspieler und der Rest des Plots schon finden.

Es waren gute Zeiten für Illustrierte und Frauenzeitschriften; die Auflagen waren hoch, die Gewinne auch, die Gehälter und Honorare der Journalisten dementsprechend – und weil so eine hohe Auflage auch Macht bedeutete; weil es, mehr als heute, einigermaßen wichtig war, viel wichtiger als jede Film- oder Fernsehkritik, ob ein Schauspieler, eine Schauspielerin gut oder weniger gut behandelt und beschrieben wurden beispielsweise in der »Bunten«, deshalb konnten sich die Journalisten einrichten in der Illusion, sie und die Stars träten einander als Ebenbürtige gegenüber. Womöglich wäre ein Schauspieler sogar weitaus dringender auf die Gunst einer Journalistin angewiesen als umgekehrt. Es müssen diese Jahre gewesen sein, die Jahre, in denen er nicht nur mit einer Journalistin verheiratet war, sondern selbst, mehr oder weniger heimlich, als Journalist arbeitete, die jenes ausgesprochen enge, intensive, ambivalente und kenntnisreiche Verhältnis zum Journalismus prägten, das Dietl dann hatte, als er Drehbücher schrieb und Filme inszenierte, in denen es um Journalisten und den Journalismus ging. Um die Macht der Presse, die echte und die eingebildete, ging es ja im »Ganz normalen Wahnsinn«, in »Kir Royal«, in »Schtonk«. Und darum, wie flüchtig diese Macht ist und wie unbefriedigend auch für den, der sie ausübt.

Und zugleich kommt es einem im Rückblick so vor, als ob Dietl damals erkannt hätte, dass genau dieser Journalismus, der bunte, scheinbar völlig unpolitische, »Boulevard« genannte Journalismus eng verwandt war mit der Art der Filme, die er dann drehen wollte – brauchbar sowohl als Recherche und Vorstudie für ein Drehbuch wie auch als Schauplatz und Gegenstand einer Filmstory. Und als deren Echokammer und Hallraum, wenn der Film dann fertig war. Es ging ja, auf triviale, aber eben auch einigermaßen lebensnahe Weise um Beziehungen, Machtverhältnisse, Images. Und natürlich um die Produktion von Wünschen und Gelüsten.

XI.

Kommende junge Männer

Wenn einer jung war und etwas werden wollte beim Film in den späten Sechzigern, dann war München für ihn die richtige, die beste, die einzig mögliche Stadt. Nicht etwa obwohl, sondern gerade weil das alte deutsche Kino, totgesagt schon im »Oberhausener Manifest« von 1962, nur noch röchelte. In den Bavaria-Studios entstand nichts Nennenswertes mehr, die sogenannten Altproduzenten, Männer wie Ludwig Waldleitner oder Franz Seitz, spezialisierten sich auf italienisch-spanisch-deutschen Eurotrash, auf Softsexfilme und Klamotten aus dem Leben Streiche spielender Oberschüler. Die interessanteren Dinge spielten sich in Münchens Straßen, Kneipen, Wohnungen ab. Im »Bungalow« in der Türkenstraße traf sich die Gruppe um Wim Wenders und Peter Handke, hörte Kinks und erfand Filme, die nur aus Bewegung und Musik bestehen sollten, ganz ohne Plot. Im Actiontheater in der Hans-Sachs-Straße inszenierte Rainer Werner Fassbinder die Stücke, die er selbst geschrieben hatte. Und arbeitete daran, sie in Filme zu übersetzen. Im Osterwaldgarten, nahe der Münchner Freiheit, saßen nachmittags der Autor Max Zihlmann und der Regisseur Rudolf Thomé und schrieben, vom Weißbier beschwingt, die Drehbücher für »Detektive« und »Rote Sonne«. Volker Schlöndorff, ein paar Jahre älter, war, seit dem »Jungen Törless« und »Mord und Totschlag«, fast schon weltberühmt. Und Alexander Kluge gewann im Spätsommer 1968 für »Die Artisten in der Zirkuskuppel: ratlos« den Goldenen Löwen der Filmfestspiele von Venedig.

»Der alte Film ist tot«, hatte es im Oberhausener Manifest geheißen, aber es waren nicht die Jungfilmer, die ihn ermordet hatten. Der alte deutsche Film war an sich selbst gescheitert, an seiner künstlerischen und gesellschaftlichen Irrelevanz, an seiner Weltfremdheit und an seinem Provinzialismus – lauter Mängel, die während des gesamten ersten Nachkriegsjahrzehnts schon sichtbar gewesen waren. Aber direkt nach dem Krieg war es womöglich genau das gewesen, was die Leut wollten, Weltflucht, Schweigen über die eigene Vergangenheit, die Beschwörung einer imaginären Heimat im sogenannten Heimatfilm. Aber die Zeiten hatten sich geändert, die Filme nicht, und als dann auch noch das Fernsehen kam, brachen die Zuschauerzahlen ein, und »Deutschlands unmodernste Branche«, wie sie damals der Filmhistoriker Joe Hembus nannte, war so gut wie bankrott. Im Jahr 1961 befand die Jury des Bundesfilmpreises keinen einzigen Film für würdig, der Preis wurde nicht vergeben, und Georg Ramseger, damals Feuilletonchef der »Welt« und als Festredner geladen, konnte nur noch aus dem »Felix Krull« zitieren: »Der Zusammenbruch war vollständig. Alles kam unter den Hammer...« Anders als im Mai 1945, als man die Filme, die unter Goebbels' Herrschaft begonnen worden waren, einfach zu Ende drehte unter den neuen Bedingungen, war das hier die Stunde null des deutschen Films. Man musste, fanden die jungen Regisseure, sich kategorisch lossagen von allen Traditionen. Es gab nichts zu erben, nichts zu lernen, nichts fortzuführen. Man musste völlig neu beginnen.

Auch wenn die besten dieser Filmemacher eigensinnig waren, besessen vom Kino, angemessen verrückt – so wurden sie doch als eine zusammenhängende Bewegung wahrgenommen, als Gruppe, als »Neuer Deutscher Film«, wogegen sich eigentlich keiner wehrte. Zusammen war man eben stärker: gegenüber dem, was vom verachtenswerten alten deutschen Film und von seinen Produzenten doch noch übrig war, gegenüber der Politik und den Filmfördergremien, ohne die keiner dieser Filme hätte finanziert werden können. Und natürlich verschaffte dieses Markenzeichen auch solchen Leuten die Aufmerksamkeit der Medien und die Loyalität aller Fortschrittlichen, deren Geist und Talent allein dafür eher nicht gereicht hätten.

Und das ist womöglich schon der Grund dafür, dass Helmut Dietl sich abseits hielt. Dass er die Rolle des Jungfilmers, für die er, so zwischen dem vergeistigten Wenders und dem brachialen Fassbinder, die perfekte Besetzung gewesen wäre, zurückwies. Dass er nicht Mitglied einer Gruppe sein wollte. Und ganz woanders anfing.

Er hatte, schon als Assistent von Elfie Pertramer, getan, was eines seiner größten Talente war: Leute kennengelernt und eine gute Figur dabei gemacht. Hatte klug und geistreich und enorm selbstbewusst dahergeredet und nebenbei gezeigt, dass er vom Filmemachen etwas verstand. Er bekam also Engagements als Regieassistent bei Produktionen des Bayerischen Rundfunks, er arbeitete für den Regisseur Michael Kehlmann (den Vater des Schriftstellers Daniel Kehlmann); er war Regieassistent bei Franz Josef Wilds Fernsehinszenierung von Shakespeares »Richard II.«, wo er Paul Verhoeven kennenlernte, Michael Verhoevens Vater, den Regisseur und Schauspieler, der 1937 mit einer »Fledermaus« als Filmregisseur debütiert und unter der Naziherrschaft vor allem Unterhaltungsfilme und Melodramen inszeniert hatte, darunter das sehr sehenswerte Drama »Philharmoniker«. Nach dem Krieg hatte er fast genau so weitergemacht, hatte eher harmlose Spielfilme gedreht und sich seinen Ernst und seine Tiefe fürs Theater aufgespart, wo er Regie führte, spielte, und hier, in dieser Shakespeareverfilmung war er Richards Onkel, John of Gaunt. Die beiden verstanden sich gut, und so nahm Verhoeven wenig später Dietl als Regieassistenten mit zu den Münchner Kammerspielen, wo er den Auftrag hatte »Wir bombardieren Regensburg« zu inszenieren, die deutsche Fassung von Joseph Hellers »We bombed New Haven«, ein sogenanntes Antikriegsstück, das sich aber von anderen Antikriegsdramen dadurch unterschied, dass Heller im Zweiten Weltkrieg tatsächlich Bombenschütze gewesen war. Das Stück, in dem nicht nur die Bombardierung völlig unsinniger Ziele befohlen wird, sondern, in einem Metaspiel, die Akteure gegen die vorgeschriebenen Rollen rebellieren, wurde bei seiner Berliner Uraufführung als Blindgänger verhöhnt, sorgte in Regensburg aber für einen Skandal, weil Bundeswehrsoldaten in großer Zahl ins Theater gingen und mit Trillerpfeifen die Aufführung störten, was wiederum, weil diese Art von Theaterkritik zuletzt von der SA betrieben worden war, empörte Nazi-Vergleiche provozierte. Im Gedächtnis Münchens und der Münchner Kammerspiele hat die Inszenierung kaum Spuren hinterlassen, was wohl vor allem daran liegt, dass andere Skandale eine größere Aufmerksamkeit hatten. Und sich damit auch einen besseren Platz in der Erinnerung gesichert haben. Der kommende junge Mann an den Kammerspielen war Peter Stein, sieben Jahre älter als Dietl, lange Assistent von Fritz Kortner. Im Frühjahr 1967 hatte er sein erstes Stück inszeniert, »Gerettet« von Edward Bond, ein Stück, das unter jungen Menschen in der englischen Unterschicht spielt. Entsprechend schockierend war schon die Sprache, und zum Showdown wird ein Baby gesteinigt. Im Sommer 1968 inszenierte Stein den »Viet Nam Diskurs« von Peter Weiss, ein viereinhalbstündiges Lehrstück über Vorgeschichte und Ursachen des Vietnamkriegs, woraus Stein aber (wie »Zeit« und »Spiegel« damals durchaus lobend anmerkten) einen eineinhalbstündigen Agitprop-Abend machte – und am Ende wurden Spenden gesammelt für den Vietkong. Mehr als tausend Mark kamen, bis die Aktion verboten wurde vom Hausherren, dem Intendanten August Everding, nicht zusammen – das Ganze war trotzdem ein Riesenerfolg, weil es Skandal und Aufregung gab, und am Ende musste Peter Stein die Kammerspiele verlassen, war damit aber, zumindest im deutschsprachigen Raum, weltberühmt geworden als Verkörperung der jungen Generation am Theater. Helmut Dietl, Assistent bei Paul Verhoeven, später bei Dieter Giesing, hat das alles miterlebt, aus gar nicht so geringer Distanz. Aber verstehen wollte er es nicht. Auch das war ja Teil jenes Phänomens, das man später »1968« nannte, Teil der Rebellion, die Dietl schon hinter sich hatte, weil er nämlich seine persönliche, künstlerische und erotische Freiheit für etwas hielt, das man nicht auf Demonstrationen erringt, sondern sich selbst erkämpfen musste. Es war nicht so, dass Dietl ein Gegner der Rebellen gewesen wäre. Für den Kampf gegen Gentrifizierung (die in München schon in den frühen Siebzigern begann), gegen Bodenspekulation, Machtmissbrauch, Korruption konnte er sich durchaus begeistern, wie man es dann bald, in seinen Fernsehserien, sehen konnte. Aber die Forderung nach der Errichtung einer sozialistischen Räterepublik in Deutschland blieb ihm so fremd wie die Verehrung für die kommunistischen Diktatoren weit entfernt lebender Völker.

Dietl arbeitete lieber. Von den Kammerspielen verabschiedete er sich nach einem Streit mit Dieter Giesing, der Oberspielleiter war und, mit Dietl als Assistenten, »Hedda Gabler« inszenierte. Worum es ging bei dem Streit, weiß keiner mehr. Giesing kann sich an keinen Streit erinnern.

Im Februar 1969 war Dietls Tochter Sharon geboren worden, und dass Karin Dietl sehr gut verdiente, war kein Grund, nicht auch selbst etwas mehr beizutragen zu den Einkünften der kleinen Familie. Karin Dietl-Wichmann glaubt sich zu erinnern, dass eigentlich alle wesentlichen Bekanntschaften, die Dietl zu seiner Fernsehkarriere verhalfen, an ihrem Esstisch geknüpft worden seien; sie habe oft, gerne und vor allem sehr gut gekocht, weshalb viele Leute gern gekommen seien. Helmut Dietl, in seinen Notizen, erwähnt zufällige Begegnungen, Bekanntschaften, die sich bei der Arbeit ergaben. Und Jürgen Dohme, damals viel beschäftigter Produktions- und Herstellungsleiter bei Filmen und Fernsehspielen und später Produzent der Dietl'schen Fernsehserien, erinnert sich, dass wohl beides stimmt; er und Dietl hätten sich tatsächlich bei einem dieser Abendessen kennengelernt. Trotzdem lassen sich all diese Erinnerungen nur schwer synchronisieren – zumal eine gewisse Verschlungenheit zum Wesen der ganzen Branche gehört. Filme, selbst wenn sie nicht besonders erfolgreich waren, haften besser im Gedächtnis als Fernsehspiele und bekommen eher einen Eintrag in die Filmgeschichte. Und so übersieht man das Fernsehen, das, obwohl es zu dieser Zeit nur die öffentlich-rechtlichen Sender gibt, immer mehr Programm produzieren muss und immer häufiger auch als Co-Produzent jener Filme auftritt, die ihre Kosten an der Kinokasse allein nicht einspielen werden.

Es war nicht nur der Bayerische Rundfunk, der damals München auch zur Fernsehhauptstadt machte. An den Bavaria-Studios waren (über ihre Werbetochterfirmen) auch der Westdeutsche und der Süddeutsche Rundfunk beteiligt. Das ZDF hatte seine Studios im nördlichen Vorort Unterföhring. Und in Schwabing, der Maxvorstadt und der Innenstadt saßen die Produktionsfirmen, die dafür sorgten, dass in den Studios gedreht wurde und in den Programmen der Nachschub an Serien und Fernsehspielen gesichert war.

Helmut Dietl, wohl inspiriert von Jürgen Dohme, einem freundlichen Franken, der Maschinenbau und Betriebswirtschaft studiert und ein ausgesprochen flausenfreies Verhältnis zur Produktion von Filmen hatte, Helmut Dietl heuerte bei der Intertel an, einer Produktionsfirma, die sich auf Fernsehspiele spezialisiert hatte. Geführt wurde die Firma von dem Wiener Gerhard Freund, einem gelernten Schauspieler, ehemaligen Operettenbuffo, dann Fernsehdirektor des Österreichischen Rundfunks, einem Mann mit Bildung und einem Sinn fürs Populäre gleichermaßen, und entsprechend waren die Projekte seiner Firma. Dietl arbeitete als Regieassistent des großen tschechischen Regisseurs Alfred Radok, der für den Bayerischen Rundfunk die Serie

»Die Berufe des Herrn K.« drehte, mit Helmut Qualtinger in der Hauptrolle. Er stieg schnell auf, wurde Dramaturg und Produzent, schrieb, unter dem Pseudonym Richard Greiner, ein paar Folgen für die Schweizer Krimiserie »Ein Fall für Männdli«, und sein größtes Projekt war vermutlich »Das falsche Gewicht« nach dem Roman von Joseph Roth, ein Fernsehspiel, dem die Kritiker aber bescheinigten, dass es besser als die meisten Kinofilme inszeniert sei. Das lag an Bernhard Wicki, der damals in seinen frühen Fünfzigern war, zu alt also für den Neuen Deutschen Film, zu gut für Opas Kino, Schweizer und ein erstklassiger, international gefragter Schauspieler. Und als Regisseur ein eigenwilliger Künstler. Er inszenierte nur alle paar Jahre einen Film. Dass es ihm trotzdem an Übung nicht mangelte, hatte man 1965 gesehen, als sein Kriegsfilm »Morituri« in die Kinos kam, eine amerikanische Produktion, mit Marlon Brando, Yul Brynner, Trevor Howard, die 1966 immerhin für den Kamera- und den Kostüm-Oscar nominiert war.

»Das falsche Gewicht« wurde in Ungarn gedreht, und in seinen Notizen erwähnt Helmut Dietl, dass einmal, bei Eiseskälte und rotem Regen aus der Sahara, Bernhard Wicki auf einer Leiter festgefroren sei. Was vielleicht nur von Ungeschick zeugt, viel eher aber von der Konsequenz, mit der Wicki solche Qualen in Kauf nahm, wenn es ums genaue Inszenieren ging. »Das falsche Gewicht« spielte in einem abgelegenen Kaff in Galizien vor dem Ersten Weltkrieg, erzählte die Geschichte des k. u. k. Eichmeisters Anselm Eibenschütz (den Helmut Qualtinger spielte) und der kleinen Ganoven und Betrüger, die der sich mit seiner Gesetzestreue zu Feinden macht, und auf den ersten Blick scheint von dort der Weg sehr weit zu sein in jenes

München der Gegenwart, das Dietl dann in seinen Fernsehserien inszenierte. Aber der genaue Blick auf Qualtinger, die Ahnung von Abgrund, die hinter dessen müden Zügen aufscheint, und die Freude der Inszenierung an den kleinen Betrügern, die um ihr Leben quasseln, schwindeln, schummeln: das alles zeigt einen Stil, von dem Dietl einiges gelernt haben dürfte. Dass Bernhard Wicki, dunkelhaarig, eigenwillig, keiner Gruppe zugehörig und in künstlerischen Fragen absolut unbestechlich, ein Mann nach Helmut Dietls Geschmack, womöglich sogar ein Vorbild war, ist offensichtlich: Es gibt Fotos von Bernhard Wicki aus den späten Sechzigern und frühen Siebzigern, da trägt er einen Vollbart, schaut entschlossen und ein bisschen arrogant in die Kamera. Und ist dem Mann, der Helmut Dietl zwanzig, fünfundzwanzig Jahre später wurde, ganz erstaunlich ähnlich.

XII.

München und Nichtmünchen

In den frühen Siebzigern war München die modernste Stadt im ganzen deutschsprachigen Raum, mit allen Vor- und Nachteilen, die so eine Rolle mit sich bringt. Berlin und Wien wirkten, jedes auf seine Art, wie die Denkmäler ihrer eigenen Vergangenheit, weshalb, wer dort etwas werden wollte, am besten erst einmal nach München zog. Der Rest galt ohnehin als provinziell. Wogegen in München die Zuversicht und die Zukunftsfreude gewissermaßen schon von der Obrigkeit angeordnet und auf dem Verwaltungsweg durchgesetzt wurden. Hans-Jochen Vogel (in München nicht Jochen, sondern Vogel Hansi genannt) hatte die Bewerbung Münchens für die Olympischen Sommerspiele 1972 durchgesetzt – und am 26. April 1966, bei der Sitzung des Internationalen Olympischen Komitees, schaffte er es mit einer frei auf Englisch gehaltenen Rede und einem kleinen, schönen Imagefilm, dass die Bewerbung sich durchsetzte. Das erklärte Ziel dieser Bewerbung war es, das Gegenteil der Berliner Spiele von 1936 zu inszenieren, das Gegenteil des Nazi-Deutschlands, das damals Gastgeber gewesen war, ein buntes, heiteres, weltoffenes und modernes Fest in Deutschlands heiterster und modernster Stadt. Für die U-Bahn wurden Tunnel durch die Innenstadt gegraben, auf dem Oberwiesenfeld bauten Günter Behnisch und Frei Otto den Olympiapark mit den herrlich leichten, fast schwebenden Zeltdächern, ein gemäßigter Architekturfuturismus füllte die Baulücken – und erstaunlicherweise wirkte dieser Modernisierungsschub nicht wie der Gegensatz zur barocken, bierseligen und manchmal ganz schön bodenständigen Art der Stadt. Sondern wie deren zeitgemäße Fortführung, was sich vielleicht am deutlichsten im Maskottchen der Olympischen Spiele zeigte, einem Dackel, seit jeher der Lieblingshund der Münchner, der aber bunt gestreift in poppigen Farben vom damals weltberühmten Designer Otl Aicher entworfen worden war, dem Mann, der insgesamt für den Look der Spiele verantwortlich war. Münchner Eigenarten und Traditionsbestände, von der Tracht bis zum Dialekt, waren popfähig geworden, leicht lesbare, universal verständliche Zeichen, welche die Versöhnung von Herkunft und Zukunft suggerierten, eine bayerische Selbstgewissheit, an der jeder teilhaben konnte, wenn er nur nach München zog. Abgründe waren in diesen Zeichen nicht darstellbar; schon die Grantigkeit (münchnerisch: der »Grant«), mit welcher die Münchner im richtigen Moment ihre Unversöhntheit mit den herrschenden Verhältnissen ausdrücken, kam nicht vor in diesen Bildern und Zeichen.

Von außen betrachtet, blieb also München das Sehnsuchtsziel. Und von innen, ganz egal wie versöhnt oder unversöhnt man war, durfte man sicher sein, dass man, wenn man schon in Deutschland lebte, dann wenigstens am richtigen Ort war. Alle waren da. Alles wurde hier verhandelt. Alle Geschichten konnten in München spielen. In Köln spielten vielleicht kölsche Geschichten, in Frankfurt frankfurterische. München war aber beides. Eine ganz besondere Stadt – und zugleich die einzige in Deutschland, die zum Weltmodell taugte, ein Ort und Schauplatz auf der Höhe seiner Gegenwart.

Helmut Dietl, so erzählen es die, die sich an jene Zeit erinnern, war damals unbefangener, unbeschwerter, fröhlicher, als man ihn in Erinnerung hat, als den Mann, der sich panzerte, mit Grant und Arroganz, gegen die Zudringlichkeiten der Welt. Einmal, so erzählt es Jürgen Dohme, habe er sich mitten im Sommer, aus purem Übermut, auf der Bahnhofstraße in Zürich einen Pelzmantel gekauft. Und diesen dann, wie andere Freunde berichten, auch jahrelang getragen. Es sei eine Heiterkeit und Offenheit von ihm ausgegangen, ein Geist, der andere anstecken und mitreißen konnte. Unendlich neugierig sei er gewesen, hungrig auf Erfahrungen. Mindestens einmal in der Woche sei Towje Kleiner vorbeigekommen bei der Intertel in der Nikolaistraße, und der habe mindestens eine neue Idee gehabt, die gleich beim Mittagessen besprochen werden musste. Was dann dazu führte, dass Kleiner und Dietl, quasi im Nebenberuf, einen Jeansladen eröffneten in einer der Gassen, die vom Tal hinüber zum Viktualienmarkt führen, in der Heiliggeiststraße oder dem Radlsteg. Sie erkannten allerdings bald, dass sie nicht genug Zeit für den Laden hatten, und gaben ihn wieder ab. In den »Münchner Geschichten« hat Dietl den Laden dann an den Thierschplatz in der St.-Anna-Vorstadt versetzt.

Und zugleich sei dieser Helmut Dietl ein richtig guter, fleißiger und zuverlässiger Arbeiter gewesen. Als Dramaturg las er die Drehbücher, fand darin die Fehler, Ungereimtheiten und Ungenauigkeiten, regte Änderungen an, schrieb gegebenenfalls auch ein Detail selbst um. Und als

Produzent achtete er nicht nur darauf, dass die Budgets eingehalten wurden, sondern tat, was er nur konnte, für die künstlerische Integrität der Filme. Wobei es bei Bernhard Wicki zum Beispiel tatsächlich um die Kunst ging; aber von der Kunst allein konnte die Intertel nicht leben, und so produzierte die Firma zum Beispiel die Fernsehserie »George« mit, ein paar nette Geschichten um einen Bernhardinerhund gleichen Namens und um Marshall Thompson, der als Dschungelarzt in der Serie »Daktari« sehr berühmt geworden war und hier den Hundehalter spielte. Und der Ertrag für Helmut Dietl war dabei nicht unbedingt künstlerisches Renommee. Sondern seine erste Reise nach Los Angeles. »George« war eine internationale Co-Produktion, der Bayerische Rundfunk war dabei, dabei waren auch Kanadier und Schweizer und Burt Rosen, ein routinierter Fernsehproduzent, der in Los Angeles lebte. Worum es ging bei den Besprechungen, ist nicht bekannt, es ist auch nicht wichtig. Wichtig ist, dass hier eine lange und sehr komplizierte Liebesgeschichte anfing, die Liebe Helmut Dietls zu Los Angeles. Es war anscheinend von Anfang an mehr als nur die Sehnsucht fast aller Filmleute: nämlich irgendwann in Hollywood zu arbeiten, in Hollywood eine Rolle zu spielen, weil eben Hollywood, dieser Stadtteil im Westen von Los Angeles, nicht bloß Hauptstadt des amerikanischen, des englischsprachigen Kinos war (und ist), sondern der Ort, an dem Bilder und Geschichten von universeller Gültigkeit hergestellt werden, Filme für die ganze Welt. Diese Sehnsucht spürte Dietl schon auch – aber womöglich genauso wichtig war für ihn die Erkenntnis, dass Los Angeles das perfekte Nichtmünchen war, Außermünchen, vielleicht sogar Antimünchen, zwölf

Flugstunden, 9600 Kilometer entfernt, die Stadt, in der ihn nichts mehr an die eigene Geschichte, die eigene Tradition erinnerte. Wie wir sehen werden, konnte und wollte Helmut Dietl auch in Los Angeles nicht München vergessen. Aber er war hier weit genug entfernt, dass er sich sein eigenes München erfinden konnte. Der große Regisseur Ernst Lubitsch, eines der Vorbilder Helmut Dietls in Hollywoods großer Zeit, wird gern zitiert mit dem Spruch, es gebe das Paris von Metro-Goldwyn-Mayer, das Paris der Paramount und das Paris in Frankreich; ihm sei das Paris der Paramount am liebsten. Es ist ein Gedanke, wie man ihn nur in Hollywood denken kann. Und ganz egal, ob es von Anfang an Helmut Dietls Absicht und Ambition war, dem München in Bayern das München des Helmut Dietl entgegenzusetzen: Im Nachhinein ist es jedenfalls das, was ihm mit seinen Serien gelungen ist. Dass es dafür die 9600 Kilometer Entfernung brauchte, ist nur eine Vermutung. Sicher ist: Sobald er Geld genug verdient hatte, kaufte er sich ein Haus in Hollywood, am Selma Drive, gleich neben dem Chateau Marmont, dem Lieblingshotel vieler Filmleute, vor allem der deutschen.

Es gab keine allzu großen Hürden mehr zu überwinden. Dietl hatte eben einen sehr guten Ruf als Dramaturg und Produzent, die Firma Intertel hatte immer wieder mit dem Bayerischen Fernsehen zusammengearbeitet, und Elisabeth Laussen, die zuständige Redakteurin fürs Vorabendprogramm, hatte genügend Macht, dem Regie- und Drehbuchanfänger Helmut Dietl eine ganze Serie anzuvertrauen. Das Vorabendprogramm, das waren die sogenannten regionalen Fenster, die aufgingen zwischen sechs und acht Uhr abends. Im Sendegebiet des Bayerischen Rundfunks kam die »Münchner Abendschau«, woanders etwas anderes, aber die sogenannten Vorabendserien liefen schon deshalb nicht nur bei ihrem Heimatsender, weil das viel zu teuer geworden wäre. Damals führten die Differenzen zwischen den deutschen Ländern und ihren Kulturen noch nicht zu jenem sterilen Einheitserzählstil und Einheitsdeutsch, die sich inzwischen als Fernsehnorm durchgesetzt haben. Damals stritten die Redaktionen darüber, ob man einem norddeutschen Publikum einen starken Münchner Dialekt zumuten könne – und meistens lief die Einigung darauf hinaus, dass die Bayern zum Ausgleich eine Hamburger Hafenserie ins Programm nahmen. Helmut Dietl schreibt in seinen autobiografischen Notizen, dass er schon lange an den »Münchner Geschichten« gearbeitet habe, auf dem Speicher in der Danziger Straße, zwischen Kleiderkisten, was ja suggeriert: allen Widrigkeiten zum Trotz, weil er nicht anders konnte. Es gibt aber andere, die sich zu erinnern glauben, dass der Impuls vom Bayerischen Rundfunk ausging; dass man dort dringend eine Serie wünschte, die mindestens so münchnerisch wäre wie »Funkstreife Isar 12« oder »Die seltsamen Methoden des Franz Josef Wanninger« – nur nicht so harmlos. Und mit Figuren und Konflikten auf der Höhe der Zeit.

Womöglich ist ja beides richtig. Was es überhaupt zu wissen und zu sagen gebe über ihn, das sei alles in seinen Filmen und Serien: So hat das Helmut Dietl später immer wieder gesagt, auch um sich die Fragen nach seinem Leben vom Hals zu halten – und so liegt es nahe, in Karl Häusler, genannt Tscharli, dem Helden der »Münchner Geschichten«, das Selbstporträt des jungen Helmut Dietl zu erkennen, in dem liebenswerten Blender, Gescheitdaherschwätzer, Träumer nur die leicht fiktionalisierte Version jenes jungen Mannes zu sehen, als den zum Beispiel seine Exgeliebte Dorle ihn heute noch beschreibt. Allerdings wird dieser Tscharli nicht von Dietl, sondern von dem Schauspieler Günther Maria Halmer gespielt, eine Besetzung, die damals sehr hart erkämpft werden musste, weil Halmer zwar Ensemblemitglied der Münchner Kammerspiele war, aber jenseits des Theaters völlig unbekannt und schon gar keine gut eingeführte und allseits wiedererkennbare Münchner Fernsehfigur. Dass Dietl sich so einsetzte für Halmer und dass Halmer dann wirklich so perfekt in dieser Rolle war, das war nicht bloß eine Frage des Aussehens und der Schauspielkunst. Halmer hatte eine Tscharlihaftigkeit, die sich aus eigener Erfahrung speiste. Er hatte, wie er in seinen Erinnerungen erzählt, nach der Schule jahrelang vergebens nach seinem Weg gesucht, hatte alle möglichen Ausbildungen vor allem bei Hotels angefangen, abgeschlossen hatte er sie alle nicht. Was vor allem daran lag, dass er einen Hang zum Blenden und zum Hochstapeln hatte, dass er also, kaum war Dienstschluss, sich etwas Anständiges anzog, mit den Frauen flirtete und sich generell so benahm, als gehörte er zu den Herrschaften, denen er doch eigentlich zu Diensten sein sollte. Dass er lange glaubte, für ihn würde sich schon eine Abkürzung öffnen, versteht sich da fast von selbst. Nach vielen Rauswürfen und Niederlagen, erzählt Halmer, war er so verzweifelt, dass er, ganz ohne einen Plan, nach Amerika fuhr, einen Job annahm in einer Asbestmine im Norden Kanadas. Und dort, zehntausend Kilometer von zu Hause und mindestens eine Tagesreise vom nächsten Kino entfernt, dort, erinnert er sich, sei ihm, nach mehr als einem Jahr, völlig unverhofft die Erkenntnis gekommen, dass er Schauspieler werden wollte. Einen besonders weiten Bildungshintergrund habe er, der aus einer Rosenheimer Kleinbürgerfamilie stammt, eigentlich nicht gehabt, wenig Kenntnis der Theaterliteratur und schon gar keine Ahnung von moderner Theaterregie. Die Münchner Falckenberg-Schule nahm ihn trotzdem, und aus dem orientierungslosen Jungen, so erzählt er es selbst, wurde ein ziemlich strebsamer Schauspieler.

Helmut Dietl bekam erst einmal eine Absage von Halmer. Er habe, sehr selbstbewusst in seinem schicken Büro bei der Intertel, die Füße auf dem Schreibtisch, einfach ein bisschen zu arrogant gewirkt, als er dort Halmer empfangen habe. Zudem habe er gesagt, Halmer komme infrage für die Rolle, und nicht: Halmer bekomme sie. Und überhaupt, so eine Vorabendserie sei doch nur das Füllsel zwischen den Werbepausen und ein rechter Karrierekiller für einen jungen, aufstrebenden Schauspieler. Dietl habe sich nach der Absage wohl weiter umgeschaut und keinen besseren gefunden. Und dann habe er regelrecht geworben um Halmer, Billardspielen seien sie gegangen, und Dietl habe ihn in seine schicke und geschmackvoll eingerichtete Wohnung eingeladen, und es sei für ihn, Halmer, immer schwerer geworden, diesem Mann zu widerstehen. Er hatte Klasse, er war intelligent, er war sogar geheimnisvoll. Aber es sollte halt eine Vorabendserie sein, und Halmer konnte sich nicht entschließen. Bis er erfuhr, dass Therese Giehse zugesagt hatte.

Therese Giehse, Münchnerin des Jahrgangs 1898, Jüdin, gefeierte Theaterschauspielerin und Brecht-Interpretin, war eigentlich viel zu groß und zu berühmt für eine Rolle in einer Fernsehvorabendserie. Sie hatte in den frühen Dreißigern zusammen mit Erika Mann, die ihre Geliebte war, und deren Bruder Klaus (der ihr später seinen Roman »Mephisto« widmete) das Kabarett »Die Pfeffermühle« gegründet, war vor den Nazis erst in die Schweiz, dann nach Amerika geflohen, hatte 1941 bei der Zürcher Uraufführung von »Mutter Courage« die Titelrolle gespielt, war nach dem Krieg Mitglied von Bertolt Brechts Berliner Ensemble geworden und spielte auch an den Kammerspielen. Sie war nicht die Frau, die nur darauf gewartet hatte, dass ein von sich selbst überzeugter Jungregisseur ohne jede Erfahrung ihr eine Rolle im Vorabendprogramm anbot. Es war völlig unwahrscheinlich, dass sie zusagen würde. Von heute aus betrachtet, war es aber logisch. Es waren gute Drehbücher. Es war eine gute Rolle. Und man kann sich sehr gut vorstellen, dass Therese Giehse, die in ihrem Leben schon einigen Genies begegnet war, einfach beschloss, diesem jungen Mann zu vertrauen. Ins »Roma«, ein damals schon schickes Café auf der Maximilianstraße, gegenüber den Kammerspielen, seien sie gegangen, steht in Helmut Dietls Notizen. Dass sie, ihrer Weltberühmtheit beim Theaterpublikum zum Trotz, mit dieser Rolle bei einem viel größeren Publikum populär und sehr beliebt werden würde, das ahnte Therese Giehse vermutlich nicht. Sie spielte die Oma Anna Häusler, eine lebenskluge Münchner Kleinbürgerin, die ein Herz und eine Offenheit für die Jugend hat und ein gesundes Misstrauen gegen Obrigkeit und Geschäftemacher. Vor allem aber hat sie ein paar sehr altmodische moralische Grundsätze. Sie ist nicht die Hauptfigur der Serie, aber deren Herz. Und sie ist es, der die »Münchner Geschichten« immer wieder recht geben.

Von heute aus betrachtet, lässt sich kaum ermessen, wie neu, wie widerständig und letztlich wie richtig das war, was Dietl mit den »Münchner Geschichten« betrieb. Es waren die Fortschrittsjahre, die Jahre des Baubooms, das Alte interessierte keinen mehr, die neuen Häuser waren aus bunt bemaltem Beton und hießen »Schwabylon« oder »Città 2000«. Und Dietl, offensichtlich ein junger und moderner Mann, sagte einfach: Einspruch.

Die Serie spielt im Stadtteil Lehel, genauer in der Sankt-Anna-Vorstadt, zwischen Maximilianstraße und Prinzregentenstraße rund um die Kirche und das Kloster St. Anna. Längst ist das Viertel schick und reich geworden; es grenzt ja direkt an die Münchner Innenstadt, an die Isar, und um in den Englischen Garten zu kommen, muss man bloß die Prinzregentenstraße überqueren. Aber damals war die Boheme, die Szene, wie man sagte, in Schwabing und der Maxvorstadt. Die besseren Leute lebten in Bogenhausen oder den südlichen Villenvierteln, und in der Sankt-Anna-Vorstadt hatte sich, weitgehend unbehelligt vom Zeitgeist, ein altmodischer Lebensstil erhalten. Es gab schöne Bürgerhäuser und nicht ganz so schöne Kleinbürgerhäuser, die Trambahn ratterte durch die enge Thierschstraße, es gab Wirtshäuser, kleine Läden, Handwerksbetriebe. Und wenn einer Witwe die Wohnung zu groß und vielleicht zu teuer wurde, vermietete sie ein Zimmer an einen sogenannten Zimmerherrn.

Die »Münchner Geschichten« sind eine sehr komische Serie, die aber ihre Tiefenschärfe, ihre Gültigkeit, ihre Wirkung davon bekommt, dass sie eigentlich eine unendlich traurige Geschichte erzählt: Der Untergang dieser Welt ist unaufhaltsam. Die Gründe dafür stellt gleich der Anfang klar. In der ersten Szene der ersten Folge sehen wir Tscharli und seine Oma in der Wohnung. Beide sind im Aufbruch, Tscharli hat sich sehr fein gemacht, er hat heute ein Vorstellungsgespräch, und es ist ihm deutlich anzumerken, dass er nicht nur rauswill aus dieser Welt. Er will nach oben, so wie eigentlich jeder junge und halbwegs moderne Mensch sich nach einem weiteren Horizont, nach anderen Perspektiven sehnt, nach etwas, das die Sankt-Anna-Vorstadt nicht zu bieten hat. In der zweiten Szene steht Oma Häusler auf dem Bürgersteig und sieht zu, wie das alte Haus, in dem sie einen Laden hatte, abgerissen wird. Es hat sich rund um die Abrissstelle die halbe Nachbarschaft versammelt; die älteren Leute schimpfen, ein paar Junge demonstrieren und rufen Parolen, die Polizei sorgt dafür, dass die Zerstörungsarbeit nicht behindert wird. Das ist das Thema, das ist die Tragik dieser im Detail oft so heiteren Serie: dass die Jungen rauswollen aus diesem Milieu, dorthin, wo es schöner, größer, bunter und reicher ist. Und dass die neue Zeit mit ihrem Geld und ihren neuen Häusern hereinwill und sich ihren Weg mit der Abrissbirne bahnt. Und wir Zuschauer erkennen erst im Moment seines Verschwindens, wie liebenswert und menschlich der Lebensstil dort war.

Es muss ein Doppelgängerspiel gewesen sein, Halmer vor und Dietl hinter der Kamera. Halmer war kein Anfänger; er hatte mit Therese Giehse sogar schon gespielt, an den Münchner Kammerspielen, in Martin Sperrs »Jagdszenen aus Niederbayern«. Aber vor einer Kamera war er nie gestanden, und vor Helmut Dietl, so erinnert er sich, hatte er enormen Respekt, und wenn er das Drehbuch aufmerksam genug gelesen hatte, dann wusste er, dass diese Rolle die Chance seines Lebens war.

Helmut Dietl, auf der anderen Seite, sah Halmer sogar ähnlich, ein bisschen dunkler, gefährlicher vielleicht, aber alles in allem derselbe Typ. Schlank, charmant, den Frauen zugewandt. Jahrzehnte später hat Helmut Dietl in einem Interview erzählt, dass damals, als er nach wenigen Drehtagen erkannte, dass Nikolaus Paryla nicht die richtige Besetzung für den Baby Schimmerlos in »Kir Royal« war, er mit dem Gedanken gespielt habe, die Rolle selbst zu übernehmen. Schon in den »Münchner Geschichten« kann man aber sehen, dass das Zwillings- oder Doppelgängerspiel, das Dietl und Halmer hier betreiben, viel reizvoller und viel abgründiger ist. Selbst wenn Tscharli das Selbstporträt Helmut Dietls wäre, bliebe doch auch der Unterschied zwischen dem Porträt und dem Porträtierten. Es sind die Abweichungen, das Fiktionale und Halmers Eigensinn, was der Figur erst ihre wunderbare Widersprüchlichkeit gibt.

Am Anfang plustern sie sich ziemlich auf, das Drehbuch, der Hauptdarsteller, der Regisseur. Wenn Tscharli sein Vorstellungsgespräch im Reisebüro hat und dabei darauf beharrt, dass er nicht nur eine Mittlere Reife habe, sondern eigentlich auch eine Dreiviertelreife, woran man sehen könne, dass das keine Begriffe für einen Menschen seien, eine mittlere Reife habe doch allenfalls ein Käse; und wenn er auf die Frage, welche Fremdsprachen er beherrsche, einen Monolog spricht darüber, dass Englisch in dem Sinn ja gar keine Fremdsprache sei, weil das heutzutage jeder spreche, eine wirkliche Fremdsprache, das sei vielleicht Chinesisch, und Chinesisch, das müsse er zugeben, Chinesisch spreche er nicht: Da ist das eigentlich ein bisschen zu viel von allem. Die Sprüche von der Reife und dem

Käse wurden zwar Hits in der Umgangssprache zumindest Münchens und Bayerns, und die Pointen mit den Fremdsprachen sind auch sehr lustig, wie Halmer sie da vorträgt. Aber eigentlich ist die Szene eher ein Sketch als der Anfang einer Handlung, im Grunde erfährt man hier mehr über den Witz des Drehbuchschreibers als über Tscharli, den Helden.

Wobei sich ohnehin die Frage stellt, was man hier über Helmut Dietl erfährt. Nicht über den jungen, einigermaßen erfolgreichen Produzenten in seinem schicken Büro, von dem Halmer berichtet. Sondern über den, der Dietl vorher war, über den Jungen, der glänzen und verführen und beliebt sein wollte, wie Dorothea Fischer ihn beschreibt; den jungen Mann, der außer einem Abitur keinen Abschluss vorzuweisen hatte und trotzdem etwas werden wollte im Film- und Fernsehgeschäft. Über einen Autor also, der jahrelang nicht viel mehr als sein Aussehen und ein paar gute Sprüche hatte, wenn es darum ging, Menschen zu beeindrucken und für sich einzunehmen. Es gibt in der ersten Folge eine Szene, da führt Tscharli, um das Mädchen Katja zu beeindrucken, sie aus in eine von ihm sogenannte »Topdiskothek«. Und tatsächlich scheint er, der junge Mann ohne Geld und Beruf, hier ganz beliebt zu sein, und die Tschuffi, wie er die Barfrau nennt, verscheucht auch gleich ein paar andere Leute von der Theke, weil man den Platz für Stammgäste brauche. Tscharli lächelt, grüßt, schmeichelt, winkt allen möglichen und vor allem den besonders wichtigen Männern und den besonders schönen Mädchen zu. Aber gar so zappelig und so leicht durchschaubar mag man sich noch nicht einmal den sehr jungen Dietl vorstellen. Und damit die Differenz ganz deutlich sichtbar werde, hat Dietl einen winzigen Auftritt am Ende der vierten Folge, die er weder geschrieben noch inszeniert hat (Regie führte Herbert Vesely, das Drehbuch war von Bernd Schroeder). Leider ist seine Stimme synchronisiert, alles andere ist aber offenbar Helmut Dietl, so wie er sich damals gern selbst inszenierte. Er sitzt auf dem Rücksitz eines Taxis und blättert in der »Financial Times«. Er trägt einen Pelzmantel. Er raucht. Er trägt einen gut gestutzten Vollbart, hat eine Sonnenbrille vor den Augen. Er sieht undeutsch aus, extrem cool und erkennbar älter und erwachsener als Halmer (obwohl er ein Jahr jünger war). Eine Folge später, »Ein Ziel im Leben« hieß sie, stand Dietl in einer Bar herum, und die Kamera schwenkte schnell weiter, so als würde Dietl, wäre er länger im Bild, den anderen die Show stehlen.

Er hatte gleich zwei Rollen, eine kleine in der ersten Folge und eine winzige in der zweiten, mit einer Frau besetzt, die damals prominenter und berühmter war als die gesamte restliche Besetzung der Serie, inklusive Therese Giehse, wie man, auch als deren Bewunderer, zugeben muss. Sie hieß Barbara Valentin, war Anfang dreißig und damals so interessant fürs allgemeine Publikum, dass die Boulevardzeitungen und Magazine selbst ihre neue Diät oder eine neue Frisur für eine Story hielten. Was einerseits mit ihrem Aussehen und andererseits mit ihrer Vergangenheit zu tun hatte. Sie war blond, sehr hübsch, gesegnet mit dem Talent, offen und sehr lebensfroh in eine Kamera zu lächeln. Sie war groß, hatte einen üppigen Busen, und was es auch immer über sie zu berichten gab, war jedes Mal Anlass genug, auf ihre Vergangenheit als Sexbombe und sogenannte Skandalnudel zu verweisen und dazu Bilder zu drucken mit viel Haut und wenig Stoff. Sie war noch keine zwanzig gewesen, als sie, wie man so sagt, entdeckt wurde. Ein paar Filmleute, beeindruckt von Schönheit, Charme und Oberweite, wollten aus ihr die deutsche Jayne Mansfield machen, auch an Marilyn Monroe und Jane Russel dachten sie, ein sogenanntes Busenwunder sollte sich ereignen. Was sie dabei übersahen, war der Umstand, dass Monroe und Russel in einigen der besten Filme ihrer Zeit spielten, mit den besten Regisseuren und Drehbuchautoren arbeiteten. Und selbst Jayne Mansfield verdankte ihren Ruhm vor allem den komplett abgedrehten, völlig verrückten Komödien von Frank Tashlin, »The Girl Can't Help It« und »Will Success Spoil Rock Hunter«, Filmen, in denen Jayne Mansfield und die Drehbücher das Bild von der Sexbombe reflektierten und ironisierten.

Für Barbara Valentin gab es Rollen in Filmen, die »Küß mich, als gäb's kein Morgen!« oder »Der Partyphotograph« hießen, harmlose Drehbücher, lüsterne Blicke der Kamera, Werke, von denen nicht viel mehr als Barbara Valentins Sex-Appeal im Gedächtnis blieb. Das hatte ihr das Image der Sexbombe eingebracht, und weil sie eine eigenwillige Person war und gelegentlich mal ein Champagnerglas an die Wand geworfen hatte, wie man sich erzählte, deshalb hatte sie auch noch den Ruf als sogenannte Skandalnudel, weshalb es für den Boulevard erst recht eine Nachricht war, wenn sie sich absolut unskandalös benahm, mit ihrem Mann, dem Anwalt Ernst Reichardt, ganz bürgerlich im Vorort Gauting lebte und sich um ihre Kinder Lars und Minki kümmerte.

Anfang der Siebziger hatte Barbara Valentin anscheinend genug davon. Sie wollte eine richtige Schauspielerin sein, spielte in »King, Queen, Knave« des polnischen Regisseurs Jerzy Skolimowski, leider einem seiner schwächeren Filme. Sie lernte Rainer Werner Fassbinder und seine Gruppe kennen und spielte in »Welt am Draht«, Fassbinders faszinierendem Science-Fiction-Fernsehfilm, in dem die Welt, wie wir sie kennen, nur eine Computersimulation ist. Sie fing ein Verhältnis mit Klaus Löwitsch an, dem Hauptdarsteller. Helmut Dietl kann sie in diesem Film, als er sie für die »Münchner Geschichten« besetzte, aber gar nicht gesehen haben, weil er die ersten Folgen drehte, bevor »Welt am Draht« gesendet wurde.

Ines Regnier, seine Cutterin, habe ihn auf Barbara Valentin aufmerksam gemacht, hat Dietl später erzählt. Und wie es dann dazu kam, dass Valentin und Dietl ein Paar wurden, lässt sich von heute aus so genau nicht mehr ermitteln; die Verhältnisse waren, schon als die Dinge sich ereigneten, extrem unübersichtlich. Lars Reichardt, Barbara Valentins Sohn, hat ein Buch über seine Mutter und diese unübersichtlichen Verhältnisse geschrieben und darin eine Szene nacherzählt, die, wenn sie nicht stimmt, auf jeden Fall sehr stimmig ist. Eines Abends sei Barbara Valentin mit ihrem Noch-Mann Reichardt in den »Alten Simpl«, das Künstlerlokal in der Türkenstraße, gekommen. An der Bar habe Rainer Werner Fassbinder gestanden, und Reichardt, der dem Regisseur zum ersten Mal begegnete, sei schockiert über dessen verwahrlostes Äußeres gewesen: »Was, das ist der Mann, mit dem du mich betrügst?« Und aus dem Hintergrund habe Klaus Löwitsch gerufen: »Nein, ich bin dieser Mann.« Er blieb es nicht lange, weil Barbara Valentin bald danach zu Helmut Dietl überlief. Und bei ihm auch bleiben wollte.

Dietl, dessen Ehe mehr oder weniger am Ende war, hatte sich eine Wohnung im sogenannten Fuchsbau genommen, einem modernen Apartmenthaus am Nordende der Münchner Freiheit. Im Erdgeschoss gab es ein Kino, im Stockwerk unter Dietl wohnten der Regisseur Klaus Lemke und Cleo Kretschmer, Lemkes Freundin und Hauptdarstellerin. Und einmal, so erwähnt es Dietl in seinen Notizen, habe er Margot Werner, die Primaballerina und Sängerin, mit in die Wohnung genommen. Und während sie Sex miteinander hatten, sei Barbara Valentin mit einem Messer vor der Tür gestanden. Passiert ist aber niemandem etwas; ein paar Jahre später spielten Barbara Valentin und Margot Werner in der Gangsterkomödie »Bomber & Paganini« zwei Mädchen, die Mona und Mina hießen, ohne dass es zu Gewaltausbrüchen kam.

Dass der Anfänger Dietl die »Münchner Geschichten« machen durfte, lag auch daran, dass er sie nicht allein machen musste. Drei der neun Folgen inszenierte der Wiener Regisseur Herbert Vesely, die Drehbücher dafür hatten teils der Schriftsteller Bernd Schroeder, teils der Autor und Dramatiker Franz Geiger geschrieben, lauter bewährte und verdienstvolle Kräfte des Münchner Filmbetriebs, die, hätte Dietl es nicht hinbekommen, das Projekt schon gerettet hätten. Dietl hat es aber hinbekommen – und im Grunde war es ein Glück für ihn, dass er nicht für alle Folgen verantwortlich war: Umso deutlicher sieht man den Unterschied. Es geht in der Serie um den Tscharli und seine Oma, um deren schöne, aber unrenovierte Altbauwohnung in der Tattenbachstraße und um den Zimmerherrn, den Herrn Heinrich, der auch dort wohnt. Es geht um den Tscharli und die Susi, seine Verlobte seit zwei

Jahren, Wirtstochter, sehr weich und weiblich gespielt von Michaela May. Und es geht um den Tscharli und seine Freunde, nämlich den Gustl, von Frithjof Viereck gespielt, der einerseits ein braver Versicherungsangestellter und andererseits bei jedem Unsinn dabei ist; und um Achmed, von Towje Kleiner gespielt, der Taxi fährt, ein wunderbares, melodisches Münchnerisch spricht und wunderbar melancholisch singen kann in nahezu allen südlichen Sprachen. Wo er herkommt, dieser Mann, wird nicht benannt. Es ist, als wäre Achmed der Abgesandte aus jenem imaginären Süden, in den auch Helmut Dietls eigene Herkunftslinie führt.

Die drei Folgen, die Vesely inszeniert hat, sind nicht schlecht – und womöglich sind sie ja, wegen ihrer moralischen und ästhetischen Eindeutigkeit und ihrer erzählerischen Abgeschlossenheit, besonders gut angekommen beim Publikum: »Rosenzauber«, »Das Brettl« und »Maulhelden« haben einen Anfang, einen Konflikt, einen Schluss. Man könnte diese Folgen in jeder beliebigen Reihenfolge sehen, es sind normal erzählte Folgen einer normalen Fernsehserie. Während Dietl schon in den ersten Folgen seiner ersten Serie jenes Erzählen beginnt, das erst Jahrzehnte später die Fernseherzählnorm geworden ist. Eine Folge baut auf die andere auf; die Serie, jedenfalls Dietls Teil davon, ergibt eine große Geschichte, deren Ende sich schon in der ersten Folge ankündigt.

Es gibt auch in den drei Vesely-Folgen ein paar große, existenzielle Momente, und vielleicht der eindrucksvollste ist der Schluss der Folge »Maulhelden«: wenn Tscharli, nach einer Winternacht, in der er hochgestapelt hat, um einer Frau zu imponieren, die von ihm aber umso weniger beeindruckt war; in der er, viel zu dünn angezogen, versucht hat, ein Auto zu reparieren, das er sich gar nicht hätte borgen dürfen und das natürlich angefahren worden ist; wenn Tscharli dann bibbernd im Bett von Susi liegt, dann ist das ein unvergesslicher Moment – auch wenn Helmut Dietl sich auf so eine moralische Eindeutigkeit eher nicht eingelassen hätte.

Dietl hat es sich immer schwerer gemacht mit diesem Helden – und den Zuschauern erst recht. Denn natürlich mag man diesen jungen Mann, diesen Träumer, Spinner, Angeber, der sich, obwohl er anscheinend auch schon dreißig ist, einfach zu jung fühlt für geregelte Verhältnisse, für eine Ehe mit der Susi, einen langweiligen Job, ein bescheidenes, aber festes Gehalt. Lieber will er sein Glück machen, sich »gesundstoßen«, wie er das immer wieder nennt, mit irgendeiner »Riesensache« ganz groß herauskommen. Dass er, als er ein Riesengeschäft auf dem Wohnungsmarkt entdeckt hat, seine Oma in eine Neubauwohnung im Neubauviertel, weit weg von ihrem vertrauten Milieu, abschieben will; dass er dem Herrn Heinrich schon mal kündigt, ohne sich darum zu kümmern, wo der Zimmerherr unterkommen soll: Das ist die andere Seite dieses Helden. Es ist noch nicht einmal die dunkle Seite, weil der Tscharli ja nicht böse ist, nur so erfüllt von seinen Träumen und Geschäftsideen, dass in ihm drinnen kein Platz mehr zu sein scheint fürs Mitgefühl, ja überhaupt nur für das Interesse am Schicksal anderer Leute. Und der Suspense der Geschichten speist sich meistens auch aus der Frage, ob Tscharli sich besinnen werde.

Dass er das eigentlich immer tut, ist der noch immer ganz zeitgemäße Trost der Serie; und dass er das in den

Kulissen und Kostümen und dem viel intensiveren Dialekt der frühen Siebziger tut, ist ihr nostalgischer Reiz auch für solche Leute, die zur Sankt-Anna-Vorstadt und zu dem dortigen Milieu kein persönliches Verhältnis haben. Aber ihre Unsterblichkeit, ihre kanonische Gültigkeit in der Geschichte der bewegten Bilder hat die Serie vor allem wegen einer Folge. Es ist »Der lange Weg nach Sacramento«, eine Geschichte aus dem Fasching. Es ist später Winter, kalt, feucht und dunkel da draußen, und Tscharli, Gustl und Achmed sind eigentlich nicht dick genug angezogen. Sie tragen Westernkleidung nach dem Vorbild der Sergio-Leone-Filme (die ja alle im heißen Südwesten der Vereinigten Staaten oder gleich im noch heißeren Mexiko spielen). Sie nennen sich Zorro, Gringo und Zappata, sie machen Feuer an der Isar, übernachten dann doch im Warteraum des Hauptbahnhofs, sie erzählen einander Geschichten von der Mittagshitze in Tijuana oder den Rinderherden, die sie durch endlose Prärien getrieben haben. Man merkt ihren Gesprächen deutlich an, dass sie noch niemals in Amerika waren; sie haben noch nicht einmal eine genaue Vorstellung davon, wo der Wilde Westen liegt. Sie haben nur das romantische Gefühl, dass man als Cowboy oder Pistolero ein freierer Mensch sei. Sie sind unterwegs nach Sacramento, sagen sie und holen sich Pferde aus der Reitschule am Englischen Garten, drei Männer, drei Pferde, eine Mission. Und genau beim Siegestor kommt es zum Showdown mit der Münchner berittenen Polizei.

Es ist die Ludwigstraße, aus der sie kommen. Der Weg, wenn sie nicht aufgehalten würden, ginge weiter über die Leopoldstraße, die Bundesstraße 13, die nach Norden führt, also nicht nach Sacramento, sondern nach Ingolstadt,

Eichstätt, Würzburg. Es ist die Isar und nicht der Rio Bravo, wo die drei immer wieder sitzen, Bohnen aus der Dose essen und sich verstecken, wenn die Susi, auf der Suche nach dem Tscharli, den Uferweg entlanggeht. Es sind drei halbwegs erwachsene Männer, die hier unterwegs sind durch Münchens Wilden Westen, Spinner vielleicht, aber keine Irren, und die Konsequenz, mit der sie darauf bestehen, dass sie im Recht sind, und die Wirklichkeit eines Münchner Februarwochenendes ist im Unrecht; die Sturheit, mit der sie darauf beharren, dass, wo sie sind, eben der Westen ist, Amerika: das hat Größe, und es ist gefährlich, wie man an der Reaktionen all jener sieht, die sich Sorgen machen um die Jungs. Nicht dass sie verhungern könnten oder erschossen würden. Sondern dass sie dem braven normalen Leben verloren gehen könnten. Aber selbst Erwin Hillermeier, Susis Vater und Wirt des »St.-Anna-Ecks«, ein Mann, der eigentlich auf jede Spinnerei mit maximalem Unverständnis reagiert, hat plötzlich eine Krise. Er sitzt in seinem Wirtshaus und verzweifelt an seiner Existenz. »In der Früh sperrma auf, und aufd Nacht sperrma wieder zu, und dann sperrma wieder auf, und dann sperrma wieder zu. Prost Erwin.«

Zwei Polizisten haben Zorro und Gringo festgesetzt (Zappata ist irgendwann ausgestiegen); aber so richtig wissen sie nicht, was jetzt eigentlich das Vergehen der beiden war. Und so lassen sie den Schlüssel der Zelle stecken, stellen sich schlafend und lassen die beiden entkommen. Es breitet sich anscheinend eine Sehnsucht nach Sacramento aus, eine Lust, außer sich zu geraten, ein starker Zweifel an den verbindlichen Verabredungen darüber, was wirklich und vernünftig sei. Es ist, natürlich, ein sehr münchnerischer Geisteszustand, ein irgendwie angemessenes Gefühl in dieser Stadt, die ja selbst, wenn schon nicht in Kalifornien, dann aber mindestens in Italien liegen möchte. Und es ist eine Art Manifest des Münchner Filmemachers Helmut Dietl: dass ihm München mehr Wunsch als Wirklichkeit sein soll, ein Ort, dessen empirische Realität er zwar mit äußerster Genauigkeit zur Kenntnis nimmt, mit der er sich aber auf keinen Fall zufriedengeben will. Und dass ihm Menschen, Münchner, die hinterm Siegestor den Weg nach Sacramento vermuten, allemal lieber sind als solche, die hinterm Horizont allenfalls Ingolstadt vermuten. Dietl war eben, ganz egal, wie die biologische Herkunftslinie verläuft, der Enkel von Fritz Greiner, dem Mann, der schon in den zehner Jahren des 20. Jahrhunderts südlich von München den Wilden Westen gefunden hatte.

»Ein jeder Mann muss einmal in Sacramento gewesen sein«, sagt einmal die Oma Häusler, Therese Giehse also, die der zweite Grund für die Unsterblichkeit der Serie ist. Dass Therese Giehse eine eigensinnige, starke und weise Frau war, dafür gibt es starke Indizien, aber es war ja nicht sie, die das Drehbuch geschrieben hat, es war Helmut Dietl (mithilfe Anita Niemeyers, die Dramaturgin beim Bayerischen Fernsehen war und, wie es heißt, vor allem Struktur in die Arbeit des Schreibens gebracht hat), und Helmut Dietl war, als er anfing mit dem Drehbuchschreiben, noch keine dreißig. Je genauer man Therese Giehses Rolle betrachtet, desto dringlicher stellt sich die Frage, wo Dietl das herhatte, diese Weisheit, diese Gelassenheit, diese ungeheure Liebenswürdigkeit der Oma Häusler. Es ist offensichtlich, dass Therese Giehse, mit ihrer diskreten Präsenz, ihrem kultivierten Münchnerisch und ihrer energischen

Mimik auch die allerbanalsten Dinge hätte sagen können, es hätte trotzdem weise geklungen. Und besonders kompliziert ist es ja auch nicht, was die Oma Häusler so sagt. Aber es ist immer richtig, niemals böse – und es klingt immer nach einer Lebenserfahrung, die Helmut Dietl ja gar nicht haben konnte, als er das schrieb. Einen ihrer besten Auftritte hat die Oma Häusler in der Folge »Glücksach«, wenn sie Max, den professionellen Spieler, der sich in ihrer Wohnung eingenistet hat, hinauswirft. Sie dreht nur den Kopf nach rechts, mit unabweisbarer Bestimmtheit. »Naus!«, sagt sie dann, hart und böse, und Max, der kein ungefährlicher Bursche ist, grinst verlegen und gehorcht. Wie so etwas geht, wusste Dietl vermutlich aus eigener Erfahrung. Alles andere hat wohl auch etwas mit Dietls leicht idealisierter Erinnerung an seine beiden Großmütter zu tun. Aber um eine so weise Person wie die Oma Häusler zu erfinden, muss man auch selbst eine gewisse Begabung zur Weisheit haben. Später, als die »Münchner Geschichten« fast schon historisch geworden waren, hat Dietl in Interviews gesagt, die Rolle sei eine Mischung aus seiner Mutter und der Großmutter gewesen.

Die »Münchner Geschichten« wurden zwischen Ende November 1974 und Anfang Februar 1975 ausgestrahlt, und sie waren ein Erfolg, bei der Kritik, beim Publikum, nicht nur in München und Umgebung, dort aber ganz besonders. Und wenn man nachliest, was über Dietl und die Serie geschrieben wurde, vor allem in den Boulevardzeitungen, die damals, in München, großen Wert auf Bildung, Kunstsinn, guten Geschmack legten, weil das ihr Publikum anscheinend so wollte – wenn man also nachliest, wer da von wem wofür gelobt wurde, erkennt man ohne großen interpretatorischen Aufwand, dass die meisten dabei über sich selbst schreiben. Über ein München, ein Bayern, über Menschen, die anders sind, als es das (norddeutsche) Klischee und erst recht die übliche bayerische Fiktionsproduktion zeigen, ohne den folkloristischen Überdruck, ohne Mia-san-mia-Behäbigkeit, ohne den ganzen weißblauen Quatsch. Es war, als wären die Leute unendlich dankbar dafür, dass Dietl ein München inszeniert hatte, zu dem man sich bekennen konnte. Und wenn man zwei, drei Halbe getrunken hatte und davon lustig geworden war, wenn man, angesteckt vom Tscharli, auch sich selbst eine »empfindliche Sensibilität« bescheinigen musste, dann konnte man sich direkt selbst porträtiert fühlen von den »Münchner Geschichten«. Dass diese Welt bedroht und eigentlich dem Untergang geweiht war, dass auch für den Tscharli die Jahre des Spinnens und des Müßiggangs vorbei sind, wenn er am Ende der Serie in ein teures Schwabinger Einzimmerapartment zieht: das wurde allseits erfolgreich verdrängt. Die »Abendzeitung« forderte, im Namen der Leser und ungezählter Leserbriefschreiber, dass die Serie fortgesetzt werden müsse.

XIII.

Neu, jung und angesagt

Helmut Dietl war jetzt berühmt. Was nicht ganz selbstverständlich war. Es war ja Fernsehen, und normalerweise kümmerten sich die Leute nicht darum, wer ein Fernsehspiel oder eine Serie geschrieben und wer sie inszeniert hatte. Berühmt waren die Schauspieler. Berühmt waren allenfalls Filmregisseure, Rainer Werner Fassbinder, den kannten auch Leute, die nie einen Film von ihm gesehen hatten, oder Volker Schlöndorff, Werner Herzog, die die Rollen der unangepassten Jungfilmer so publikumswirksam spielen konnten (und dafür auch schon ein paar Preise gewonnen hatten). Aber ein Anfänger, dessen Filmografie als Regisseur aus sechs Folgen einer Fernsehserie im Vorabendprogramm bestand – das war neu, und es blieb Helmut Dietls Privileg. Es war wohl zu dieser Zeit, Mitte der Siebziger, dass Helmut Dietl auch die Inszenierung seiner selbst perfektionierte. Den Bart trug er schon seit ein paar Jahren; wenn es hell genug war, auch eine Sonnenbrille in Tropfenform, der Pelzmantel aus Zürich fiel immer auf. Und im Rückblick sieht es so aus, als habe damals die Vorliebe für weiße Kleidung begonnen, für sehr helle jedenfalls, für Hemden, Hosen, Jacketts in fünfzig Schattierungen zwischen Hellbeige und Schneeweiß. Tamara Dietl ist sich allerdings sicher, dass ihr Mann erst Ende 1976 angefangen habe, Weiß zu tragen, nach dem Tod seiner Mutter. Das habe er ihr oft genug erzählt.

Es muss im Sommer 1975 gewesen sein, dem Sommer nach den »Münchner Geschichten«, dass auf der Schwabinger Leopoldstraße zwei sehr münchnerische Herren einander begegneten. Und diese Begegnung war so folgenreich, dass man auch mehrere Jahrzehnte danach nicht genau sagen kann, für welchen der beiden dieses Treffen das größere Glück bedeutet hat. Der eine war Dietl, der mit Barbara Valentin an einem Café vorbeischlenderte. Der andere saß im Café, grüßte, weil er sie ein wenig kannte, Barbara Valentin. Dietl, so steht es in seinen Notizen, wollte weitergehen, der Mann fragte die beiden, ob sie sich nicht zu ihm setzen wollten – so lernten Helmut Dietl und Helmut Fischer sich kennen. Die Legende geht ungefähr so, dass Fischer damals ein völlig erfolgloser Schauspieler gewesen sei, weitgehend unbekannt und so unterbeschäftigt, dass er sogar die Zeit fand, Filmkritiken für die »Abendzeitung« zu schreiben. Erst nach jener Begegnung sei die Karriere des Helmut Fischer, der damals fast fünfzig war, in Schwung gekommen. Das ist alles nicht verkehrt, aber doch nur die halbe Wahrheit. Denn erstens war Helmut Fischer immerhin in den Münchner »Tatort«-Folgen der Kriminalobermeister Ludwig Lenz, der Assistent des Kriminaloberinspektors Melchior Veigl (den Gustl Bayrhammer spielte) – und so ein »Tatort« hatte in den Siebzigern, als es nur drei Programme gab, im Schnitt fünfzehn Millionen Zuschauer. Und zweitens scheint Helmut Fischer nicht besonders ehrgeizig gewesen zu sein und schon gar nicht verzweifelt. Ähnlich den Männern, die er dann bei Helmut Dietl spielte, saß er gern im Café und blinzelte in die Sonne, ein Gesichtsausdruck, der ihm besonders gut stand. Wie groß die Sympathien füreinander bei jener ersten Begegnung waren, ist ungewiss. Ein halbes Jahr später bekam aber der »sehr geehrte Herr Dietl« einen Brief von Helmut Fischer, in dem der sich um eine Rolle bewarb, in einem Dietl-Film, von dessen Vorbereitung er in der »Abendzeitung« gelesen habe. Er könne praktisch alles spielen, schreibt Fischer da, selbst einem Bettnässer habe er schon einmal Profil gegeben, und Termine habe er auch noch frei. Man müsse sich bei den Dreharbeiten also nicht nach ihm richten. Sein Gesicht sehe man ja auf dem beigefügten Foto, allerdings sei er nicht ganz sicher, ob er den Scheitel links oder rechts tragen solle; für Anregungen sei er auch diesbezüglich dankbar. Der Brief endet damit, dass Fischer zu seiner Körpergröße keine Angaben machen möchte, »da ich kraft meiner schauspielerischen Verstellungstaktik von 150 cm bis 200 cm jedermann darzustellen in der Lage bin«. Wer solche Briefe schreibt, wird vom Ehrgeiz nicht gerade aufgefressen, und den Subtext dieses Briefs, dass nämlich Helmut Fischer am besten Helmut Fischer spielen könne, hat Helmut Dietl wohl sehr gut verstanden.

Die zweite, genauso wichtige Begegnung war nicht dem Zufall geschuldet, sondern der Notwendigkeit, endlich die Herrschaft der CSU in Bayern zu brechen oder zumindest zu unterminieren oder wenigstens ein Zeichen zu setzen, dass es auch jenseits der CSU ein Bayern gab und eine bayerische Kultur und Tradition. Bei der Landtagswahl 1974 holte die CSU fast die Zweidrittelmehrheit; Ministerpräsident war seit 1962 der joviale Unterfranke Alfons Goppel, der sich längst damit abgefunden hatte, dass er nicht allzu viel zu melden hatte in der Partei, deren Vorsitzender und alle überragende Figur Franz Josef Strauß war. Und Strauß war es, der alles, was links von der CSU war, nicht nur für vernunftwidrig und politisch inkompetent erklärte, sondern auch für unbayerisch, kalt, norddeutsch, der Lebensart der Bayern nicht angemessen. Peter Glotz, der damals stellvertretender bayerischer Landesvorsitzender und der tonangebende Intellektuelle der SPD war, hatte eine Aktion gestartet, die »Das andere Bayern« hieß und die der Behauptung der CSU, dass nämlich dieses ganze herrliche Bayern mit seinen Bergen und Seen und seiner Lebensfreude eigentlich ihr Werk sei, ein Bewusstsein von den liberalen und fortschrittlichen literarischen und künstlerischen Traditionen entgegensetzen wollte; recht eigentlich sei die bayerische Kultur, wenn man damit nicht nur Trachtenumzüge und Blasmusik meine, seit jeher eher links als konservativ gewesen. Eine Anthologie sollte Texte fortschrittlicher Autoren sammeln, und für deren Redaktion wurden Franziska Sperr und Patrick Süskind engagiert, zwei junge Menschen mit literarischen Ambitionen. Später, sehr viel später, als Süskind schon weltberühmt war, erzählten Leute, die so etwas zu wissen behaupteten, dass Süskind schon als sehr junger Mann davon gesprochen habe, dass er einen Weltbestseller schreiben und dann von dessen Erträgen leben werde. Damals war Süskind ein zurückhaltender junger Mann, bekannt allenfalls dafür, dass er der Sohn Wilhelm Emanuel Süskinds war, des Schriftstellers, berühmten Sprachkritikers und bedeutenden Redakteurs der »Süddeutschen Zeitung«. Dass Helmut Dietl etwas schreiben sollte für die Anthologie, fanden alle eine gute Idee. Denn erstens war er im Münchner Kulturbetrieb neu, interessant, angesagt. Und zweitens gehörte er nicht zu denen, die alles unterschrieben und immer dabei waren, wenn es nur gegen die CSU ging. Patrick Süskind hat, im Nachwort zu Dietls »A bissl was geht immer«, die erste Begegnung beschrieben. In der »Kulisse« seien sie verabredet gewesen, dem Café im Haus der Kammerspiele an der Maximilianstraße, und Dietl sei eine Viertelstunde zu spät gekommen, habe sich dafür entschuldigt, er sei eigentlich ein pünktlicher Mensch, nur habe er gerade den goldenen Mercedes seiner Freundin »zammgfahrn«, wie man in München sagt. Jürgen Dohme erinnert sich, dass Dietl, der junge jedenfalls, ein miserabler Autofahrer war; der goldene Mercedes sollte nicht das einzige Auto bleiben, das Dietl zu Schrott gefahren hat.

»Er warf eine Schachtel Gitanes und ein silbernes Cartierfeuerzeug auf den Tisch, rief nach Tee, zog die Nerzjacke aus und ließ sich stöhnend nieder. Sein Hemd stand drei Knopf weit offen und entblößte die schwarz behaarte Brust, am rechten Handgelenk trug er ein Silberarmband, am linken eine goldene Cartieruhr. So einem war ich bis dato noch nie begegnet.« Süskind, der im kulturbürgerlichen Milieu am Ostufer des Starnberger Sees aufgewachsen war, zwischen Ambach und Ammerland, erzählt, dass er diesen Mann als halbseiden empfand – aber nur für einen Moment. Kaum seien sie ins Gespräch gekommen, habe er, Süskind, schon gemerkt, dass Dietl ein gescheiter, belesener und sehr seriöser Mann gewesen sei und außerdem sympathisch. Was Dietl an dem Jungen fand, der außer einem noch unabgeschlossenen Studium der Geschichte wenig vorzuweisen hatte, ist nicht überliefert. Süskind erzählt, dass Dietl, nachdem er schnell und unmissverständlich seine Teilnahme an der Anthologie abgesagt hatte, das Gespräch bald umdrehte und die beiden, Franziska Sperr und Patrick Süskind, danach befragte, was sie so machten, wofür sie sich interessierten; und dass man ja eine Zusammenarbeit erwägen könne. Er habe so viel zu tun, er könne immer Hilfe brauchen.

Das klang sicher sehr wichtig und sollte auch so klingen, stimmte aber trotzdem – schon deshalb, weil Dietl, bloß weil er jetzt ein berühmter Fernsehserienautor geworden war, ja nicht aufgehört hatte, als Produzent zu arbeiten. Gerhard Freund hatte 1974 die Intertel verlassen, Dietl dann auch, weil er nicht Freunds Nachfolger wurde. Zusammen mit Jürgen Dohme und Bernhard Wicki hatte er eine neue Firma gegründet, Skorpion-Film. Und ungefähr zur gleichen Zeit muss es gewesen sein, dass die ersten Anfragen kamen, ob Dietl nicht Werbespots drehen wolle. Sein Debüt als Werbefilmer war ein Spot für den Weichspüler Lenor; es traten darin Ilse Neubauer (die schon in einer Folge der »Münchner Geschichten« mitgespielt hatte) und Helmut Fischer auf. Die Auftraggeber waren zufrieden mit dem Ergebnis, Dietl war zufrieden mit dem Honorar. Und so sollte es weitergehen. Er hatte ein Gespür dafür, die Oberflächen zum Leuchten zu bringen, er hatte ein Gefühl für die Pointen, die es braucht, wenn man nur eine halbe Minute Zeit für seine Botschaft hat. Anfangs allerdings galt er als »Slice of Life«-Spezialist, als einer also, der Werbung so aussehen lassen konnte, als wäre sie dem ganz normalen Leben ganz normaler Menschen abgelauscht. Und so inszenierte Dietl, wenn es sonst nichts zu tun gab, kurze Werbefilme, deren Honorare schon deshalb sehr gut waren, weil es Ruhm und künstlerische Anerkennung damit nicht zu verdienen gab.

Patrick Süskind hat sich immer dagegen gewehrt, eine öffentliche Figur, ein Prominenter zu sein, und so gibt es von ihm kaum Fotos und schon gar keine Jugendbilder. Man kann sich, wenn man Fotos von Süskind als Mittdreißiger betrachtet, den jungen Süskind aber ganz gut vorstellen. Ein 26-Jähriger mit runder Brille, beginnender Glatze, schüchternem Habitus und herausforderndem Blick, der sein Studium zwar noch nicht abgeschlossen hatte (und es niemals abschließen würde), der aber anscheinend von einer Menge Dinge, die auch Dietl interessierten, ganz ernsthaft etwas verstand. Von Musik zum Beispiel, von Franz Schubert, über den Dietl einen Film zum 150. Todestag im Jahr 1978 schreiben und inszenieren wollte.

Und so war Patrick Süskind tatsächlich ein, zwei Wochen später zum Tee eingeladen, in die neue Wohnung in der Stollbergstraße, wohin Dietl gerade mit Barbara Valentin gezogen war. Die Stollbergstraße ist eine kleine Nebenstraße der Maximilianstraße, mitten in der Innenstadt und zugleich nah bei der Isar und dem Englischen Garten. Dritter Stock, mit Blick auf den Hinterhof der Kammerspiele, viel besser konnte man, jedenfalls wenn man mittendrin sein wollte, in München nicht wohnen. Die Wände, schreibt Süskind, waren mit Stoff bespannt, dazu helle Teppiche, schwere Vorhänge, riesige Sofas. Süskind ist sich sicher, dass das der Geschmack von Barbara Valentin war, die er als geradezu furchterregende Person beschreibt, von fordernder Körperlichkeit und, wenn sie wütend wurde, mit einem Hang zu derben und vulgären Ausfällen. Püppilein habe Dietl sie unpassenderweise genannt.

Nur das Arbeitszimmer scheint Süskind gefallen zu haben, Bücherregale, zwei Ledersofas und ein großer schwerer Schreibtisch, der, weil Süskind schon mal da war, von einer Ecke in die andere gerückt und geschoben werden musste. Das Ritual habe sich wiederholt bei seinen nächsten Besuchen, nahezu jeder mögliche Standort musste ausprobiert werden, und es habe eine Weile gedauert, schreibt Süskind, bis er begriffen habe, worum es hier ging: Wie auf ein Filmset habe Dietl auf sein Arbeitszimmer geschaut, ein Kameraschuss von der Tür auf den Schreibtisch, der Gegenschuss vom Schreibtisch zurück. Und mittendrin, so möchte man hinzufügen, Helmut Dietl in der Rolle des Helmut Dietl, der für seinen Lebensfilm die perfekten Kulissen braucht. Aus der Ferne betrachtet, lag es immer nahe, die Stilisierungen des Helmut Dietl als eine nach außen gerichtete Abwehrmaßnahme zu verstehen, als Rolle, die er spielte, damit die Öffentlichkeit ihre Bilder von ihm hatte und ihn im Übrigen in Ruhe ließ. Süskinds Erinnerung an diese Besuche suggerieren das Gegenteil: dass Helmut Dietl auch für sich selbst sein Leben und dessen Hauptdarsteller mit großer Sorgfalt zu inszenieren versuchte.

Es sei der Beginn einer großen, langen Freundschaft gewesen, hat Dietl notiert, und dass es eine Arbeitsfreundschaft wurde, lag vielleicht nur daran, dass diese Arbeit das beste Medium war, in dem sich diese Freundschaft entfalten und entwickeln konnte. Trotzdem fragt man sich natürlich im Nachhinein, ob Dietl irgendwie ahnte oder spürte oder sah, dass dieser schüchterne Junge nicht nur ein angenehmer Umgang und ein ebenbürtiger Gesprächspartner war. Sondern dass Süskind über ein ebenso großes Talent zum Erfolg verfügte wie er, Dietl, selbst. Dietl erwähnt in seinen Notizen, dass sie gemeinsam, in Barbara Valentins goldenem Mercedes, nach Wien gefahren seien, später nach Fehmarn, wo Barbara Valentin drehte, wobei sie einen Abstecher nach Klingenberg machten, die fränkische Kleinstadt am Main, wo sie bei dem Lackfabrikanten Helmut Hemmelrath vorbeischauten, einem sehr reichen Mann aus der Provinz, der sehr gern nach München kam, dort sein Geld ausgab, Valentin und Dietl zum Beispiel einlud zu sehr teuren Abendessen. Und aus dem, zehn Jahre später, in der Serie »Kir Royal«, der reiche Fabrikant Heinrich Haffenloher werden sollte.

Patrick Süskind erzählt, dass er, als Aufnahmeprüfung gewissermaßen, ein Treatment zur Verfilmung eines Kolportageromans schreiben sollte. Und offenbar bestand er die Prüfung. Seitdem hätten sie zusammen gearbeitet und geschrieben, lauter Projekte, aus denen erst einmal nichts wurde, eine Serie über den König Ludwig II. und jener Schubert-Film, an dem sie ein Jahr lang arbeiteten, das Drehbuch auch honoriert bekamen, nur produziert wurde er nicht. Süskind schreibt, er habe viel gelernt über Disziplin, Ausdauer und den Mut, eine Sache auch mal zu verwerfen. Und er schwärmt davon, wie gut und schnell und ohne große Umschweife und Missverständnisse der jeweils eine verstanden habe, was der jeweils andere meinte.

Als ich Patrick Süskind im Frühjahr 2016 in seiner Münchner Arbeitswohnung besuchte, wies er mir einen Platz auf dem Sofa an, er selbst setzte sich hinter den Schreibtisch, auf dem, wenn ich mich richtig erinnere, eine elektrische Schreibmaschine stand. Genau so habe man gesessen beim Drehbuchschreiben, Dietl auf dem Sofa, Süskind an der Schreibmaschine.

Genau so, sagte ich, habe ich mir das auch vorgestellt: dass Dietl nämlich eine Menge Ideen gehabt und viel erfunden habe; dass aber Süskind den Dialogen den nötigen Schliff, die letzte Präzision gegeben habe.

Nein, sagte Süskind, er habe eben getippt. Den Feinschliff hätten sie zusammen besorgt.

Manchmal, so erinnert sich Barbara Valentins Sohn Lars Reichardt, sei Patrick Süskind mit seiner Nudelmaschine in die Stollbergstraße gekommen, habe Teig geknetet, Nudeln geformt und die dann an einer Wäscheleine aufgehängt. Er habe viel geraucht beim Kochen, aber seine Nudeln seien sehr gut gewesen, so gut, dass sie auch Barbara Valentin schmeckten – obwohl doch offensichtlich war, dass die beiden, Süskind und Valentin, einander nicht mochten. Er empfand sie als vulgär, als eine Frau mit sehr schlechtem Geschmack, als eine Person, mit der er nichts zu besprechen hatte. Sie hielt ihn ganz offensichtlich für einen Schnösel und Stubenhocker. Es gab aber andere Gäste, die häufig in die Stollbergstraße kamen. Und die Süskind ganz anders einschätzten. Dieter Hildebrandt sei häufig gekommen, Helmut Fischer sowieso, Kurt Raab und andere aus der Fassbinder-Welt, zu welcher Barbara Valentin ja weiter, irgendwie, gehörte. Im Jahr 1974, in dem der manische Fassbinder unglaubliche sechs Filme und Fernsehspiele herausgebracht hatte, war sie in fünf davon aufgetreten, in »Angst essen Seele auf«, »Nora Helmer«, »Fontane Effi Briest«, »Martha« und in »Faustrecht der Freiheit«. Ihre nächste Rolle bekam sie allerdings erst 1979, in »Berlin Alexanderplatz«, in dem sie Ida spielte, Franz Biberkopfs Braut, die der im Streit erschlagen hat, weshalb er für vier Jahre ins Gefängnis muss. Keine sehr große Rolle also, eine Rückblende in der ersten Folge. Eine Todesfolge für sie.

Christine Kaufmann schreibt in ihrer Autobiografie,

dass sie zwar mit Dietl und Valentin befreundet gewesen sei. Recht eigentlich aber sei sie wegen Süskind gekommen, den sie angeschmachtet habe, als wäre sie Scarlett O'Hara in »Vom Winde verweht«. Und er wäre Ashley Wilkes. Einen »fernen, hellen« Mann nennt sie ihn – ihr damaliger Lebensgefährte schlug Süskind dafür ins Gesicht. Später, so erzählt Christine Kaufmann weiter, habe er ihr sehr geholfen beim Schreiben eines Schönheits- und Gesundheitsbuchs, das der Verlag aber trotzdem abgelehnt hatte, mit der Begründung, der Text lasse keinerlei literarische Begabung erkennen. Später erzählte Christine Kaufmann auch, es habe ein Dreiecksverhältnis gegeben zwischen ihr, Barbara Valentin und Helmut Dietl, wobei es Barbara Valentin gewesen sei, in die sie eigentlich verliebt war, während sie Helmut Dietl als grantig und engherzig empfunden habe. Nur beim Drehen, als Regisseur, habe sie ihn als liebenswürdigen Menschen erlebt.

Diese Jahre, um die Mitte der Siebziger herum, seien womöglich Barbara Valentins beste Jahre gewesen, erinnert sich ihr Sohn. Sie spielte in den ernst zu nehmenden Filmen ernst zu nehmender Regisseure; sie hatte einen Mann, der sie als ebenbürtige Partnerin betrachtete. Und so schrecklich, wie Süskind das beschreibt, sei die Wohnung gar nicht eingerichtet gewesen. Anfang des Jahres 1976 heirateten sie, in Panama, wo Barbara Valentin drehte – und man ist versucht, sich auch Helmut Dietl in jener Zeit als einigermaßen glücklich vorzustellen, als Regisseur und Autor eines Lebens, das fließende Übergänge in die Welt der Filme und Fernsehserien hat. Süskind erinnert sich, dass Dietl und Valentin viel gestritten hätten, heftig, laut und manchmal auf so derbe Art, dass man sich als Zeuge fast geschämt habe für sie. Reichardt erinnert sich an die vielen Gäste, die eigenwillige und inspirierende Mischung aus Schickeria, Boheme, Kulturbetrieb. Und als Helmut Dietl und Patrick Süskind musste man vielleicht nur genau zugucken und zuhören und vielleicht ein paar Notizen machen, um Rohstoff zu sammeln für den »Ganz normalen Wahnsinn«, den »Monaco Franze«, für »Kir Royal« und »Rossini«.

Manchmal, so erzählt Süskind, wenn er zum gemeinsamen Schreiben in die Wohnung in der Stollbergstraße kam, sei er dort einer Frau in ihren Fünfzigern begegnet, die sehr still und zurückhaltend gewesen sei, meist einen Kittel getragen habe und im Flur die Hemden bügelte. Er habe sie erst für die Zugehfrau gehalten, aber dann wurde er ihr vorgestellt. Es war Else Dietl-Greiner, Dietls Mutter, die sich an ihren freien Tagen um den Haushalt des Sohnes und der Schwiegertochter kümmerte. Sie sei so unauffällig gewesen, er könne sich eigentlich nur noch an ihre Unauffälligkeit erinnern, schreibt Süskind. Und wer Dietls Werk kennt, hat natürlich Erni Singerl vor Augen, in »Kir Royal«, Folge »Muttertag«, wo sie die Mutter von Baby Schimmerlos spielt, eine einfache Frau, die in einem bescheidenen Haus in der Einflugschneise des Flughafens Riem wohnt und manchmal in die Stadt fährt, um sauber zu machen in der Wohnung ihres Sohnes. Am Ende dieser Folge stirbt die Mutter, und Baby Schimmerlos sitzt auf den Stufen der Ruhmeshalle, und während Münchens bessere Gesellschaft ihr Sommerfest feiert und der Ministerpräsident in seiner Festrede die Heiterkeit dieses Abends und die Lebenslust der Bayern beschwört, heult Schimmerlos. Und kann nicht aufhören damit.

XIV.

Der reine Wahnsinn

Am 3. Dezember 1976 starb, ohne dass man vorher Warnzeichen oder eine Krankheit gesehen hätte, Else Dietl-Greiner in ihrer Wohnung an einem Herzinfarkt. Sie war 57 Jahre alt, und ihren Sohn riss dieser Tod aus einem Leben heraus, das von außen glücklich aussah und das er wohl auch selbst als einigermaßen gelungen empfand. Süskind berichtet, er habe geschrien am Telefon, laut und verzweifelt, als ob jemand erstochen würde. Dietl schreibt in seinen Notizen, er habe es nicht verstanden. Und dass danach nichts mehr wie vorher gewesen sei.

Was wohl mehr als eine Floskel und alles andere als eine Übertreibung ist. Die Mutter war ihm ja nie die Erziehungsberechtigte gewesen, die Aufsichtsperson, die Autorität, von der er sich irgendwann hätte unabhängig machen müssen. Sie war ihm viel eher die beste Freundin, die Vertraute, die einzige Person, auf die er sich immer und unter allen Umständen verlassen konnte. Karin Dietl-Wichmann erzählt, dass damals, als Dietl weggegangen sei von Elfie Pertramer, es die Mutter war, die ihm das Geld für den Flug nach Rom gegeben habe. Und wenn Dietl immer wieder davon erzählt hat, wie viel von seiner Mutter in der Rolle der Oma Häusler steckte, dann wird es nicht das Alter gewesen sein, Else Dietl-Greiner war 21 Jahre jünger als

Therese Giehse. Es waren eher die Lebensklugheit und die Moral, diese warme, tolerante und absolut unabweisbare Menschenfreundlichkeit, die diese Rolle mit Dietls Mutter verbanden. Dass die Mutter in die Wohnung kam, um zu bügeln, lag sicher nicht daran, dass ihr Sohn sich keine Zugehfrau hätte leisten können. Es war eher so, dass allein die Gegenwart dieser Frau den aufstrebenden jungen Mann an seine eigenen moralischen Maßstäbe erinnerte. Ohne diese Gegenwart, so beschreibt er es selbst, war er verloren.

Es waren Barbara Valentin und die Fassbinder-Leute, die Helmut Dietl und das Kokain zusammenbrachten, erzählt Jürgen Dohme. Es war der Tod der Mutter, der seine Widerstandskräfte dagegen schwächte, sagte wohl schon damals Helmut Dietl. Er betäubte sich mit Arbeit, mit Alkohol, mit Drogen und erotischen Abenteuern, erinnert sich Patrick Süskind. Er setzte seine Freiheit aufs Spiel, seine Gesundheit, vielleicht sogar sein Leben, und Dohme kann sich erinnern, dass Dietl manchmal im Auto, mitten im Verkehr am hellen Tag, eine Linie hochgezogen habe, ohne sich darum zu kümmern, ob andere ihn dabei beobachteten. Im »Romagna Antica«, dem italienischen Restaurant in Schwabing, das damals zum Stammlokal der Filmer wurde, sei Dietl in einer unverschlossenen Klokabine gesessen und habe da geschnupft. Wie Fassbinder zu der Droge stand, hat er ja damals selbst vorgeführt, in seiner Episode für den Film »Deutschland im Herbst«, in der er, schwitzend und hocherregt und äußerst ungesund aussehend, in seiner Wohnung im Gärtnerplatzviertel sitzt und schnupft und schnupft, als würde das helfen.

Wie Fassbinders Clique es mit der Droge hielt, habe ich selbst, am Rande, mitbekommen. Ich war 18 geworden im Sommer 1977, und im Herbst bezog ich eine kleine Wohnung in der Nymphenburgerstraße, von wo aus das nächste erreichbare und annehmbare Lokal das »St. Barbara« in der Albrechtstraße war, und dort, das merkte ich nach wenigen Besuchen, musste es ein Hinterzimmer geben oder eine Wohnung darüber, denn fast jeden Abend kamen Menschen aus der Fassbinder-Welt ins Lokal, verschwanden aber gleich wieder, ohne dass sie den Ausgang benutzt hätten. Und wenn ich drei Biere lang blieb, sah ich sie manchmal wiederkommen, aufgekratzt, völlig überdreht. Und in der »Klappe«, Beichstraße/Ecke Fendstraße in Schwabing, wo sich für ein paar Jahre die Filmer mit denen trafen, die von ihnen entdeckt werden wollten, in der »Klappe«, in die ich mich, wegen der hohen Preise und der Arroganz des Personals, nur selten traute, ging so gut wie nie ein Gast allein zu den Toiletten. Und alle kamen aufgeputscht wieder heraus.

Kokain zu schnupfen, hatte ja eine gewisse Tradition bei Münchens Künstlern und Bohemiens. In den Zeiten, nach denen sich der sehr junge Dietl so gesehnt hatte, in der Boheme der vorletzten Jahrhundertwende, war Kokain der Stoff, der die Nächte in Schwung und die Künstlergedanken in Bewegung brachte. Seit 1862 wurde Kokain von der Chemiefirma Merck in Darmstadt hergestellt; verboten wurde es erst im Jahr 1930. »Ein Denker hielt mit Kokain sich wach. Am Tisch daneben spielte Mühsam Schach«, so beschrieb Johannes R. Bechers gleichnamiges Gedicht das »Café Stefanie«, das populärste unter den Künstlerlokalen jener Zeit. Später, nach dem Ersten Weltkrieg, als die Münchner Boheme zerschlagen und zerfallen war, schrieb Walter Rheiner in Berlin und Dresden die Novelle »Kokain«, die vom Verfall einer Seele und von der Zerstörung eines Willens ohne Hoffnung auf Umkehr erzählte. Ein paar Jahre später brachte er sich um.

In den späten Siebzigern in München war Kokain gewissermaßen das Gegengift gegen das verkiffte Hippietum und die ideale Droge für alle, die viel arbeiten und viel feiern wollten und fanden, dass dabei einfach keine Zeit bleibe, sich auszuschlafen. Außerdem war es teuer, was die Droge zum exklusiven Vergnügen derer, die sie sich leisten konnten, machte. Dass das Kokain, wenn man sehr lange sehr viel davon schnupft, die Nerven zerrüttet und einen Hang zur Paranoia fördert und außerdem eine Eisschicht über die Gefühle legt: Das merkt man leider meistens erst dann, wenn man sich ans Koksen schon sehr gut gewöhnt hat.

Helmut Dietl arbeitete viel. Er inszenierte, wenn sonst nichts anstand, Werbefilme. Er schrieb, zusammen mit Süskind, den Schubert-Film zu Ende. Er fing an, eine neue Fernsehserie zu entwickeln, den »Ganz normalen Wahnsinn«. Und er gründete eine neue Firma, die Balance-Film, zusammen mit Dohme und mit den Regisseuren Dieter Wedel und Tom Toelle, die beide, wegen ihrer Vorliebe für sogenannte brisante Themen und weil ihre Fernsehspiele im Abendprogramm liefen, in der Hierarchie des deutschen Fernsehens höher als Dietl standen – auch wenn die »Münchner Geschichten« schon damals beim Publikum viel beliebter waren als die gesammelten Werke von Wedel und Toelle. (Sie sind, nebenbei, auch besser gealtert.) Aber Dietl, das lief unter Unterhaltung, das war Vorabendprogramm. Und im Vorabendprogramm ging es auch weiter für Helmut Dietl – wobei man sich im Nachhinein fragt, ob das nicht ein Glück war. Heute kommt es einem so vor, als wäre dort, auf dem nicht ganz ernst genommenen, aber sehr populären Sendeplatz gegen sieben Uhr abends, die Freiheit des Autors und Regisseurs viel größer gewesen. Die Freiheiten beim Erzählen, beim Schreiben der Dialoge, beim Besetzen der Rollen: Towje Kleiner, im »Ganz normalen Wahnsinn« als der Schriftsteller und Journalist Maximilian Glanz, das wäre auf einem späteren Sendeplatz ein Problem gewesen. Nicht wegen des Dialekts, Kleiners Münchnerisch wurde auch in Norddeutschland gut verstanden. Es war eher das Neurotische und Unruhige, das Idiosynkratische und das manchmal schwer verständlich Unversöhnliche an dieser Figur, das ja das Wesen dieser Rolle war. Und das doch, zwölf Folgen lang im Hauptprogramm, schon die Verantwortlichen der ARD überfordert hätte. Und das Publikum womöglich auch. Solche Figuren gab es im deutschen Fernsehen nicht. Solche Figuren gab es allenfalls im Kino, in Filmen, die dann aber in Manhattan spielten – und genau das, erzählt Jürgen Dohme, war auch Helmut Dietls Inspiration für die Serie. Er liebte Woody Allen. Bald lernte er, mehr noch Billy Wilder und Ernst Lubitsch zu verehren, mitteleuropäische Juden, die in Hollywood genau den Witz, die Sophistication, den wunderbar urbanen Stil und Rhythmus entwickelt hatten, nach dem auch Dietl strebte.

Helmut Dietl, in seinen Notizen, deutet an, dass er erst die Serie entwickelt und dann nach dem richtigen Hauptdarsteller gesucht habe. Auch an Dieter Hildebrandt, den Kabarettisten, habe er gedacht. Jürgen Dohme erinnert sich aber, dass Dietl die Rolle gewissermaßen abgeschrieben habe – beim realen Towje Kleiner, bei dessen Art zu reden und sich zu bewegen, bei dessen ganzem Habitus. Und wer sich Bilder aus der Zeit der Dreharbeiten anschaut, wird staunen darüber, wie ähnlich sich die beiden plötzlich sind, Kleiner und Dietl, beide weiß gekleidet, mit Brille, eine gewisse aufsässige Nachdenklichkeit im Gesicht.

Vermutlich stimmt beides. Vermutlich war die Grundidee – dass nämlich Männer und Frauen, bei noch so großer Liebe, nicht zusammenleben können, nicht auf Dauer jedenfalls, nicht wenn sie beide selbstbewusst sind und eigensinnig und vielleicht auch ein bisschen rechthaberisch; dass aber das Streiten miteinander vielleicht die perfekte Form ist, so eine Liebe intensiv zu spüren und zu erleben –, vermutlich war diese Grundidee schon in Dietls Kopf zu einem Zeitpunkt, als die Frage, wer die männliche Hauptrolle spielen solle, noch längst nicht beantwortet war. Towje Kleiner hat später erzählt, dass die Serie »Liebesgeschichten« heißen sollte, und bei den Hauptrollen habe Dietl an Helmut Griem und Senta Berger gedacht. Helmut Griem als Maximilian Glanz, das kann man sich heute kaum vorstellen. Griem war ja damals einer der weltberühmtesten deutschen Schauspieler, er hatte in »Cabaret« gespielt und gleich in zwei Filmen von Luchino Visconti, und je internationaler die Filme waren, desto deutscher war Helmut Griem darin, blond und aus Hamburg, ein Mann mit Klasse, aber in jeder Hinsicht das Gegenteil des Münchner Juden Towje Kleiner. Helmut Fischer, als Sidekick des Helden, war schon besetzt – und Fischer, so erzählt es Kleiner, war es, der ihn ins Spiel gebracht habe. Er, Kleiner, habe also vorgespielt, bisschen schneller und nervöser, als das im Drehbuch angelegt war, und Helmut Dietl sei gleich ganz begeistert gewesen. Die Leute vom Bayerischen Rundfunk dagegen, die seien entsetzt gewesen angesichts dieses Antihelden, und es habe Dietl viel Energie und Überredungskunst gekostet, Towje Kleiner durchzusetzen. Und zugleich stimmt wohl auch Dohmes Erinnerung: dass, als Kleiner dann besetzt war, Dietl sich von seinem Hauptdarsteller heftig inspirieren ließ.

Was aus dem »Wahnsinn« geworden wäre, wenn Senta Berger zugesagt hätte: Darüber kann man nur spekulieren. Sie war damals in ihren Dreißigern, noch berühmter als Helmut Griem, vor allem in Italien, umwerfend schön und sinnlich schon auf den ersten Blick, sehr blond – ein Wesen, das anscheinend aus einer ganz anderen Welt als Towje Kleiner kam, weshalb man sich den Zusammenprall der beiden ganz gut vorstellen kann: hoch energetisch, sehr explosiv. Senta Berger erinnert sich, dass Jürgen Dohme sie gefragt habe, und dann sei sie tatsächlich in Dietls Schwabinger Büro gekommen, um über das Projekt zu sprechen. Barbara Valentin sei auch dabei gewesen, habe hinter Dietl gestanden oder neben ihm am Schreibtisch gesessen und seltsame Fragen gestellt – so, als ob das eine Aufnahmeprüfung wäre. Senta Berger fand das unpassend, Dietl habe sich aber darüber amüsiert, schließlich habe sie aber, was an Drehbüchern schon geschrieben war, mitgenommen und gelesen und für sehr gut befunden. Und dann trotzdem abgesagt, weil Dietl und Dohme von ihr eine feste Zusage wollten, obwohl sie selbst noch längst keine feste Zusage vom Bayerischen Rundfunk hatten. Und zugleich gab es für Senta Berger Filmrollen in Italien und ein Engagement an den Münchner Kammerspielen, Projekte, die sie nicht absagen wollte für eine Serie, die womöglich gar nicht gedreht werden würde.

Sie wurde dann aber gedreht, und Monika Schwarz wurde engagiert, eine Münchner Schauspielerin, die sich damals, wohl weil es moderner klang, Mo nannte. Und nicht halb so berühmt wie Senta Berger war – auch wenn sie, ein paar Jahre zuvor, in der Serie »Der Bastian« mitgespielt hatte, einem der größten Hits im Vorabendprogramm des ZDF, 13 Folgen, die bis zu 15 Millionen Zuschauer hatten. Ein großer Star war sie trotzdem nicht, niemand, der schon ein riesiges Image mit hineingebracht hätte in die Rolle, was der Serie dann ganz gut tat. Mo Schwarz sprach ein schönes, gutbürgerliches Münchnerisch, sie war attraktiv, aber auf eine fragile und leicht neurotische Art, und ihr ganzer Habitus, ihre Art, ein Nachthemd zu tragen oder sich die Haare zusammenzustecken oder durch die schicken Münchner Einkaufsstraßen zu flanieren, hatte einen bürgerlichen Grundton, der damals, in den späten Siebzigern, vielleicht ein wenig altmodisch, aber zugleich liebenswert und eigensinnig wirkte.

Es geht mehr um Maximilian als um Gloria im »Ganz normalen Wahnsinn«, sie sind, nach den klassischen dramaturgischen Regeln, Protagonist und Antagonistin, und in fast jeder Folge gibt es einen Showdown, der unentschieden ausgeht. Es geht um die Frage, »Warum sich der Einzelne nicht wohlfühlt, obwohl es uns doch allen so gut geht«: Genau so soll das Buch heißen, an dem Maximilian arbeitet, eine sozialpsychologische Studie, mit der er vor allem sich selbst erklären will, warum er so ist, wie er ist. Und aus der Distanz von ein paar Jahrzehnten staunt man tatsächlich darüber, wie gut es in dieser Serie allen geht. Maximilian arbeitet, anfangs, bei einer Zeitung. (Immer wieder spielt die Serie im berühmten Paternoster, der durchs alte Redaktionsgebäude der »Süddeutschen Zeitung« an der Sendlinger Straße fuhr.) Seine Aufgabe ist es, Leserbriefe zu beantworten, wofür er nicht mehr als eine halbe Stunde täglich braucht, aber anscheinend wird er gut genug bezahlt, um sich ein Loft (oder wie immer man damals eine zur Wohnung umfunktionierte Werkstatt im Hinterhaus nannte) zu leisten und ein schönes Alfa-Romeo-Cabriolet. Gloria ist die frisch geschiedene Frau eines reichen Mannes. Anscheinend reicht ihr, was er ihr bezahlt, sie nimmt zwar immer mal wieder eine Stellung an, aber dringend zu brauchen scheint sie das nicht. Maximilians bester Freund Lino (den eben Helmut Fischer mit unwiderstehlicher Strizzihaftigkeit spielt) arbeitet gar nicht, lebt vom Vermögen seiner Mutter und ist immer sehr gut angezogen. Und Glorias beste Freundin Aline (von Barbara Valentin gespielt) hat einen kleinen Wollladen, kann sich von dessen Erträgen aber eine schöne Altbauwohnung leisten, in der auch Platz genug ist für Gloria, wenn die sich mal wieder mit Maximilian überworfen hat. Dass es schwierig sein könnte, in München ein gutes Leben zu haben, merken Gloria und Maximilian erst, als sie eine neue, gemeinsame Wohnung suchen. Und der Makler fast verzweifelt über die Unvereinbarkeit dessen, was die beiden sich wünschen, mit der Summe, die sie zahlen wollen. Nichts, schreit er sie an, überhaupt nichts gibt es. Und wenn es doch etwas gibt, dann nicht für die achthundert Mark im Monat, die sie zahlen können.

Die Geschichte der Streits, zwölf Folgen lang, das sei eigentlich die Geschichte von Helmut Dietl und Barbara Valentin gewesen, sagen die, die dabei waren bei den Dreharbeiten – und besonders verrückt sei es gewesen, dass

Barbara Valentin, als Sidekick der Heldin Gloria, gewissermaßen direkt mitansehen konnte, wie sich ihr Leben in eine Fernsehserie verwandelte, ohne dass sie irgendwelche Mitspracherechte beim Drehbuch gehabt hätte. Auf den ersten Blick sieht man mehr Unterschiede als Gemeinsamkeiten zwischen der üppigen, großen und manchmal etwas derben Barbara Valentin und der eher zarten Mo Schwarz mit ihren gutbürgerlichen Manieren, aber auf den zweiten Blick ist es extrem reizvoll, die beiden quasi als eine Person zu betrachten: Gloria, die einfach nicht aufhören kann, Maximilian zu lieben, auch wenn er sich noch so grässlich und unverständlich benimmt. Und ihre beste Freundin Aline, quasi Glorias personifiziertes Über-Ich, die Frau, die darauf besteht, dass Frauen sich von Männern überhaupt nichts gefallen lassen dürfen. Und die ihren eigenen Mann, den Kurt Raab mit exzentrischer Unterwürfigkeit spielt, wie einen Diener hält. Barbara Valentin, besetzt als ihr eigenes Über-Ich, das funktioniert in der Serie schon deshalb sehr gut, weil man die Ähnlichkeiten zwischen der fiktionalen Gloria, die ihr reiches, bürgerliches Leben in einem südlichen Villenviertel (das Haus ihres Exmannes sieht sehr nach Grünwald aus) aufgibt, und der realen Barbara Valentin, die ja auch irgendwann keine Lust mehr hatte auf den seriösen Würmtallebensstil, nur als Grundspannung im Hintergrund spürt. Oder beim Zusehen schnell vergisst, weil Mo Schwarz als Gloria präsent genug ist. Aus der Perspektive des Autors Dietl ist es womöglich einigermaßen übergriffig, seine Frau so zu besetzen. Wie Barbara Valentin selbst das fand, ist leider nicht bekannt. Beim Zuschauen meint man aber, eine große Freude der Schauspielerin an dieser Rolle zu spüren.

Wie sich Maximilian Glanz und Helmut Dietl zueinander verhielten, das ist noch sehr viel komplizierter. Dass Maximilian das Selbstporträt Dietls in jener Zeit sei, das kann schon deshalb nicht sein, weil Maximilian eben auch das Selbstporträt Towje Kleiners ist – und dass die beiden, Kleiner und Dietl, nicht so ein Zwillingspaar ergeben wie Halmer und Dietl, das liegt nicht nur daran, dass Towje Kleiner ein Jude war und Dietl nicht – daran liegt es aber auch. Vielleicht verkörpert Kleiner ja den Wunsch Dietls, noch weniger deutsch zu sein, als er das ohnehin war. Vielleicht war diese Figur Maximilian Glanz der Versuch Dietls, dem wirklichen München einen Entwurf einer anderen Stadt entgegenzusetzen, einer kosmopolitischeren, urbaneren, nervöseren Stadt, deren Verkörperung eben Towje Kleiner war. (Als die Serie zum ersten Mal ausgestrahlt wurde, war ich Student, legte meine Lehrveranstaltungen so, dass ich keine Folge verpassen konnte, wollte unbedingt im München dieser Serie und nicht in meinem Studenten-München leben und streifte, wenn ich Zeit und Geld genug dafür hatte, durch Cafés und Bars, in denen ich Menschen wie Maximilian, Gloria, Lino zu treffen hoffte.)

Was Maximilian Glanz und Helmut Dietl gemeinsam hatten, war, wie schon erwähnt, eine Vorliebe für weiße Anzüge, eine Freude an hellen, modernen und sehr schicken Möbeln (in Maximilian Glanz' Loft stehen Stühle von Eero Saarinen und ein Tisch von Mario Bellini) sowie eine gewisse Skepsis gegenüber allem, was wie ein allgemeiner Konsens, eine allseits geteilte Übereinkunft aussah. Beide praktizierten ihren Widerspruch, ohne sich bei einer Gruppe, einer Theorie oder Ideologie rückzuversichern.

Vor allem haben aber beide, Maximilian wie Dietl, einen Hang zum Untergang – und hier spiegeln, ergänzen und widersprechen sich die Geschichten von Maximilian Glanz auf eine spannende, verrückte und manchmal fast schon tragische Weise.

Bei Helmut Dietl, aus der Bahn geworfen vom Tod der Mutter und von den Drogen, ging es jetzt um Leben und Tod – in dem Sinn jedenfalls, dass er sich anscheinend selbst nicht sicher war, ob und wie er weiterleben wollte. Dass er zeitweilig nur noch fünfzig Kilo gewogen habe, schreibt er in seinen Notizen. Dass er einmal, bei Dreharbeiten in einer Wohnung im Lehel, sich immer wieder habe zurückziehen müssen in ein total überheiztes Zimmer, weil er so fröstelte vom vielen Kokain, erzählt Jürgen Dohme. Gruppensexpartys, Swingerklubs, manchmal auch die noch härteren Drogen Opium und Heroin. Und in Momenten der Klarheit und Nüchternheit das Gefühl, dass er womöglich längst verloren sei.

Die Untergänge des Maximilian Glanz sind dagegen gemäßigter und leichter verkraftbar für ein großes Fernsehpublikum. Maximilian kündigt sein Loft, obwohl er keine neue Wohnung gefunden hat, und so müssen Gloria und er in eine Pension ziehen. Maximilian verliert seine Anstellung bei der Zeitung, weil er keine Lust mehr hat, freundliche Antworten auf dumme Leserbriefe zu schreiben. Maximilian verjubelt auf einer Reise nach Cannes zu den Filmfestspielen nicht nur den Vorschuss auf sein Buch, sondern macht so große Schulden, dass Gloria und er die soeben eingerichtete Wohnung wieder aufgeben und in ein möbliertes Zimmer ziehen müssen. Und als Maximilian, völlig unverhofft, mit einem Theaterstück, das er vor

Jahren geschrieben und fast schon vergessen hatte, ganz groß herauskommt und endlich richtig Geld verdient, hebt er erst einmal alles ab, trägt es in einem Koffer bei sich und verspielt es schließlich im Casino von Bad Wiessee.

In der ersten Folge, wenn Maximilian und Gloria sich wunderbarerweise bei einem Autounfall kennenlernen und dann den ganzen Tag miteinander verbringen, sitzen die beiden irgendwann auch im Dianatempel im Hofgarten, und Maximilian versucht, ihr zu beschreiben, warum er ein Buch mit dem Titel »Woran es liegt, dass sich der Einzelne nicht wohlfühlt, obwohl es uns allen so gut geht« schreiben will, was dadrin stehen soll und was das Fazit des Werks sein soll. »Men ken leben nor men lost nisht«, darum geht es, sagt Maximilian (und zitiert, ohne die Quelle zu nennen, damit den Titel jenes jiddischen Musicals, dessen größter Hit der Song »Bei mir bistu shein« war). Es ist aber, je weiter die Serie geht, nicht irgendein »man«, das Maximilian nicht leben lässt; es ist schon er selbst – und manchmal sieht es so aus, als ob Helmut Dietl beim Schreiben und Inszenieren die Kontrolle über diese Figur entglitten sei. In den letzten Folgen bekommt Maximilian Glanz, der anfangs doch fast ein Held war, ein sehr eigenwilliger zwar, aber doch ein Mann, der sehr gute und bedenkenswerte Motive für seine totale Unangepasstheit und karrieretechnische Unbrauchbarkeit nennen kann, in den letzten Folgen bekommt Maximilian etwas Clowneskes. Und Jürgen Dohme erzählt, dass Towje Kleiner das natürlich bemerkt habe, dass also das Verhältnis zwischen ihm und Dietl, das doch so freundschaftlich und zeitweise geradezu zwillingsbruderhaft gewesen sei, im Lauf der Dreharbeiten immer schlechter geworden sei. Towje

Kleiner sah realistischerweise in der Rolle des Maximilian Glanz die Chance seines Lebens. Helmut Dietl hatte ihm diese Chance gegeben, aber jetzt hatte Kleiner große Angst, dass Dietl das ganze Spiel auch verderben könnte mit seiner Haltlosigkeit, seinen Drogen, seinem ganz und gar unalltäglichen Wahnsinn.

Und dann war da auch noch Lino, der Schauspieler Helmut Fischer also, Sidekick und bester Freund von Maximilian Glanz, ein Mann im Erwachsenenalter (Helmut Fischer war bei den Dreharbeiten Anfang fünfzig), der aber vom Geld seiner Mutter lebt. Er sei noch auf der Suche nach seinem Weg, sagt er ihr, und bis er diesen Weg gefunden hat, vertreibt er sich seine Zeit mit sehr häufig wechselnden Freundinnen und Geliebten. Er legt Wert darauf, immer sehr anständig angezogen zu sein. Und in der Serie sind seine Gelassenheit und seine Selbstgewissheit der perfekte Kontrast zu Maximilians nervöser Erregbarkeit. Es ist eine extrem attraktive Rolle; man schaut Lino sehr gern zu, und genauso gern hört man ihm zu. Er macht ja keine Witze, er hat nur diese sehr münchnerische, sehr helmutfischerhafte und dann doch Wort für Wort genau so von Dietl aufgeschriebene Art, den eigenen Wörtern und Sätzen die Freiheit zu lassen, sich selbst dabei zuzuschauen, wie sie es nicht schaffen, die Dinge richtig zu benennen. Dieser Lino war von Anfang an ein starker Konkurrent für Maximilian, wenn es um die Sympathien der Zuschauer ging. Und später, wenn die Serie immer mal wieder ins Absurde oder ins Kabaretthafte kippt, ist Lino geradezu das Kraftzentrum der Serie und der Garant dafür, dass nicht alles aus dem Ruder laufen wird. Kleiner spürte das, und als in der achten Folge, in welcher Gloria und Maximilian in den Süden fahren und in Cannes auf einem Campingplatz landen, auch Helmut Fischer in Cannes aufkreuzte, obwohl das nicht im Drehbuch stand, muss Towje Kleiner gefürchtet haben, dass, mitten in der Serie, die Hauptrolle von Maximilian auf Lino übergehe. Was Helmut Dietl damit bezweckte, außer seinen Hauptdarsteller zu ärgern, wird in der ganzen Folge nicht so recht klar. Helmut Fischer steigt, sehr gut gekleidet, aus dem Zug und wandert durch Cannes, immer auf der Suche nach Maximilian, einer Suche, die dadurch schwer, ja geradezu absurd wird, dass Lino kein Wort Französisch oder Englisch spricht. Drehgenehmigung hätten sie keine gehabt, erzählt Jürgen Dohme, keine einzige Straße wurde abgesperrt, und so wandert Helmut Fischer durch ein Cannes, das nicht von Helmut Dietl, sondern von sich selbst inszeniert wird. Einmal sei eine Frau vom Strand her gekommen, habe Fischer bei der Hand genommen und versucht, ihn hinunter zum Strand zu ziehen. Dabei habe sie dauernd etwas gerufen, was aber Fischer, der wie Lino weder Englisch noch Französisch sprach, nicht verstanden habe. Geradezu verzweifelt habe Fischer geschaut, bis der Dreh abgebrochen wurde und jemand aus dem Team die Rufe der Frau übersetzte: »Quel bel homme, quel bel homme!« Was für ein schöner Mann!

XV.

Prominenz, Drogen, Polizei

An die Geschichte von der Flucht und Rettung Helmut Dietls erinnern sich alle, die dabei gewesen sind, ein bisschen anders – und so muss man sie großenteils im Konjunktiv erzählen, obwohl darin auch ein Thriller und ein Roadmovie stecken, Genres, mit denen der Autor und Regisseur Helmut Dietl allerdings nie allzu viel anfangen konnte.

Alles begann, anscheinend, im Januar 1979, damit, dass Abi Ofarim verhaftet wurde, der israelische Sänger, der in den Sechzigern berühmt gewesen war, in Deutschland jedenfalls, zusammen mit seiner Frau Esther, die aber in diesem Duo, Esther & Abi Ofarim, die erste Stimme gesungen hatte und noch berühmter und beliebter als ihr Mann gewesen war. Sie hatten sich getrennt, ohne sie gelang Abi Ofarim nicht mehr ganz so viel, er managte Bands, produzierte Platten, trank zu viel. Und kokste so viel, dass er seine Arbeit kaum noch in den Griff bekam. Margot Werner, die Ballerina, deren Karriere als Chanson-Sängerin er in Schwung zu bringen versprochen hatte, verklagte ihn irgendwann wegen nicht erbrachter Leistungen. Und im Zusammenhang mit dieser Klage hatte sie wohl, eher beiläufig, den Satz gesagt, der den Staatsanwalt besonders interessierte. »Der ist doch drogensüchtig.« Man fand sehr viel Kokain in Ofarims Wohnung, der Schock des Publikums über diesen Absturz war groß.

»Du bist der Nächste«, erinnert sich Dietl, habe Barbara Valentin am Telefon gesagt, was nicht nett war, sie hatte aber auch wenig Grund, nett zu ihrem Mann zu sein. Die beiden hatten sich endgültig getrennt, Dietl war ins »Hotel Residence« am Artur-Kutscher-Platz gezogen, es war ihm immer übler gegangen. Drogen, Depression, Schlaflosigkeit, Selbstmordgedanken. Und dann war er, bei einem Filmball oder einer Filmparty, an Marianne Dennler geraten, die die Sekretärin und Vertraute, aber nicht die Geliebte Bernd Eichingers war, eine schöne, sanfte, sehr weibliche Frau. »Sie ist da, geht mit mir essen und dann ins Bett. Bin gerettet«, steht in Dietls Notizen.

Was vielleicht das Gefühl des Moments war, aber nicht die korrekte Beschreibung der Gesamtsituation. Mag sein, dass die neue Geliebte ihn heilte von den Selbstmordfantasien und der Schlaflosigkeit. Vom Kokain war Dietl aber noch längst nicht weg. Und entsprechend groß war die Panik, er könnte nach Ofarim wirklich der Nächste sein. Ob das einfach drogeninduzierte Paranoia war und eine Bösartigkeit von Barbara Valentin oder vielleicht doch eine realistische Einschätzung der Lage: Das lässt sich von heute aus schwer einschätzen. Prominenz, Drogen, die Polizei, das war eine Mischung, wie die Münchner Boulevardzeitungen sie liebten und bis zum allerletzten Winkelzug gern nacherzählten. Und die Polizei freute sich, wenn es glamourösere Kundschaft gab.

Er sei noch in derselben Nacht, in der sich die Nachricht von Ofarims Verhaftung herumsprach, aus München geflohen, mit Marianne Dennler, im goldenen Mercedes, erinnert sich Dietl. Er habe angerufen, nachts um halb drei, und um ein Treffen bei der Tankstelle an der Schwere-Reiter-Straße gebeten, erinnert sich Dohme. Dort hätten sie sich verabschiedet, und Dietl habe gesagt, er wisse nicht, wie lange er wegbleiben müsse. Sie fuhren nach Paris in dieser Nacht, fast wie Gudrun Ensslin und Andreas Baader zehn Jahre zuvor, ein Gangsterpärchen auf der Flucht. Am nächsten Tag checkten sie ein im schicken »Hotel Lancaster«, gleich bei den Champs-Elysées. Sie blieben ein paar Tage lang und probierten die besseren Restaurants aus. Und dann flogen sie weiter nach Los Angeles. Den Mercedes hatte Dietl irgendwo an der Straße geparkt – und das Flugzeug war schon über dem Atlantik, als er sich daran erinnerte, dass im Kofferraum noch ziemlich viel Kokain herumlag. Er musste sich geradezu wünschen, dass der Mercedes gestohlen würde. Denn wenn das Auto der Polizei auffiele, wenn sie es irgendwann abschleppte und konfiszierte, dann würde sie das Kokain schon finden. Und der Besitzer wäre schnell ermittelt.

Im »Chateau Marmont«, dem klassischen Hotel der Filmleute am Sunset Boulevard, checkten sie ein, und Dietl durfte sich das beruhigende Gefühl leisten, dass zwischen ihm und der Justizvollzugsanstalt München-Stadelheim, wo Ofarim einsaß, eineinhalb Kontinente und ein Ozean lagen.

Auf der anderen Seite, in Schwabing, saß derweil Bernd Eichinger, damals ein junger Mann von 29 Jahren, der gerade dabei war, die traditionsreiche Verleihfirma Constantin-Film zu übernehmen. Und der aus dem heruntergekommenen Laden, dessen Erfolge einst die Karl-May- und Edgar-Wallace-Verfilmungen gewesen waren, eine moderne Verleih- und Produktionsfirma machen wollte, ein Unternehmen, das endlich Schluss machen sollte mit der merkwürdigen Zweiteilung des deutschen Filmgeschäfts, in dem es einerseits die traditionellen Produzenten gab, die aber fast nichts Nennenswertes mehr zustande brachten, und andererseits das Autorenkino, das, nach Eichingers Ansicht jedenfalls, sich zu fein dafür war, sich dem Publikum zu öffnen.

Man darf sich den jungen Eichinger gern als eine Dietl-Figur vorstellen, fünf Jahre jünger, ein bisschen lauter und derber und größenwahnsinniger – aber auch einer von diesen Männern, die extrem begabt waren im Bluffen, Angeben, darin, eine erfundene Geschichte so gut zu erzählen, bis alle sie glauben, sie selbst auch. 1977 hatte die alte Constantin-Film Konkurs anmelden müssen, wenig später hatte Ludwig Eckes die Reste gekauft, jener Eckes, der im Hauptberuf der Produzent von Fruchtsäften und Likören war (bekannteste Marke: Eckes Edelkirsch). Eichinger schrieb ein 26-seitiges Konzept zum Thema, wie man die Firma völlig neu begründen müsse. Er überzeugte Eckes, dass nur er, Eichinger, die Firma führen könne, und er überredete Eckes, ihm für eine Million (die er sich bei einer Bank lieh) ein Viertel der Anteile zu verkaufen. Es war nur eine Frage der Zeit, in diesem Fall von 18 Jahren, bis eine sehr eichingerhafte Figur in einem Dietl-Film auftauchen würde. Es war Oskar Reiter in »Rossini«, von dem noch zu sprechen sein wird.

Unverfilmt ist leider die schönste Eichinger-Geschichte geblieben, die Katja Eichinger, Bernds Witwe, in ihrer Biografie erzählt: Es sind die mittleren Siebziger, und Bernd Eichinger hat gerade die Filmhochschule abgeschlossen und ein paar Filme halbwegs erfolgreich produziert. Jetzt arbeitet er an seinem ersten eigenen, großen Projekt: Er will noch einmal den Untergang der Nibelungen verfilmen, Kriemhilds Rache, und ganz besonders interessiert ihn die erotische Energie, die den Hass Kriemhilds auf Hagen von Tronje befeuert. Er ist schon in Hongkong gewesen, hat mit Schwertkünstlern verhandelt, weil er das Niveau deutscher Filmkampfszenen deutlich steigern will, und in Macao hat er viel Geld verspielt. Jetzt sitzt der junge Eichinger, den man sich wie einen bayerischen Alain Delon mit etwas schlechteren Zähnen vorstellen muss, im Schwabinger Restaurant »Romagna Antica« und bewirtet zwei Gäste.

Der eine ist Roland Klick, ein Regisseur mit viel Talent und sehr schlechten Manieren. Die andere ist Romy Schneider, deutscher Weltstar mit Wohnsitz in Paris, die Eichinger für die Rolle der Kriemhild gewinnen will. Sie ist elf Jahre älter als er, erwachsen und sehr begehrenswert. Er ist bodenständig und größenwahnsinnig zugleich, ein Junge aus Neuburg an der Donau in Oberbayern, der die ganze Welt beeindrucken will. Vermutlich versteht sie seine Sprache, sie ist am Königssee aufgewachsen, am anderen Ende Oberbayerns. Roland Klick stört, er ist unhöflich, er stellt ihr indiskrete Fragen. Irgendwann steht Romy Schneider auf und geht. Der junge Eichinger rennt ihr hinterher. Und kommt allein zurück. Romy Schneider ist nicht wiedergekommen, aus dem Film ist nie etwas geworden.

Eichinger hatte die ersten Folgen der »Wahnsinns«-Serie schon gesehen und fand, dass darin auch ein Kinofilm stecke, den man doch vor der Ausstrahlung herausbringen könnte. Dietl hatte nichts dagegen, aber er war eben auf der Flucht oder etwas Ähnlichem, und so schickte er seine Schnittanweisungen per Telex an Eichinger.

Jürgen Dohme erinnert sich, dass, da Dietl eben weg war, die gesamte Produktion des »Ganz normalen Wahnsinns« unterbrochen werden musste. Die Serie war aber ursprünglich nur auf jene sechs Folgen angelegt, aus denen Eichinger dann auch den »Durchdreher«, wie der Film schließlich hieß, machte. Und diese Folgen waren auch fertig – erst im späteren Winter gab das Bayerische Fernsehen die sechs weiteren Folgen in Auftrag.

Man kann sich diesen Winter wohl gar nicht atemlos und hektisch genug vorstellen, das Tempo des »Ganz normalen Wahnsinns« mindestens, nur eben mit globalen Schauplätzen. Paris, Los Angeles. Dort Luft holen und das unfassbar schöne Gefühl, an einem Ort zu sein, wo man fast nichts weiß von München, von Barbara Valentin, von Bernd Eichinger und seiner Filmidee. Der kalifornische Himmel, der ewige Frühling von Los Angeles und der kalte Ozean, auf dessen anderer Seite nicht Europa, sondern Asien liegt. Aber dann sind sie doch zurückgeflogen, nach Paris, wo der Mercedes mitsamt seiner Ladung unversehrt auf der Straße stand. Weiter über Köln nach Berlin, wo die Filmfestspiele gefeiert wurden. Mit dem Flugzeug nach München, obwohl Barbara Valentin am Telefon gewarnt hatte: »Wenn du nach München kommst, wirst du verhaftet.« Helmut Dietl wurde nicht verhaftet; aber trotzdem flogen er und Marianne Dennler bald wieder nach Los Angeles, von dort weiter nach Hawaii, in ein Hotel im Regenwald auf der Insel Kauai, dem nassesten Ort im ganzen Pazifischen Ozean – und dort gelang dann endlich der Entzug. Unter Schmerzen und mithilfe von Magic Mushrooms, wie Dietl notiert.

Dietl war clean, als sie sich wiedersahen, erinnert sich Jürgen Dohme. Und wenn diese Erzählung hier der Entwurf für einen Film wäre, für ein sogenanntes Biopic, dann wäre es jetzt Zeit, langsam das Finale zu avisieren, ein Ende, das nicht nur happy wäre, aber erst recht kein unhappy ending, sondern irgendwie angemessen, reif, erwachsen. Dass der junge Dietl ein Günstling des Schicksals war, ein Mann, dem scheinbar alles gelang, fast wie Julien Sorel in Stendhals großem Roman »Rot und Schwarz«, das ist ja schon so manchem Leser seiner Erinnerungen aufgefallen. Dass so ein Leben nicht die Geschichte des Aufstiegs und weiteren Aufstiegs und noch höheren Aufstiegs sein kann, liegt in der Natur des Lebens und des Erzählens. Wie vollkommen der Absturz gewesen war, lässt sich nicht mit letzter Sicherheit bestimmen. Er hat ja, trotz Depression und Drogensucht, weiter gearbeitet, geschrieben, inszeniert, auch wenn manchmal Towje Kleiner und das ganze Team des »Ganz normalen Wahnsinns« gefürchtet hatten, er werde die ganze Produktion in den Sand setzen. Das waren die Tage des Helmut Dietl, und von den Nächten wissen wir nur, dass er nicht schlafen konnte und immer wieder den Selbstmord als einzige und endgültige Lösung seiner Probleme ins Auge gefasst hatte.

Herausgekommen aus dieser Krise ist Helmut Dietl als ein Mann, der jetzt zu viel über sich selbst wusste, als dass er der Welt und seinen Mitmenschen besonders viel davon hätte zeigen wollen. An seinem Image hatte er auch vorher schon gearbeitet, soweit man das Arbeit nennen mag, was ja anscheinend auch eine lustvolle Selbstinszenierung war. Aber das Image, die Selbststilisierung als ein Mann, der Weiß trägt, damit man die dunklen Abgründe in seinem Innern nichts sieht; der ein wenig arrogant wirkt, wie er so leicht keinen an sich herankommen lässt, weil er ja mit sich selbst schon genug zu tun hat; der nahezu jeden Abend ins selbe Restaurant geht, das »Romagna Antica«, und seinem Leben auch sonst eine durch Rituale und feste Angewohnheiten gestützte Ordnung gibt, schon weil er die eigene Haltlosigkeit erlebt hat – dieses Bild bekam damals seine Form.

Was nicht heißt, das Helmut Dietl aus dieser Krise als bescheidener Mensch, als braver Spießer herausgekommen wäre. In Los Angeles hatte er sich mit Ray Sarlot und Karl Kantarjian, den Besitzern des Hotels »Chateau Marmont«, angefreundet, und später im Jahr kaufte er sich tatsächlich ein Haus in Hollywood, an der Selma Avenue, in den Hügeln von Hollywood, nicht weit vom Hotel entfernt – und anders als so viele Europäer, die sich in Los Angeles nicht zurechtfinden, weil es da, angeblich, kein Zentrum gebe und alle Entfernungen mit dem Auto überwunden werden müssen, anders als die meisten fand Dietl sich hier sehr gut zurecht. Er mochte die Stadt und ihren Geist, und es war wohl hier, dass er sich nicht länger an Woody Allen orientierte, sondern begann, sich Ernst Lubitsch und Billy Wilder verwandt zu fühlen, den beiden Mitteleuropäern, die in Hollywood einige der schönsten und elegantesten Komödien der Filmgeschichte inszeniert hatten. Womöglich war ja hier der Süden, den er in Italien, in Südfrankreich, in Spanien immer gesucht und besucht hatte und in dem er doch nicht zu Hause war, wie südlich auch immer seine Herkunft war. So fand er, für einige Zeit jedenfalls, in Kalifornien einen Süden der Ankunft, einen Süden eben, in dem sich auch Billy Wilder und Ernst Lubitsch ganz wunderbar eingerichtet hatten. Wobei das alte Studiosystem, in dem Lubitsch und Wilder sich so gut zurechtgefunden hatten, längst untergegangen war, das System der kontinuierlichen Filmproduktion, wo man einfach anheuerte bei einem Studio und dann einen Film nach dem anderen inszenieren konnte. Im Hollywood der späten Siebziger und frühen Achtziger war es komplizierter, die Macht hatten die Agenturen und ihre Stars, die Produzenten waren unabhängig und daher anfälliger für Flops, und dann kam auch noch die Katastrophe von »Heaven's Gate«, Michael Ciminos gigantomanischem Spätwestern, dessen Produktion so vollständig außer Kontrolle geraten war, dass die traditionsreiche Filmfirma United Artists, gegründet in der Frühzeit des Kinos von Charlie Chaplin, Mary Pickford und David W. Griffith, danach aufhörte zu existieren. In dieser Lage, in der, außer Steven Spielberg und George Lucas vielleicht, niemand in Hollywood wusste, wie es weitergehen sollte, hätte ein deutscher Regisseur schon etwas werden können in Hollywood. Aber nur unter der Bedingung, dass er sich nicht allzu viel einbildete auf sein Können und seine Eigenart; dass er anderer Leute Drehbücher verfilmte und ansonsten die Zähne zusammenbiss.

Dafür wurde Dietl aber zu dringend in München gebraucht. Im März kam »Der Durchdreher« ins Kino, floppte zwar, bekam beim deutschen Filmpreis aber ein Filmband in Silber, den zweiten Preis also. Helmut Dietl und Bernd Eichinger überwarfen sich und erzählten fortan ganz unterschiedliche Geschichten. Die Geschichte Eichingers lief darauf hinaus, dass er diesen Film gar nicht habe machen wollen und dass Dietl es gewesen sei, der geglaubt habe, aus so einem Fernsehstoff lasse sich ein Spielfilm machen, was naturgemäß gescheitert sei. Und daraufhin habe der arrogante und neurotische Dietl erst einmal nichts mehr zu tun haben wollen mit Eichinger; später habe man sich, nicht zuletzt deshalb, weil Eichinger den eleganten und eloquenten Dietl bewunderte, doch wieder versöhnt. Dietls Version ist, wie gesagt die, dass der Spielfilm Eichingers Idee gewesen sei.

Die nächsten Folgen des »Ganz normalen Wahnsinns« mussten geschrieben und dann inszeniert werden. Wobei Dietl dann nur drei der sechs Folgen auch inszenierte; um die anderen drei kümmerten sich Franz Geiger, Reinhard Schwabenitzky und Klaus Emmerich – und obwohl Franz Geiger wohl ein sehr zu Unrecht verkannter Held der Münchner Filmgeschichte ist, obwohl Schwabenitzky und Emmerich damals allseits anerkannte Routiniers des Fernseherzählens waren, merkt man das der Serie zum Schluss hin auch an. Es fehlt an stilistischer Konsequenz. Und es fehlt ein wenig am Gespür für Charakter und Temperament von Towje Kleiner, der immer weniger Widerständler gegen das Leistungsprinzip und den allgemeinen Konsens und immer mehr eine etwas alberne und unverständliche Figur ist.

Mit Folge 10, jener Folge also, in der Maximilian sein ganzes Geld verspielt, war die Erzählung eigentlich vorbei. Es war kein ganz unglückliches Ende, das Geld war weg, aber Maximilians Stück würde ja weiter gespielt, es würde also neues Geld hereinkommen; man musste sich keine Sorgen machen um Gloria und Maximilian, die weiter leben und weiter streiten würden bis ans Ende ihrer Tage. Es mussten aber noch zwei Folgen erfunden werden, und so kam Dietl, endlich, auf Patrick Süskind zurück, mit dem er, am Starnberger See, im Haus der Süskind-Familie, eine elfte Folge schrieb, die gewissermaßen die nächste Serie der beiden schon ankündigte. Es war die Geschichte von der Zähmung des Lino Gailing, die Folge, in der Lino, »der stadtbekannte Aufreißer«, eines Abends in sein Adressbuch schaut, mit all den Damen darin, und eine Art existenzieller Einsamkeit verspürt. Er geht ganz allein aus dem Haus, rettet eine junge Frau vor ein paar Männern, die ihren Autoschlüssel haben und sich über sie lustig machen. Und dann merkt er, dass er sich verliebt hat in die Frau, die eigentlich gar nicht sein Typ ist, zu bürgerlich, zu brav fast, aber extrem selbstbewusst. Und für sie, die, wie sich bald herausstellt, die reiche Erbin einer Münchner Großbrauerei ist, gibt er sein altes Leben auf, verbrennt sein Adressbuch, verbrennt alles, was ihn an sein sündiges Leben erinnern könnte, und wird ein seriöser Herr. Dann umarmen sich die beiden, es ist das letzte Mal, dass man Lino in der Serie sieht – und natürlich läuft dieses Ende darauf hinaus, dass man ihn möglichst bald wiedersehen will. Und zwar als Stenz und Lebenskünstler und auf keinen Fall als seriösen, langsam älter werdenden Herrn. Es war wohl schon während der Dreharbeiten zum »Ganz normalen Wahnsinn«, dass Helmut Dietl anfing, darüber nachzudenken, ob er mit diesem Helmut Fischer nicht gleich die nächste Serie planen solle, mit einer Hauptrolle für Fischer.

Die letzte Folge war in vielen Details sehr lustig und im großen Ganzen ein bisschen platt: Aus dem (damals ja weit entfernten) Jahr 2014 schaute die Story zurück auf die angeblich so glücklichen Jahre, die Gloria und Maximilian erlebt hatten, seit erst Maximilian, dann auch Gloria und schließlich alle anderen Menschen sich künstliche

Hirne hatten einsetzen lassen, eine technische Neuerung, die alles, was nur entfernt wie Aggression, Ressentiment, notorische Unzufriedenheit aussah, ein für alle Mal abschaffen wollte, was allerdings schon deshalb nicht störungsfrei funktionierte, weil Maximilian immer wieder herumschraubte an seinem Gehirn, bis die alte Renitenz wieder da war. Und dann war die Serie zu Ende, sie lief im Vorabendprogramm vom November 1979 bis zum Februar 1980. Die Kritiker waren sich einig, dass sie mehr davon wollten, mehr Staffeln oder zumindest gleich eine Wiederholung, und die populärste Begründung für das Lob war die, dass so, wie diese Serie eben das Leben sei, das Leben in München jedenfalls, das Leben jener, die geistig arbeiteten. Insofern dementierte die Begeisterung des Publikums geradezu das Motto des Maximilian Glanz (und wohl auch Helmut Dietls): Man könnt leben, aber man lässt nicht. In den Kritiken sah es so aus, als wollten sie alle leben wie Maximilian und Gloria.

Im Herbst, als die Serie anlief im Fernsehen, war Helmut Dietl wieder in Los Angeles, mit Marianne Dennler, die schwanger war. Und mit Patrick Süskind, mit dem zusammen er an neuen Projekten arbeiten wollte. Im November wurde David Dietl geboren, der gemeinsame Sohn von Marianne Dennler und Helmut Dietl, und Dietl erinnert sich, dass Süskind die Mutter ins Krankenhaus gebracht habe, wo er selbst war, daran erinnert er sich nicht. Jürgen Dohme erinnert sich, dass er und seine Frau im Winter zu Besuch nach Los Angeles kamen und dass Helmut Dietl sich ein richtig deutsches Weihnachtsfest wünschte. Eine Tanne hätten sie nicht gefunden, nur einen Plastikbaum. Kartoffeln für die Knödel auch nicht, nur Süßkartoffeln.

Und statt einer Gans gab es nur einen Truthahn. Erst beim Kartoffelschälen sei ihnen aufgefallen, dass keiner wusste, wie man rohe Knödel macht. Graue Kugeln seien herausgekommen, kaum genießbar, und während der Puter im Ofen war, reparierten Dietl und Dohme an einem Auto herum, und irgendwann sei Rauch aus dem Küchenfenster gekommen, Marianna Dennler habe ihren Sohn aus dem ersten Stock gerettet und ins Freie gebracht, und dann war klar, dass Fett übergelaufen und in Brand geraten war, und der Vogel und der Herd mussten gelöscht werden. Das waren die deutschen Weihnachten in Hollywood, graue Kugeln und ein gelöschter Truthahn.

Der Lebensmittelpunkt hatte sich nach Kalifornien verlagert, nur manchmal, damit Geld hereinkam, flog Dietl nach München und inszenierte einen Werbefilm.

Das Haus in der Selma Avenue, schön und alt, jedenfalls für kalifornische Verhältnisse, aus Holz, mit einer weiß gestrichenen Veranda und einem kleinen Garten, lag, wie schon erwähnt, nicht viel mehr als hundert Meter vom Chateau Marmont entfernt – und dieses Hotel faszinierte Dietl, wie das nur einem Europäer passieren kann. Es gab längst neuere, schickere Hotels in Hollywood und den umliegenden Stadtvierteln, die Gegenwart war nicht halb so glanzvoll, wie es die Vergangenheit gewesen war, damals, in den dreißiger und vierziger Jahren, als praktisch jeder Filmstar, der keinen festen Wohnsitz in Los Angeles hatte, im Chateau Marmont abgestiegen war. Um dieses Hotel sollte es in seinem nächsten Drehbuch gehen, einer Komödie, die er, endlich, ganz und gar gemeinsam mit Patrick Süskind schreiben wollte – und hier, es muss im Frühjahr 1980 gewesen sein, gehen die Erinnerungen auseinander.

Patrick Süskind erzählt, dass zwar die Idee da gewesen sei; dass aber, kaum war auch er in Los Angeles angekommen, erst einmal so viel zu tun war im Haus und ums Haus herum, dass sie damit nicht vorangekommen seien. Helmut Dietl, in seinen Notizen, schreibt, dass sie ein komplettes Drehbuch verfasst hätten. »Made in Germany« habe es geheißen, aber leider sei das eine Story gewesen, die zu kommerziell für Deutschland und nicht kommerziell genug für Amerika gewesen sei, nach Ansicht derer jedenfalls, die es gelesen hätten. Und so sei daraus nichts geworden. Im Nachlass Helmut Dietls finden sich außer Unmengen von Notizen und Vorstudien auch Teile eines ausgeschriebenen Drehbuchs dieses Titels. Es scheint darum zu gehen, dass zwei Münchner Strizzis einem reichen Mann fünf Millionen Mark abnehmen, die der allerdings vor der Steuer verstecken wollte, weshalb er den Verlust auch nicht anzeigen kann. Und dann lassen sich die beiden ihre fünf Millionen auch wieder abnehmen und bekommen dafür das Chateau Marmont, das in diesem Drehbuch jedenfalls nur noch eine Bruchbude und nicht einmal eine Million wert ist.

Helmut Dietl schreibt, dass Patrick Süskind praktisch gar nicht aus dem Haus ging. Süskind schreibt, er habe Los Angeles so grauenhaft gefunden, dass er nur nachts das Haus verließ. Das dauernd schöne Wetter habe er nicht ertragen und überhaupt, diese Nichtstadt, dieser »Moloch«, wie er Los Angeles immer wieder nennt, war kein guter Ort für ihn. Helmut Dietl dagegen war stolz darauf, dass er jetzt der Vater eines Amerikaners war. Sein Sohn war, da auf amerikanischem Boden geboren, automatisch auch amerikanischer Staatsbürger, und Dietl fühlte sich damit fast auch schon als Amerikaner, auch wenn er anscheinend keine Anstrengung unternahm, selbst die Staatsbürgerschaft zu bekommen. Er wollte hier sein, sich hier behaupten, und dass ihm das doch nicht so gut gelang, hat Süskind am Beispiel der Leberkässemmel beschrieben. Dass man, wenn keine Zeit für ein anständiges Mittagessen ist, beim Metzger ein, zwei Semmeln mit Münchner Leberkäs besorgt, gern auch drei, vier Tage hintereinander, weil man der Leberkässemmel eigentlich nie überdrüssig wird – das war nicht die exklusive Macke von Helmut Dietl, so halten es viele in München. Als Studenten haben sie den Leberkäs gegessen, weil sie sich etwas Besseres nicht leisten konnten, und später hatten sie dann halt vor lauter Berufstätigkeit keine Zeit für mehr. Helmut Dietl, wenn er in München war, war ein konsequenter und ausdauernder Leberkässemmelesser, auch wenn das seinem empfindlichen Magen nicht guttat. Und so herrlich er sonst vielleicht auch das Leben in Kalifornien fand, ohne Leberkäs konnte es auf Dauer nicht gut gehen. Dietl habe, schreibt Süskind, erst mit dem Gedanken gespielt, das Brät, also die rohe Masse aus Schweinefleisch, Rindfleisch und Speck, aus München eisgekühlt einfliegen zu lassen und in der Selma Avenue ins Rohr zu schieben und zu backen, was aber an den strengen amerikanischen Einfuhrgesetzen gescheitert sei. Dann habe Dietl sich getröstet mit dem Gedanken, dass es geradezu unmöglich sei, in einer so riesigen und multikulturellen Stadt wie Los Angeles keinen Leberkäs zu finden. Sie hätten also das Telefonbuch durchsucht, schließlich ein »german delikatessen« gefunden; Leberkäs habe es dort auch nicht gegeben, immerhin aber süßen Senf und Weißwürste in der Dose, die grausam geschmeckt hätten.

Der Hunger nach einer Leberkässemmel – und die Erkenntnis der Unmöglichkeit des Leberkäses in Los Angeles: Man könnte auch Heimweh dazu sagen, und das hat Helmut Dietl anscheinend schon im späten Winter 1980 gepackt, obwohl er sich doch so gern eingeredet hätte, dass der Winter, wenn er überhaupt sein muss, dann so frühlingshaft und warm sein sollte, wie er es eben in Südkalifornien ist. Dort, in seinem Haus in der Selma Avenue, habe er die ersten Ideen für den »Monaco Franze« gehabt, schreibt Dietl. Womöglich kam ihm die Idee ja, als Helmut Fischer ihn besuchte. Und ebenfalls nicht aus dem Haus ging. »Nicht seine Stadt«, notiert Dietl. Im Grunde ist es völlig logisch, dass der »Monaco Franze« in Hollywood erfunden wurde. Als Ausdruck eines großen Heimwehs nach München.

XVI.

Liebesgrüße aus Hollywood

In Hollywoods großen Zeiten war der Rest der Welt nur Rohmaterial. Man nahm zur Kenntnis, dass es da draußen zum Beispiel ein Venedig gab, ein New York, ein Paris – aber wenn es darum ging, gültige Bilder von diesen Orten und Schauplätzen zu schaffen, dann baute man ein besseres New York, ein schöneres Venedig oder, wie schon erwähnt, das »pariserische Paris« des Ernst Lubitsch im Studio auf. Ob Helmut Dietl damals, als er die ersten Ideen für den »Monaco Franze« entwickelte, größenwahnsinnig genug war, sich diese Haltung zu eigen zu machen, sich also vorzunehmen, dem München in Bayern das münchnerischere München des Helmut Dietl entgegenzusetzen, ist nicht ganz sicher. Er hat es aber einfach getan, und womöglich ist es ihm ja nur unterlaufen, als er anfing, sich seine nächste München-Serie auszudenken. Er war in Hollywood, und es war das München, nach dem sich Helmut Dietl und Helmut Fischer sehnten, vom anderen Ende der westlichen Welt aus. Ein Hollywood-München also – nicht in dem Sinn, dass es so teuer und aufwendig produziert worden wäre. Aber in dem Sinn, dass es universal, verständlich und emotional extrem konzentriert war. Von München aus wäre das wohl nicht gelungen: »Der Monaco Franze« musste so erzählt und inszeniert werden, dass die

Serie auch Zuschauer in Hollywood (oder sonst wo außerhalb Münchens) verzaubern und in ihnen eine Sehnsucht nach dem unbekannten Ort München erregen würde. »Wer danach nicht nach München ziehen wollte, dem war nicht zu helfen«, so hat sich der Filmkritiker Michael Althen später an den »Monaco Franze« erinnert. Allerdings lebte Althen da in München.

Patrick Süskind hatte Los Angeles wieder verlassen. Er hatte sich ein sogenanntes Chambre de bonne in Paris gemietet, ein kleines, nicht besonders komfortables, aber sehr romantisches Zimmer im sechsten Stock unterm Dach, am Boulevard Raspail, zwischen Montparnasse und Saint-Germain-des-Prés. Dietl war nach München zurückgekehrt und hatte offenbar schon mit ein paar Leuten vom Bayerischen Fernsehen über seine Idee gesprochen. »Monaco Franze«, die Geschichte eines Mannes, der seine Frau über alles liebt. Und der doch gar nicht anders kann, als auch andere Frauen zu begehren. Er hat das Flirten zu seiner Lebenskunst gemacht, und so, wie er auf die Frauen schaut, so schaut er auch auf München, seine Stadt: Er ist verliebt. Es gibt in Dietls Nachlass ein Exposé, das Dietl womöglich schon in Los Angeles geschrieben hat, es ist ein wunderbarer kleiner Text, in dem Dietl die erfundene Figur sehr schön mit seiner eigenen Herkunft verknüpft. Dieser Franz Münchinger sei zwar in noch sehr viel unbürgerlicheren Verhältnissen als sein Erfinder aufgewachsen, auf der Schwanthaler Höhe, im sogenannten Westend, Ecke Kazmair- und Ligsalzstraße, einem echten Armeleuteviertel. Aber er sei die Frucht eines Fehltritts seiner Mutter; Anfang der dreißiger Jahre, als sie in der »Osteria Italiana« in der Schellingstraße arbeitete, habe sie einem italienischen Offizier nicht widerstehen können. »Monaco«, so nenne man den Münchinger, weil er eben ein bisschen südländisch aussehe und auftrete. Und weil Monaco der italienische Name für München ist. All das wurde nicht ausgesprochen in der Serie; es schwang nur mit im Hintergrund; und Dietl, der ja von Anfang an wusste, dass diesen Monaco Franze nur Helmut Fischer spielen könnte, störte sich beim Schreiben offenbar nicht daran, dass Fischer, Jahrgang 1926, ein paar Jahre zu alt für diesen Lebenslauf war. Und ein Südländer war er vielleicht von der Gesinnung her, aber wenn er wie ein Italiener ausgesehen haben sollte, dann wie einer, der aus dem hohen Norden Italiens käme.

Als Süskind mal wieder nach München kam, machte ihm Dietl sofort klar, dass diese Serie jetzt geschrieben werden müsse, von beiden zusammen, gerne auch in Paris. Er werde gleich eine Wohnung suchen. Und die fand er dann auch, in der Rue du Four, nicht weit von der Mansarde, die Süskind gemietet hatte. Und dann, nach ein paar gemeinsamen Projekten, aus denen nichts geworden war, und nachdem sie es bei den letzten Folgen des »Ganz normalen Wahnsinns« erfolgreich miteinander ausprobiert hatten, schrieben sie den »Monaco Franze« zusammen. Und fast alles andere, was Dietl noch inszenieren würde, auch.

Patrick Süskind hat beschrieben, wie unterschiedlich, ja fast unvereinbar diese beiden Männer eigentlich waren. Sie hatten verschiedene Geschmäcker bei den Frauen, sie hatten unterschiedliche Temperamente, und Dietls laute, ungeduldige, unruhige Art, sein Bedürfnis, in den Schreibpausen mit der halben Welt, der aktuellen Frau oder Geliebten sowie Geldgebern, Produzenten und allen möglichen anderen Leuten zumindest telefonisch in Kontakt zu treten, habe den stilleren, ruhigeren, bedächtigeren Süskind, der ja, wenn sie schrieben, sehr eng mit Dietl beisammenhockte, manchmal aus dem Haus getrieben; längere Spaziergänge oder schweigendes Herumsitzen in Cafés seien dann notwendig geworden, damit Süskind sich vom dominanten Dietl erholen konnte.

Was sie gemeinsam hatten, war die Zigarettenmarke, beide rauchten Gitanes ohne Filter, und beide rauchten sehr viel, und so muss man sich die gemeinsame Arbeit ungefähr so vorstellen, dass es einen Schreibtisch und eine Schreibmaschine brauchte; an der saß Süskind und tippte. Es brauchte ein Sofa, einen Sessel, mindestens einen bequemen Stuhl, da saß Dietl. Und es brauchte Aschenbecher mit großem Fassungsvermögen. Die Luft, zum Beispiel in dem Mansardenzimmer am Boulevard Raspail oder in der Wohnung in der Rue du Four war wohl auch nach intensivem Lüften nicht gerade frisch und sauber.

Was die beiden aber außerdem gemeinsam hatten, das war ein eben so emphatisches wie unprovinzielles Münchnertum, eine Liebe zu dem, was man die Möglichkeiten Münchens nennen könnte, ein präzises Gespür für die Eigenheiten dieser Stadt, das ohne Dietls existenzielle Fremdheit und ohne Süskinds große Liebe zu und profunde Kenntnis von Paris, französischer Kultur und Sprache nicht zu haben gewesen wäre. Beide hatten das absolute Gehör für eine Sprache, die man nicht einfach nur den Münchner Dialekt nennen möchte, weil es dabei nicht bloß um eine spezielle Aussprache geht. Es geht um eine spezielle Art, Sätze zu bilden, und dahinter meint man, eine andere Art des Denkens zu entdecken. Wohin er heute Abend noch gehe, fragt einmal Annette ihren Mann. Und er antwortet: »Des sag ich dir lieber nicht, Spatzl, weil wenn ich dich jetzt anlüg, glaubstas sowieso nicht, und wenn ich dir die Wahrheit sag, dann bist mir bös.«

Es ging auch deshalb nicht einfach um Dialekt, weil die Sprache in den Dialogen, wie die beiden sie schrieben, nicht nur die geografische Herkunft markiert. Man spricht ein anderes Münchnerisch in der besseren Gesellschaft als unter Kleinbürgern und Arbeitern. Und wer genau hinhört, kann auch die Unterschiede zwischen Schwabing und Sendling, Bogenhausen und Giesing erkennen. Und genau das konnten die beiden: Menschen, beziehungsweise Münchner, schon durch Tonfall, Wortwahl, Sprachmelodie zu charakterisieren, was ja bis heute die große Ausnahme im deutschen Fernsehen ist.

Natürlich gab es Bedenken – auch der »Monaco Franze« sollte im Vorabendprogramm laufen. Ein notorischer Fremdgänger in der Hauptrolle, ein Mann, der seine Frau beschwindelt und seine vielen Geliebten auch und der ja insgesamt eine nicht besonders verantwortungsvolle, ja noch nicht einmal richtig erwachsene Figur ist, trotz seines erwachsenen Alters (Fischer war bei Drehbeginn 54, das Drehbuch sagt, er sei Ende vierzig) – so einer als Held, Hauptfigur, sogenannter Sympathieträger: das ging eigentlich nicht. Oder vielleicht doch, aber wenn schon, dann ohne Sex, Nacktheit, explizite Szenen. Helmut Dietl, auch darin ein Schüler Lubitschs und Wilders, hat später gesagt, diese Verbote seien ein Glück für die Serie gewesen. So, möchte man ergänzen, wie der sogenannte Hays Code, der seit 1930 streng geregelt hatte, wie viel beziehungsweise wie wenig Sex in Hollywoodfilmen erlaubt war, ja diese Filme nicht weniger sinnlich, nur eleganter, anspielungsreicher, mehrdeutiger hatte werden lassen. Aus der Distanz betrachtet, stimmt das natürlich alles, aber während der Dreharbeiten, so meint man das beim Zuschauen zu spüren, hatten Dietl und seine Schauspielerinnen und Schauspieler immer wieder große Lust auszuprobieren, ob nicht doch ein bisschen mehr ginge. Im Vorabendprogramm galten die Regeln, wie wenn die Freiwillige Selbstkontrolle einen Kinofilm »ab 6« freigab. Aber wenn Ruth Maria Kubitschek, damals eine schöne Frau von Anfang fünfzig, als Franzes Frau Annette bei jeder Gelegenheit nur ein Handtuch anhat oder ein sehr tief dekolletiertes Nachthemd, dann ist das eigentlich nichts für Kinder. Und wenn der Franze, kalt erwischt von der Erkenntnis, dass er so langsam ein älterer Herr werden müsste, sich in eine Neunzehnjährige verliebt (oder zu verlieben glaubt) und seinem Freund Manni sagt, was ihn bewege, das seien nicht die körperlichen Gelüste, eher »so eine Art erotisches Heimweh«, dann muss man auch ein gewisses Alter haben, um das zu verstehen.

Wobei Sex ohnehin nicht das Thema ist, höchstens indirekt als ersehnter, gedachter, idealisierter und in der Erinnerung verklärter Sex. In der zweiten Folge muss Franze einen Gesundheitscheck machen (mit der Folge, dass er frühpensioniert wird), und wir sehen ihn in Boxershorts, einen erwachsenen Mann, schlank, groß, nicht besonders athletisch, aber ohne jede altersbedingte Verschleißerscheinung. Nur wenn er geht, dann merkt man, trotz seines Bemühens um absolute Lässigkeit, dass er es mit der Bandscheibe hat. Auf mehr als hundert Geliebte aus den letzten Jahren schaut er am Schluss zurück. Aber wenn wir ihn anbandeln, flirten, zwinkern und lächeln sehen, ist eigentlich klar, dass es ihm nur darum geht: Er will die Frauen gewinnen, und wenn ihm das gelungen ist, ist eigentlich schon alles erreicht. Der Monaco Franze ist, wie Helmut Dietl das definiert, ein Stenz, was man vielleicht am besten als die Münchner Vorstadtversion eines Dandys verstehen muss. Er will gut aussehen, gut ankommen, die Kontrolle über das Bild, das man sich von ihm macht, behalten. Der Kontrollverlust, die Entgrenzung beim Sex würden diese Rolle ja komplett aufheben Und dann hat er es ja, wie gesagt, auch noch an der Bandscheibe. Und das alles ist der Grund, warum diese Figur sehr gut gealtert ist und auch in Zeiten von #metoo nicht anachronistisch wirkt. Zudringlich, übergriffig wird der Franze nie, das verbietet ihm seine Eitelkeit. Eine Frau zu bedrängen, das fiele ihm nie ein. Es hieße ja, dass er seinem Charme und seinem Auftreten nicht mehr vertraute.

Was ihn dann doch sehr von seinem Erfinder unterscheidet, von Helmut Dietl, der zu dieser Zeit mit Marianne Dennler liiert ist, aber diese Liaison offenbar noch weniger ernst nimmt, als das der Franze mit seiner Ehe tut. Jürgen Dohme erinnert sich, dass Marianna Dennler, als Dietl ganz unten war, seine Lebensretterin, seine Therapeutin und Krankenschwester gewesen sei; als er wieder oben war, sei die beste Zeit dieses Paares wieder vorbei gewesen. Ob das genau so war, lässt sich von heute aus nur schwer verifizieren, aber in Dietls Notizen ist dauernd von Affären die Rede, in München, in Los Angeles, wo auch immer es ihn gerade hintrieb.

Wie viel Dietl im Monaco Franze steckt, ist ja, einerseits, deutlich sichtbar, eine gewisse Gesinnungssüdlichkeit, die Verehrung der Frauen. Und natürlich ein Misstrauen, ja eine Renitenz gegenüber Schönrednern, Bildungshubern, Leuten, die Wert darauf legten, etwas Besseres zu sein – jene Haltung, die in einer der besten Szenen der ganzen Serie den Monaco Franze nach dem Opernbesuch in die Runde der kunstbeflissenen Freunde seiner Frau, die alle beseelt sind oder zumindest so tun, als wären sie ganz ergriffen von einem »unvergesslichen Kunsterlebnis«, einer »Jahrhundertaufführung«, sagen lässt: »Ein rechter Scheißdreck war's.« Selbst die Ehe, die der Franze mit Annette von Soettingen führt, dieser vermögenden, lebens- und geschäftstüchtigen Frau aus der besseren Gesellschaft, die zwar ein wenig jünger ist als ihr Mann, aber eben wesentlich älter als seine vielen Geliebten, selbst diese Beziehung, die immer wieder eine Mesalliance genannt wird, verdankt sich womöglich auch der Erinnerung an eine Zeit, als der junge Dietl nicht viel mehr war als der Freund und Geliebte der berühmten und erfolgreichen Elfie Pertramer.

Der Monaco Franze liebt ja, außer seiner Frau im Besonderen und den Frauen im Allgemeinen, auch sehr heftig seine Stadt, wobei das auch an den Frauen liegt, von denen sie eben voll ist, diese Stadt. Und doch ist ihm die Stadt selbst, obwohl er sie eigentlich nie verlässt und von außen betrachtet, ein Ort, von dem er sich nicht nur immer wieder verzaubern lässt, sondern den er, mit seiner Imagination, seiner Abenteuerlust, seinem Gespür für Geheimnisse, selbst verzaubert, was sich, ebenfalls gleich in der ersten Folge, am schönsten in jener Szene offenbart, in der der Franze und der Manni Kopfeck, sein Freund und

Kollege bei der Polizei, vor einem Stadtplan herauszufinden versuchen, wo die Frau, die der Franze am Promenadenplatz angesprochen hat, wohl wohnen könnte. »Die hat mehr so geredet wie Rosenheimer Berg, Innere Wiener Straße, Max-Weber-Platz.« Oder vielleicht: »Goetheplatz, genau. Südliche Lindwurmstraße, Sendlinger Kirche, Harras. Da ist die her.« Jede Straße voller Geheimnisse, jedes Viertel ein Versprechen auf Abenteuer. In dieser Szene ist die Elli (er wird sie bald kennenlernen und ihren Namen erfahren), gerade weil sie so gut charakterisiert wird als nicht mehr ganz junge Frau aus einem kleinbürgerlichen Viertel, zugleich die Verkörperung des weiblichen Prinzips. Die Frau, nach der ein Mann die ganze Stadt absucht. Und München ist die ganze Welt. Das ist nicht provinziell, sondern poetisch – und wird auch von solchen Menschen verstanden, die nie vorher davon gehört haben, dass es im Münchner Stadtteil Sendling einen ziemlich hässlichen Platz gibt, der Harras heißt.

Und genau darin ist der Monaco Franze nicht das Selbstporträt Helmut Dietls, eher der Mann, der er vielleicht gerne wäre, der er aber auf keinen Fall sein kann, fast schon das Gegenteil seines Erfinders, wenn man an seine grundsätzlich gute Laune denkt, an sein gut ausgeprägtes Talent, sich schon von ein paar Sonnenstrahlen, einem freundlichen Wetter, einem Lächeln den ganzen Tag verschönern zu lassen. Dietls Doppelgänger oder zumindest sein Bruder, im Geiste und in Waffen, ist der Franze vor allem da, wo er, aus gutem Grund natürlich, ein bisschen fies wird, gemein, gschert; wo seine vorstadtstrizzihafte Lust am Streiten und Kräftemessen zum Vorschein kommt. Wenn er, der sein Leben lang Beamter war und sich von

Beamten hat ärgern lassen, darauf besteht, dass ihm seine Frührente bar ausgezahlt wird, was aber amtlicherseits nicht vorgesehen ist, weshalb der zuständige Sachbearbeiter fast einen Nervenzusammenbruch hat. Oder wenn er, nachdem seine Frau mithilfe ihrer guten Beziehungen zu einem Medizinprofessor durchgesetzt hat, dass er frühpensioniert wird, gegen seinen Willen, wenn er sie also anruft und sagt: »Ich wär dann jetzt fertig, Spatzl: Holst mich ab? Weil ... ich mag so ungern selber fahrn mit meine unkontrollierten Reflexe ... Ja? ... Oder weißt was, Spatzl, hol du nur meine Koffer ab, ich geh zu Fuß, die frische Luft ist bestimmt gut für meine Atemwege, meinst nicht, Spatzl? ... Ja, genau, Spatzl, und dann lass ich auch die Koffer heroben beim Manni, weil ich darf ja nicht so schwer tragen mit meiner Bandscheibe. Servus Spatzl!«

In seinem Vorwort zum als Buch veröffentlichten Skript der Serie versucht Patrick Süskind, den Stenz als emanzipierten Mann und Gegenmodell zum Macho (Süskind schreibt: »Matscho«) zu beschreiben. Wenn der Macho eine Frau begehre, dann wende er Macht an, wenn der Stenz sich einer Frau nähere, beginne er ein Spiel. Er sei kein Ideologe wie der Macho, vielmehr sei der Stenz ein »Pragmatiker des Humanen«, die proletarische Entsprechung dessen, was man auf Englisch als einen Gentleman bezeichne, eine durch und durch urbane, unprovinzielle Figur, der alles Derbe und Direkte, jedenfalls im Umgang mit den Frauen, absolut zuwider sei. Und natürlich wirft dieser Text die Frage auf, auf die es einfach keine exakte Antwort geben kann: nämlich, wie viel Süskind dadrin stecke, in der Figur und vor allem der Sprache des Monaco Franzes. Damals, als der »Monaco Franze« dann gesendet wurde, im Frühjahr 1983, lag die Premiere von Süskinds Einpersonenstück »Der Kontrabaß« im Münchner Cuvilliéstheater schon eineinhalb Jahre zurück; das Stück begeisterte von Anfang an das Publikum, und ein wenig später, in der Spielzeit 1984/1985, war es das meistgespielte Stück der Saison, häufiger inszeniert als Shakespeare und Tschechow zusammen. Man hätte also, auch wenn das Stück ein einziger Monolog ist, sehen und hören können, wie präzise Süskind gesprochene Sprache erfassen und verdichten konnte. Aber die beiden Welten, die des Theaters und die des Fernsehens, schienen voneinander nichts wissen zu wollen. Dietl schreibt in seinen Notizen, für die Uraufführung des »Kontrabasses« am 22. September 1981 habe Süskind ihm sehr gute Karten reservieren lassen. Er sei dann aber doch nicht hingegangen, und irgendwo hat Süskind geschrieben, dass Helmut Dietl, ganz wie sein Geschöpf, der Monaco Franze, einen starken Horror vor Theater-, Opern- und Konzertbesuchen gehabt habe. Der große Kritiker Joachim Kaiser hat einmal geschrieben, dass Süskind ein sehr guter Schriftsteller sei. Aber die Fernseharbeit werde seinen Stil irgendwann korrumpieren. Heute, auch wenn man noch so tief hineinhört in die Sprache dieser Serie, tut man sich trotzdem schwer herauszuhören, ob aus einem bestimmten Dialogsatz vielleicht eher Süskind spreche und aus einem anderen doch Dietl. Und so muss man wohl einfach glauben, was Süskind über die gemeinsame Arbeit sagt. Dass sie nämlich jeden Satz zusammen geschrieben hätten.

Bleibt die Frage, wie viel Helmut Fischer in diesem Monaco Franze steckt, eine Frage, die einerseits ganz einfach zu beantworten ist, schon deshalb, weil man, auch bei allergrößter Anstrengung und Konzentration, sich niemanden vorstellen kann, der sonst die Rolle hätte spielen können. Es ist halt Helmut Fischers Aussehen, sein Körper, sein Tonfall, der nur manchmal, wenn er gar zu flehentlich »Spatzl!« sagt, ein bisschen manieriert wirkt; es ist ein Münchnerisch, das Fischer in Neuhausen entwickelt hat, in der Donnersbergerstraße, wo er herkam, eine street credibility (wie man heute sagen würde), die man nicht an der Schauspielschule (die Fischer nach kurzer Zeit abbrach) lernt. Und andererseits wird die Antwort schwierig, wenn man sich Fischer ohne Dietls Regie anschaut, als Kriminalobermeister, später Kriminalkommissar Lenz im Münchner »Tatort«, wo zwar, genau wie in den ersten Folgen von »Monaco Franze«, Gustl Bayrhammer sein Vorgesetzter ist und wo Fischer naturgemäß denselben Körper hat, dasselbe gute Aussehen, dieselbe Frisur, einen sehr ähnlichen Habitus. Und wo man doch, wenn man den »Monaco Franze« kennt, immer fragen will: Wann fängt er endlich an damit, Helmut Fischer zu sein? Wann setzt er dieses Grinsen auf, wann haut er einen seiner Sprüche raus? Er wirkt wie ein Halbschlafwandler – so, als wartete er darauf, dass ihn jemand oder etwas, also zum Beispiel ein Drehbuch von Dietl und Süskind und eine konzentrierte Inszenierung, zum Leben erwecken würden. Und das war vermutlich das Glück dieser Zusammenarbeit, die unwiederholbare Magie dieses Projekts: dass nämlich Fischer im »Monaco Franze« mehr noch als im »Ganz normalen Wahnsinn«, dort aber auch, dass also Helmut Fischer, wenn er für Helmut Dietl spielte, ganz er selbst war. Nur dass niemand so sehr er selbst sein kann, wenn er dafür nicht die perfekten Dialoge, die richtigen Gesprächspartner und Spielgefährten hat. Und die richtige Bühne, was in diesem Fall bedeutete: das München des Helmut Dietl, das, wie man jetzt sehen konnte, tatsächlich münchnerischer als das echte München war.

XVII.

Eine endliche Geschichte

Während das Hollywood-München des »Monaco Franze« noch gar nicht im Fernsehen lief, klopfte das richtige Hollywood bei Helmut Dietl an, genauer gesagt war es wieder Bernd Eichinger, was aber auf dasselbe hinauslief, weil Eichingers nächstes Projekt so groß und ambitioniert und teuer werden sollte, dass es ohne Geld aus Hollywood gar nicht zu finanzieren war. Versöhnt hatten sich die beiden längst wieder, und Eichinger hatte inzwischen die Neue Constantin unter seine Kontrolle gebracht und als Produzent einen ganz erstaunlichen internationalen Erfolg gehabt, mit »Christiane F. – Wir Kinder vom Bahnhof Zoo«, der fast wirklichkeitsgetreuen Geschichte eines Berliner Mädchens, das heroinsüchtig wird, mit allem, was dazugehört, Prostitution, David Bowie, Berliner Elend und Hässlichkeit. Der Film wurde, schon weil er nicht bloß ein Warnschild war, von den Kritikern verrissen, in Deutschland jedenfalls. Die Menschen wollten das aber sehen, und zwar nicht nur in Deutschland.

Der Film basierte auf dem extrem erfolgreichen Buch gleichen Titels, den Gesprächsprotokollen mit der echten Christiane Feltscherinow, aufgeschrieben von den Journalisten Horst Rieck und Kai Herrmann. Das Buch stand von 1979 an 95 Wochen auf Platz eins der Bestsellerliste, und es war Eichinger gelungen, den Erfolg des Buchs in den Erfolg seines Films zu verwandeln. Und so kaufte Eichinger als Nächstes die Rechte an einem Buch, das genauso erfolgreich, ja auf lange Sicht sogar noch erfolgreicher war. »Die unendliche Geschichte« hieß es, und man durfte Eichinger gerne glauben, dass er das Buch liebte; alle liebten es damals – oder jedenfalls so viele Menschen, dass es von 1981 bis 1984 auf dem ersten Platz der Bestsellerliste stand. Michael Ende war der Autor; er war beliebt und in Deutschland berühmt, seit die Augsburger Puppenkiste seine Geschichte von »Jim Knopf und Lukas, dem Lokomotivführer« fürs Fernsehen adaptiert hatte. Danach war er philosophisch geworden, hatte das Märchen »Momo« geschrieben, über ein unkonventionelles Mädchen und dessen Kampf gegen die bösen grauen Herren, die den Menschen deren Zeit wegnehmen wollen. Eine Botschaft, die das deutsche Publikum offenbar gut verstanden hatte. Auch »Momo« war ein Bestseller.

»Die unendliche Geschichte« hat, von einem erwachsenen und einigermaßen nüchternen Kopf aus betrachtet, eine eher platte Botschaft. Es geht um einen Jungen, der einen Roman nicht nur liest, sondern sich irgendwann selbst in der Handlung wiederfindet. Und es geht darum, dass dieser Roman vom Land »Phantásien« erzählt, dem Land der sogenannten Fantasie, das aber bedroht wird, weil die Menschen immer weniger Fantasie haben, weshalb der lesende Junge es retten muss. Natürlich war das ein guter Kinostoff, da hatte Eichinger absolut recht: schon die schöne postmoderne Pointe, dass der Leser die Schwelle zwischen Wirklichkeit und Fiktion überschreitet und zum Helden des Buchs, das er liest, wird; und dann das Land

Phantásien, das bevölkert ist von fliegenden Drachen, Riesen aus Stein, einer sogenannten kindlichen Kaiserin, lauter Wesen also, die man im Kino gerne sehen wollte. Es waren ja die Jahre, da George Lucas und Steven Spielberg angefangen hatten, genau die Filme zu inszenieren, die sie als kleine Jungs gerne gesehen hätten, »Star Wars«, »Raiders of the Lost Ark«, Geschichten, die in fantastischen Welten von ähnlich außernormalen Wesen erzählten. Wenig später würde Spielberg damit anfangen, gleich solche Filme zu produzieren und zu inszenieren, in denen kleine Jungs die Hauptrollen spielten, »E. T.«, »Gremlins«, »The Goonies«. Und so muss man Eichinger wohl bescheinigen, dass er ein ganz gutes Gespür für das Potenzial dieser Geschichte hatte.

Eichinger und Dietl hatten schon über das Projekt gesprochen, als Dietl noch seinen Lebensmittelpunkt in der Selma Avenue hatte. Nachdem die Dreharbeiten zum »Monaco Franze« abgeschlossen waren, flog Dietl nach Rom, fuhr weiter nach Genzano di Roma, eine kleine Stadt in den Albaner Bergen, wo Michael Ende in einem Haus wohnte, das er Villa Einhorn nannte. Dietl bekam eine Fußmassage von Endes Frau, der Schauspielerin Ingeborg Hofmann. Er sprach mit Ende darüber, was für ein Film das werden solle – und eigentlich war es unwahrscheinlich, dass die beiden sich verstehen würden: Ende, der von seiner eigenen übergroßen Bedeutung als Schriftsteller und Denker überzeugt war, und Dietl, der ja genau so ein Geschwätz nicht ausstehen konnte. Es gab aber anscheinend keinen Streit, und dann handelten Dietl und Eichinger einen Vertrag aus, in dem festgelegt war, dass Helmut Dietl das Drehbuch zur »Unendlichen Geschichte« schreiben und danach den Film inszenieren sollte.

Und hier werden die Dinge so unübersichtlich, dass in der Frage, wie es weiterging und woran die Zusammenarbeit schließlich scheiterte, sich Eichinger und Dietl an verschiedene Geschichten erinnern.

Eigentlich hatte Eichinger die Filmrechte nämlich gar nicht, sondern der Schauspieler und Produzent Dieter Geissler hatte sie, war aber nicht der Mann, der so ein Riesenprojekt aufstellen konnte, weshalb er sich, irgendwie, mit Eichinger darauf einigte, dass er Co-Produzent sein würde. Aber auch Eichinger konnte das Projekt nicht aus eigener Kraft finanzieren, er brauchte einen amerikanischen Partner, mindestens dessen Verleihgarantie – und da wird es widersprüchlich. Katja Eichinger schreibt in ihrer Biografie, dass Dietl ein Drehbuch geschrieben habe, das Eichinger habe übersetzen lassen; dann sei er damit nach Hollywood gefahren, wo Dietls Drehbuch nicht gut angekommen sei. Außerdem habe Eichinger die Firma Industrial Light and Magic besucht, das Trickstudio des »Star Wars«-Erfinders George Lucas. Wo Eichinger erkannt habe, dass die »Unendliche Geschichte« noch viel teurer werden müsse, weil man hinter die Standards von Lucas nicht zurückfallen dürfe. Herman Weigel, Eichingers Kompagnon bei der Neuen Constantin, der routinierte Drehbuchautor und Skriptdoktor, habe dann eine neue Drehbuchfassung erstellt, die allen gefallen habe, nur nicht Helmut Dietl, weshalb Dietl gefeuert und statt seiner Wolfgang Petersen als Regisseur engagiert worden sei, beides offenbar im »Romagna Antica«.

In Dietls Aufzeichnungen und Notizen stellt sich die Sache so dar, dass Dietl anfangs schon ganz gerne dabei gewesen sei und den Auftrag, ein märchenhaftes, von Zauber und Wundern beseeltes Drehbuch zu schreiben, als interessante Herausforderung verstanden habe. Was er erst nach und nach verstand, das war hier die Rollenverteilung zwischen Produzent und Regisseur, also der Unterschied zwischen beispielsweise Jürgen Dohme, dem Produzenten, der seine Aufgabe darin sah, dem Regisseur zu Diensten zu sein und den Laden auch finanziell zusammenzuhalten, und andererseits Bernd Eichinger, der sich als den eigentlichen Schöpfer eines Films verstand, dem eher der Regisseur zu Diensten sein sollte. Alle Hallen der Bavaria-Studios waren von der »Unendlichen Geschichte« besetzt; er habe, notiert Dietl, sich den unendlich vielen Mitarbeitern immer wieder vorstellen müssen. »Good morning, I'm the director. Pleased to meet you.« Und der Film, den er sich poetischer vorgestellt habe, sei in Eichingers Vorstellung immer Special-effects-lastiger, immer künstlicher und monumentaler geworden, bis eben der Moment gekommen sei, da er und Eichinger sich nicht mehr hätten einigen können. Und dann sei auch noch Francis Ford Coppola nach München gekommen, der von allen bewunderte Regisseur des »Paten« und von »Apocalypse Now«, und habe Dietl in einem sehr offenen Gespräch davon abgeraten, diesen Film zu inszenieren, wenn er, Dietl, vom Konzept nicht mehr überzeugt sei.

Damals gab es noch die berühmte Klatschkolumne von Michael Graeter in der Münchner »Abendzeitung«, und in der Ausgabe vom 2. Oktober 1982, unter der Überschrift »Francis Ford Coppola war ganz bierselig«, erzählt Graeter, dass Bernd Eichinger aufs Oktoberfest geladen habe, in »Käfer's Wies'n-Schänke«, und dass Eichingers damalige Freundin Hannelore Elsner sowie Wolfgang Petersen, Helmut Dietl, Volker Schlöndorff und Uli Edel dort gebratene Ente gegessen und viel Bier getrunken hätten. Der einzige Film, von dem in dieser Kolumne die Rede ist, ist Coppolas »Einer mit Herz«, zu dessen Premiere der Amerikaner nach München gekommen war.

Knapp drei Wochen später, am 21. Oktober, titelt Graeter: »Regisseur Helmut Dietl: Schluß mit Super-Film« und erzählt, dass Eichinger und Dietl sich darauf geeinigt hätten, dass Dietl die Regie abgebe und Wolfgang Petersen den Film inszenieren werde.

Für Dietls Version der Geschichte spricht ein Brief an Bernd Eichinger, der sich im Nachlass findet. Da schreibt Dietl, dass ihm das Projekt immer fremder geworden sei, und jetzt sei es so weit, dass der ganze Film mit ihm nichts mehr zu tun haben werde, weshalb er ihn auch nicht inszenieren wolle.

Noch mal eine Woche später verrät Michael Graeter seinen Lesern, dass Helmut Dietl längst an einer neuen Sache arbeite. »Kir Royal« solle die heißen, die Geschichte eines Klatschreporters, bei der Besetzung der Hauptrolle denke Dietl an Helmut Berger, den schönen, berühmten, von Luchino Visconti geliebten österreichischen Schauspieler, der damals aber vor allem in italienischen B-Movies spielte.

Wenn in Graeters Kolumne von Helmut Dietl die Rede war in jenen Tagen, stand zur Erklärung, wofür dieser Mann prominent sei, immer »Münchner Geschichten« in Klammern hinter dem Namen – was auf eine vertrackte Ungleichzeitigkeit im Leben und Arbeiten nahezu jedes Regisseurs hinweist. Während nämlich all die Dramen rund um die »Unendliche Geschichte« sich abspielten, war der »Monaco Franze« noch gar nicht gelaufen in den

Vorabendprogrammen. Im späten Sommer 1981 waren die ersten Drehberichte in den Münchner Zeitungen erschienen: dass Helmut Dietl, bekannt für die »Münchner Geschichten«, eine neue Serie drehe, mit dem sympathischen, aber allenfalls halb bekannten »Tatort«-Polizisten Helmut Fischer, der auch in der Serie einen Polizisten spielen solle; und dass Ruth Maria Kubitschek, damals die große alte Schachtel der gehobenen Fernsehunterhaltung, die weibliche Hauptrolle spielen werde. Außerdem seien die populäre Volksschauspielerin Erni Singerl dabei, der nicht ganz so populäre Karl Obermayr, Christine Kaufmann, Walter Sedlmayr, na und so weiter; und dass es eine Komödie werden solle. Die Erwartungen waren hoch, selbst wer weder die »Münchner Geschichten« noch den »Ganz normalen Wahnsinn« gesehen hatte, wusste inzwischen aus den Zeitungen und dem Radio, dass er da etwas verpasst hatte und dass er jetzt aber den »Monaco Franze« besser nicht verpassen solle. Die erste Folge lief Anfang April in allen Regionalprogrammen (außer dem Sender Freise Berlin), und von Anfang an gab es Protest gegen den Sendetermin um kurz vor halb sieben. Eine Münchner Zeitung schrieb, nur halb ironisch, dass der Herr Ministerpräsident persönlich, damals war das Franz Josef Strauß, dafür sorgen solle, dass der »Monaco Franze« im Abendprogramm komme, damit auch alle ihn sehen könnten. Und es war wohl so, dass den Leuten vom Bayerischen Fernsehen der Sendetermin selbst ein bisschen peinlich war; sie waren ja keine Amateure, sie wussten, was sie an dieser Serie hatten – und so wurde mächtig Werbung für den »Monaco Franze« gemacht, im Radio, im Fernsehen, und entsprechend viele schauten dann zu.

Die erste Folge, eine der besten der ganzen Serie, übertraf noch die Erwartungen: mit der Szene, in welcher der Franze und die ihm noch unbekannte Elli vor einem Schaufenster stehen, und sie sagt, dass er sie gar nicht anzusprechen brauche, weil da gehe gar nichts. Und er antwortet, dass er sie gar nicht ansprechen wollte, nur fragen, »ob wir nicht eine Tasse Kaffee miteinander trinken wollen«. Oder: »Dass wir vielleicht gleich was Schöns miteinander abendessen, in einem schönen Restaurant?«

Mit der Szene im Polizeibüro, wo der Franze und der Manni vor dem Stadtplan herauszufinden versuchen, wo eine Frau wie die Elli wohl wohnen könnte und wo so eine hingeht, wenn sie ausgeht, am Wochenende. »Naa, Haidhausen nicht, Franze, da wohnen ja jetzt ganz andere Leut wie früher. Des ist ja jetzt so ›in‹, des Viertel. Wohnt die so wo, wos so in ist?«

Und schließlich die Szene in der Oper, wo der Franz den berühmten Kritiker Boettner-Salm (dessen Vorbild in der Wirklichkeit wohl Joachim Kaiser war) danach ausfragt, was der in seiner Nachtkritik schreiben werde. Und wie er dann, wenn er mit Annettes kultivierten Freunden im Restaurant sitzt, die ganze Runde damit schockiert, dass er die Aufführung einen Scheißdreck nennt, altmodisch bis provinziell.

So ging das los, die Kritiker jubelten, die Zeitungen baten Dietl und Fischer zu Dutzenden von Doppelinterviews, in denen Dietl die richtige Balance zwischen Freundlichkeit und Grantigkeit fand und Fischer so daherredete, als ob es keinerlei Unterschied zwischen ihm als Person und der Rolle gebe. Nein, in den Urlaub fahre er nie, überhaupt hasse er es, München zu verlassen, und einen Sonnenauf-

oder -untergang habe er einmal auf Mallorca gesehen, das müsse jetzt reichen, er wisse, wie das aussehe.

Es war wie Hollywood – nur dass allenfalls sehr erfolgreiche Hollywoodfilme in Deutschland die Zuschauerzahlen einer Vorabendserie erreichten. Es war wie Hollywood, weil jeder diese Figuren verstand oder zumindest zu verstehen glaubte. Selbst überzeugte Bewohner der norddeutschen Tiefebene versuchten sich eifrig den Dialekt anzueignen, indem Männer zu Frauen, aber auch Frauen zu Männern jetzt »Spatzl« sagten. Und der Spruch »ein bissl was geht immer« wurde bei jeder Gelegenheit eingesetzt. Die Zuschauer wurden, für die Dauer einer Serienfolge zumindest, zu Gesinnungsmünchnern, sie bewohnten in Gedanken diese Stadt – von der sie allenfalls ahnten, dass sie dem wirklichen München zwar ähnelte, dass sie aber zugleich schöner, münchnerischer, glanzvoller als das wirkliche München war. Und wie der Monaco Franze allen Alltagszwängen und Vernunftregeln zum Trotz seiner Leidenschaft fürs Verführen nachgeht, darin erkannte offensichtlich die hedonistischer werdende Gesellschaft der frühen Achtziger nur den charmantesten Ausdruck eines Rechts auf individuelles Glück, das alle für sich beanspruchen durften. Immerhin hatte auch im Rest von Deutschland so langsam jenes Jahrzehnt angefangen, in dem sich, von München ausgehend, ein gewisses Verständnis für die Freuden der Form und der Ästhetik auch im Alltag, eine Wertschätzung guter Kleidung und anständiger Manieren, vielleicht sogar ein Bewusstsein davon, dass Ironie und Hinterfotzigkeit notwendig sein könnten, weil, wer alles direkt ausspricht, nicht ehrlich ist, sondern bloß plump, allmählich ausbreitete.

Was sich die jubelnden Kritiken, nicht nur in den Münchner Zeitungen, sondern auch in Österreich, in der »Frankfurter Allgemeinen«, im »Spiegel« nicht so recht eingestehen wollten, das war die tiefe Melancholie im Hintergrund, eine Schwärze, die man doch eigentlich auch in gut ausgeleuchteten Szenen sehen kann. Schon in den »Münchner Geschichten« und dem »Ganz normalen Wahnsinn« wurden ein Lebensgefühl und ein Lebensstil gefeiert, denen im Lauf der beiden Serien aber die Grundlage verloren ging. Die Sankt-Anna-Vorstadt wird gentrifiziert in den »Münchner Geschichten«; das Boheme-Leben des Maximilian Glanz kann sich gegen das Erwachsenwerden und die Grundgesetze des Kapitalismus nicht ewig behaupten. Und der Monaco Franze, in dem so viele ein Vorbild sahen, ist in Wirklichkeit der Letzte seiner Art. Wenn sein Spatzl ihn verlässt, um auf den Bermudas ein ganz neues Leben zu beginnen, stürzt nicht einfach dieses ganz spezielle Individuum Monaco Franze ab. Mit ihm verschwindet – auch aus dem besseren, dem Dietl'schen München – eine Form des Lebens und des Denkens, die tatsächlich zwischen der Inneren Wiener Straße und der südlichen Lindwurmstraße ein Modell der ganzen Welt entdecken konnte.

Am allerwenigsten konnte sich Helmut Dietl damit zufriedengeben: »Ich halte es nicht mehr aus, trenne mich von Marianne, fliege zunächst nach Paris, treffe Süskind, erzähle ihm von ›Kir Royal‹, dann zurück nach L. A.«

XVIII.

Leute

Irgendwer, vielleicht war es Patrick Süskind, hat irgendwo einmal gesagt, dass Helmut Dietls Leben sich streng nach dem Rhythmus seiner Filme und Serien gerichtet habe. War ein Projekt endlich erfolgreich abgeschlossen, dann musste Dietl raus aus dem ganzen Leben, das damit verbunden war. Er brauchte nicht nur eine neue Idee, sondern auch eine neue Wohnung, womöglich gleich eine neue Stadt. Und eine neue Frau.

Helmut Dietl war also mal wieder in Los Angeles angekommen, und nach ein paar Tagen kamen unangemeldet Logiergäste, zwei Frauen, von denen eine Cleo Kretschmer war, Freundin und Muse des Regisseurs Klaus Lemke, mit dem Dietl eine heftige und auf Gegenseitigkeit beruhende Abneigung verband – was man sofort versteht, wenn man beider Filme oder eben Serien kennt. Gerade weil es beiden um München geht, um die Münchner Gesellschaft und ein Münchner Lebensgefühl, werden die Unterschiede so deutlich sichtbar. Aus Dietls Sicht waren Lemkes Filme stümperhaft, zu schnell und mit zu wenig Formbewusstsein heruntergekurbelt, mit Dialogen, in denen viel zu wenig Doppelsinn, Widerständigkeit und schon gar keine Pointen waren. Lemke war halt auch in Düsseldorf aufgewachsen. Aus Lemkes Sicht wiederum war Dietl wohl ein

Schnösel, der von wahrer street credibility keine Ahnung hatte.

Dietl hatte Cleo Kretschmer trotzdem eine kleine Rolle in der ersten Folge des »Monaco Franze« gegeben. Nach Los Angeles hatte sie eine Freundin mitgebracht, Denise hieß sie, mit Nachnamen Cheyresy, und in einem Fragment, das dem Text zu »A bissel was geht immer« angefügt ist, schreibt Dietl, dass sie, blond, zart und kapriziös, eigentlich nicht sein Typ gewesen sei; er ihrer auch nicht. Und nach ein paar Tagen waren sie ein Paar.

Noch in München hatte Dietl beschlossen, dass er dem Bayerischen Rundfunk untreu werden wolle. Der »Monaco Franze« war ja nicht nur für Dietl, Fischer, Kubitschek ein Triumph gewesen. Die Serie war auch für das Bayerische Fernsehen ein unverhoffter Erfolg: die populärste und beliebteste Serie, die jemals im Vorabendprogramm gelaufen war – und es war nicht bloß Eitelkeit, es war eigentlich der reine Realismus, wenn Dietl jetzt erwartete, dass die Leute vom Bayerischen Rundfunk ihn hofieren, ihm rote Teppiche auslegen und möglichst schnell sein nächstes Projekt realisieren müssten. Das taten sie aber nicht, obwohl es sich längst herumgesprochen hatte, dass Dietl an ersten Skizzen, Entwürfen, Konzepten für eine neue Serie arbeitete und dass es darin um ein Phänomen gehen sollte, das es damals nur in München gab: um jene nicht unbedingt bessere, aber prominente, genusssüchtige Gesellschaft, die von denen, die nicht dazugehörten, gern Schickeria genannt wurde und zu deren Zugangsbedingungen es nicht unbedingt gehörte, dass man reich war, vornehm, ein Könner oder eine Könnerin auf irgendeinem Gebiet. Die einzige Zugangsvoraussetzung war, dass man in Michael

Graeters Kolumne »Leute« in der »Abendzeitung« gelegentlich erwähnt wurde.

Jörn Klamroth, damals der stellvertretende Unterhaltungschef des Westdeutschen Rundfunks, hatte mit Helmut Dietl Kontakt aufgenommen. Er warb um ihn, versprach, die nächste Serie werde im Abendprogramm laufen, und einer populären Legende zufolge gingen die beiden, zu Recherchezwecken natürlich, eines Abends in das »Café Extrablatt« auf der Leopoldstraße, das Michael Graeter im Nebenberuf betrieb. Und hier soll es gewesen sein, dass der Kir Royal, ein Cocktail aus Johannisbeerenlikör und Champagner, ganz oben auf der Getränkekarte stand, was Dietl auf die Idee brachte, dass so die ganze Serie heißen solle. »Kir Royal« war eigentlich eine Erfindung aus Paris, aber in den Achtzigern wusste in München jeder, der die »Abendzeitung« las, was das für ein Getränk war. Wo man die »Abendzeitung« nicht las, also im größten Teil Deutschlands, war das Getränk allerdings unbekannt, weshalb dieser Titel einer von vielen Vorbehalten war, die der Verwirklichung des Projekts noch im Weg stehen würden.

Denise Cheyresy kam aus Südfrankreich und wollte irgendwann zurück, sie hatte ein Haus in Roquefort-les-Pins, nördlich von Cannes in den Bergen. Helmut Dietl traf sich in Paris mit Süskind, um mit ihm über die Serie zu sprechen, wofür Süskind aber gerade keinen Sinn hatte, weil er dort an den letzten Änderungen seines ersten Romans feilte, eines Buchs, an dem er schon sehr lange schrieb und das schon diverse Verlage abgelehnt hatten. Demnächst sollte es aber erscheinen, im Schweizer Diogenes-Verlag. Dietl flog weiter, nach München, wo es immer etwas zu tun und zu regeln gab, und dann reiste er nach Südfrankreich, um in Roquefort-les-Pins weiter an »Kir Royal« zu arbeiten.

Es gibt im Nachlass Manuskripte aus jener Zeit, ein Exposé zum Beispiel, in dem der Held der Serie noch Nicky Weihrauch heißt, für eine Münchner Zeitung arbeitet, deren Verleger aber in Hamburg sitzt. Im Exposé steht auch, die Schauplätze der Serie müssten, außer eben Hamburg und München, auch St. Moritz und Salzburg sein, zur Festspielzeit. Dann, ganz zwingend, die Cote d'Azur, Paris, Rom, London sowieso. Eine Folge könnte zur Oscar-Verleihung in Hollywood spielen. Es gibt Entwürfe für drei Folgen, in einer geht es um den lebenslangen Konflikt zwischen einem Dirigenten und einem Opernregisseur, in einer um eine ehemalige Miss Universum aus der Münchner Vorstadt und in der dritten kommt tatsächlich schon ein gewisser Herbert Haffenloher vor, der es als Heinrich Haffenloher wirklich in die Serie schaffen würde. Man kann von zwei, drei Seiten, auf denen ein Plot skizziert wird, nicht besonders scharf darauf schließen, was, wenn erst einmal ein Drehbuch geschrieben und die ganze Sache inszeniert sein würde, für ein Potenzial darin steckte, es kommt einem aber trotzdem ein bisschen unpointiert und ziellos vor, was da an Handlung und Konflikten entworfen wird. Und es war Dietl selbst, der sich irgendwann eingestand, dass er noch gar nicht so genau wusste, worum es eigentlich gehen sollte in »Kir Royal«.

Dann kam Süskind nach Roquefort, Dietl gab ihm zu lesen, was er geschrieben hatte, und Süskind kritisierte es, freundlich, aber offenbar auch sehr bestimmt. Und dabei, so erzählt Dietl, sei ihm endlich klar geworden, dass es auch hier wieder um ihn selbst gehen würde, um Helmut

Dietl. Und dass deshalb die Figur, dieser Klatschkolumnist, für den sich langsam der Name Baby Schimmerlos als richtig erwies, dass diese Figur keine ausgedachte Rolle werden dürfe, sondern ein Mann, der Helmut Dietl sehr ähnlich war, nicht unbedingt äußerlich; aber er musste einen Abgrund haben, so tief wie der seines Erfinders. Und all die unaufgelösten Widersprüche des Herzens, des Begehrens, des Geliebtwerdenwollens.

Und andererseits war natürlich klar, worum es ging. Es ging um München in den mittleren Achtzigern, um einen Boom, der in den Sechzigern angefangen hatte und immer noch nicht zu Ende war. Die Stadt war einerseits so beliebt, dass in allen Umfragen ein Drittel aller Deutschen angab, dass sie dort am liebsten wohnen würden. Und die Stadt war so grässlich, so zynisch, so unehrlich, so selbstgefällig und korrupt, das man als halbwegs anständiger Mensch nur aufbegehren konnte gegen die herrschenden Verhältnisse. Gegen die schon damals unfassbaren Mieten. Gegen die Selbstgefälligkeit der CSU und ihres Ministerpräsidenten, der sich aufführte, als wäre er ein Monarch. Gegen die Verwandlung der beschaulichen Stadt in ein Ellenbogenhausen, ein Karrierekaff. Gegen den FC Bayern. Gegen den Ausverkauf sämtlicher Münchner und bayerischer Eigenarten als globale Marke im internationalen Tourismus-Wettbewerb.

Wobei dieses Aufbegehren jedes Mal sehr schnell in die herrschenden Verhältnisse integriert wurde – wenn zum Beispiel, nachdem der Bayerische Rundfunk sich aus der Kabarettsendung »Scheibenwischer« ausgeblendet hatte, diese Sendung mit Dieter Hildebrandt, einem äußerst bösen Gerhard Polt und der garstigen Musikgruppe Biermösl

Blosn auf der Bühne der Kammerspiele nachgeholt wurde. Und im Parkett genau die Leute, die da verhöhnt und beschimpft wurden, sich ganz wunderbar amüsierten. Es gab gleich zwei Dreisternerestaurants und neun mit je einem Stern, es gab das Parkcafé und das P1. Es gab viel Geld hier, weil fast jeder reiche Deutsche, der seinen Reichtum auch genießen wollte, ein Haus oder eine große Wohnung in München brauchte. Und am besten noch eine Villa am Tegernsee zur Erholung. Und es gab sehr viele Leute, die ziemlich lang sparen mussten für eines dieser wunderbaren Restaurants, weil eine kleine, nur halb gut renovierte Dreizimmerwohnung im Glockenbachviertel damals schon so viel kostete wie eine ganze Altbauetage in Berlin. Damit auch solche Menschen, die sich die Münchner Vergnügungen nur sehr selten leisten konnten, immer auf dem aktuellen Stand der Lustbarkeiten blieben, gab es, wie schon erwähnt, die Kolumne »Leute« in der »Abendzeitung«, in der Michael Graeter, geborener Vorstadtmünchner und ein Mann mit nicht besonders feinen Manieren, die Chronik der Münchner Nächte schrieb. Wenn man das heute wieder liest, dann muss man das Entsetzen angesichts absolut läppischer, hemmungslos sexistischer Sätze über weitgehend unbekannte und unverständliche Hauptfiguren erst einmal überwinden, bis man irgendwann bemerkt, dass Graeters Prosa im Grunde schon so eine Art Vorstudie zu dem war, was Bret Easton Ellis in seinen frühen Romanen ein paar Jahre später dann umso radikaler betrieb: Jeder Name ist ein Markenname, jede Person ist Hauptdarstellerin in einem Werbefilm für sich selbst. »An einem Abend bin ich unterwegs zum Kellerlokal La Cave von Haudegen Eberhard ›Ebsch‹ Rüsch, wo ich mich mit Baronin Linda von Beck, Ex-Ehefrau des Bierbrauers Schneppi von Beck in der Hallertau und heutige Society-Kolumnistin bei der Münchner Boulevardzeitung ›tz‹, treffe. Am Oskar-von-Miller-Ring besitzt die attraktive Münchnerin eine Herrenboutique.«

Klar, in Graeters Kolumne waren Uschi Glas und Uschi Obermaier zu Hause, Petra Schürmann, Franz Beckenbauer, Bernd Eichinger, Menschen also, die das Publikum kannte und für die es sich interessierte. Genauso häufig kamen aber Immobilien-Freiherren vor, Edel-Zahnärzte, Champagner-Botschafter, Prominente also, die nur dafür prominent waren, dass sie in Graeters Kolumne immer wieder erwähnt wurden. Prominent waren sie dann aber, und so wollten viele andere auch da hinein, wollten erwähnt werden in der Kolumne, endlich selbst prominent sein – und in seiner Autobiografie »Extrablatt« erzählt Graeter, dass Leute, die vorkommen wollten in seiner Zeitung, ihm auch mal einen Tausendmarkschein in die Brusttasche steckten. Behalten habe er das Geld nie, auch um die zehnfache Summe hätte er sich nicht kaufen lassen. Die großen Scheine blieben als Trinkgeld beim Personal.

Michael Graeter hat damals – und später, als es ihm nicht mehr so gut ging, erst recht – gern erzählt, dass er das Vorbild für Baby Schimmerlos gewesen sei. In einem Gespräch mit dem »Spiegel« ging er so weit, sich selbst zum Mitautor zu erklären: »… weil ich ja am Drehbuch mitgemacht habe. Der Regisseur Dietl kannte ja diese Szene nicht. Ich bin die Hintergrundfigur, der Ideengeber der merkwürdigen Begebenheiten, die einem so in der Society passieren.« Als er das Interview gab, 1986, hatte er allerdings längst die »Abendzeitung« verlassen, schrieb seit drei Jahren für die »Bild«-Zeitung, und seine besten Zeiten waren vorbei. Helmut Dietl hat immer wieder auf Hannes Obermaier verwiesen, genannt »Hunter« und Graeters Vorgänger bei der »Abendzeitung«, auf den Mann also, der das Genre der Gesellschaftskolumne in Amerika entdeckt und nach München importiert hatte. Aber egal, was sich Dietl und Süskind, als sie die Drehbücher schrieben, bei Graeter oder Obermaier abgeschaut hatten – Baby Schimmerlos war mehr Dietl als alles andere, inklusive der real existierenden Gesellschaftskolumnisten. Vielleicht war er sogar mehr Helmut Dietl, als es Tscharli Häusler, Maximilian Glanz und Franz Münchinger je gewesen waren.

Das Dumme war nur, dass, anders als bei den anderen Serien, die perfekte Besetzung weit und breit nicht zu sehen war.

Graeter hatte, wie schon erwähnt, Helmut Berger ins Spiel gebracht, praktischerweise in seiner Kolumne, damit auch jeder davon wusste. Dietl traf sich mit Berger in Hollywood, und erwartungsgemäß war Berger, dessen letzter großer Film, Viscontis »Gruppo di famiglia in un interno«, fast zehn Jahre zurücklag, ein bisschen schwierig. Ein paar Nächte habe es gekostet, im Chateau Marmont, in Schwulenkneipen, Gyms und Dampfbädern, bis Helmut Dietl sich ganz sicher war, dass Berger in jeder Hinsicht der Falsche war. Berger forderte, dass die Serie auf keinen Fall in München spielen dürfe. Schon eher in Rom, Paris, Hollywood. Berger forderte das Recht, jeden seiner Dialogsätze neu zu schreiben, wenn ihm etwas nicht passte. Berger stand allerdings in einem Ruf, der sich in diesen Nächten als die pure Wahrheit erwies: dass er zu viel trank, zu viele Drogen nahm und deshalb einen Hang zur Unpünktlichkeit, Unzuverlässigkeit und zu unberechenbaren Launen habe – genau das, was Dietl beim Drehen überhaupt nicht brauchen konnte. Für Berger sprach eigentlich nur, dass er sehr gut aussah und dass das Diabolische in seinen schauspielerischen Möglichkeiten lag. Und vielleicht dass er aus Bad Ischl in der Nähe von Salzburg kam, weshalb er mit dem richtigen Dialekt keine Schwierigkeiten haben würde. Und natürlich fand Michael Graeter, dass es schon einen, wenn auch schon verblassenden Weltstar brauchte für diese Rolle, die er für sein Porträt hielt.

Helmut Berger war also keine Option, und wie es kam, dass die Rolle dann mit Nikolaus Paryla besetzt wurde, konnte später keiner mehr sagen. Vielleicht war es ein Vorschlag Patrick Süskinds gewesen; Paryla hatte in der Uraufführung des »Kontrabasses« gespielt und war mit der Rolle fast verschmolzen. Vielleicht dachte Dietl, kurz zumindest, dass Parylas feine, hintersinnige, selbstironische Art dieser Rolle, die ja eher aggressiv, ehrgeizig, oft auch böse und arrogant angelegt war, mehr Tiefe geben könnte. Aber nachdem sie eine Woche gedreht hatten, war allen bewusst, dass Paryla und das Drehbuch nicht zueinander passten. Paryla war nicht laut und nicht Macho genug. Vor allem aber war er nicht genug Helmut Dietl.

Sie mussten also eine ganze Woche noch einmal drehen, das war schlimm genug. Schlimmer war, dass Dietl, als er an einem Freitag die Dreharbeiten mit Paryla abbrach, noch nicht wusste, mit wem er weiterdrehen würde. Am Wochenende veranstaltete er ein kurzes Casting mit sich selbst, was ja einerseits die perfekte Besetzung gewesen wäre. Andererseits war er eben kein Schauspieler, und in seinem Erinnerungsfragment schreibt er, dass Jürgen

Dohme und Kurt Raab, der fürs Casting zuständig war, ziemlich drucksend und hüstelnd reagiert hätten auf seine Vorstellung. Es sei aber Denise Cheyresy gewesen, die ihm ganz unverdruckst sagte, dass auch er der falsche Mann sei für die Rolle.

Das war am Freitagabend, und am Samstag, so erzählt Dietl, saß er im Arri-Kino. Kurt Raab hatte alle möglichen neueren Filmkopien herangeschafft, und beide hofften, dass in einem dieser Filme ihr Hauptdarsteller erscheinen würde. Irgendwann legte der Vorführer »Trokadero« ein, einen sogenannten jungen Heimatfilm über zwei Strizzis aus der niederbayerischen Provinz, in dem sich Dietl eigentlich Ludwig Hirsch anschauen wollte, den Wiener Liedermacher und Schauspieler, der in »Trokadero« die Hauptrolle spielte. Es war dann aber Hirschs Sidekick, der ihn faszinierte, ein blonder, sehr viriler, verwegen wirkender Mann um die vierzig, der, wie Dietl fand, eine erstaunliche Ähnlichkeit mit dem Dramatiker Franz-Xaver Kroetz hatte.

Es war tatsächlich Kroetz, der das Schauspielen am Max-Reinhardt-Seminar in Wien gelernt hatte, was aber die wenigsten, darunter Dietl, damals wussten. Viel berühmter und berüchtigter war er als Autor von Theaterstücken, von denen selbst Leute gehört hatten, die niemals ins Theater gingen, weil in den meisten dieser Stücke das Potenzial für einen Skandal vom Regisseur nur ausgespielt werden musste. Schon »Wildwechsel«, das Liebesdrama zwischen einem 14-jährigen Mädchen und einem 19-jährigen Jungen, das für den Vater des Mädchens tödlich endet, hatte 1972, in der Verfilmung von Fassbinder, ordentlich Wirbel gemacht, weil einerseits große Teile des Publikums dieses

Stück für eine einzige Sauerei hielten. Und weil andererseits der Autor Kroetz den Regisseur Fassbinder dafür beschimpfte, dass der sein Stück obszön inszeniert habe, als Denunziation sämtlicher Figuren, die darin vorkommen. Zudem war Kroetz in den siebziger Jahren der bekannteste bayerische Kommunist gewesen, Vorstandsmitglied und Landtagskandidat der DKP, ein Kommunist allerdings, der zur Parteiversammlung gern in einem Mercedes 450 vorfuhr, wofür ihn auch die Kommunisten hassten. 1980 war er wieder ausgetreten aus der Partei. Dass er aber ein gefährlicher Linker geblieben sei, davon waren die meisten Nichtlinken noch immer überzeugt.

Kroetz schrieb damals, Mitte der Achtziger, schnell und viel, auch wenn er nicht mehr so schnell und so viel schrieb wie in den Siebzigern, als manchmal vier Kroetz-Stücke pro Jahr uraufgeführt worden waren. Auf ein bis zwei Stücke im Jahr kam er immer noch. Aber sobald ein Stück fertig und uraufgeführt war, kam Kroetz, wie er selbst erzählte, in die Krise. Er war also die meiste Zeit in der Krise – und in so eine Krise hinein kam Dietls Anruf. Ob er zwei Drehbücher lesen und dann die Hauptrolle spielen wolle? Kurt Raab, so erzählt Dietl, fuhr mit dem Taxi nach Traunstein, wo Kroetz damals lebte, brachte die Drehbücher vorbei. Kroetz las sie sofort. Und sagte umgehend zu.

In München warf diese Besetzung keine Probleme auf – ganz im Gegenteil. Die Klatschkolumnen der Münchner Zeitungen berichteten über jeden Winkelzug der Vorarbeiten zur Serie über einen Klatschkolumnisten; und niemand schien zu fürchten, dass das einen medialen Kurzschluss auslösen könnte. Und wenn es Hinweise darauf gab, dass die Serie böse, gar »entlarvend« werden könne, schienen die Lust und die Vorfreude noch zu steigen. Franz Xaver Kroetz wurde hier als berühmter Dramatiker, Hemingway-Verehrer und gut aussehender Mann wahrgenommen – drei Eigenschaften, die den ganzen Berufsstand zu adeln schienen. Schriftsteller, zumindest Reporter vom Rang Hemingways, wollten doch alle sein.

Beim WDR waren sie dagegen. Kategorisch. Beim WDR galt Kroetz noch immer als Kommunist, und so einen wollten sie nicht in der Hauptrolle sehen. Dietl fing trotzdem an, mit Kroetz zu drehen, auf die Gefahr hin, dass der WDR als Geldgeber ausfiel; ein anderer war ohnehin nicht in Sicht. Er nahm also in Kauf, dass das ganze Projekt scheitern könnte. Aber dann kamen Klamroth und seine Kollegen erst einmal nach München und schauten sich die ersten Muster an. Danach waren auch sie mit Kroetz einverstanden. Einige, erzählt Dietl, wollten sogar ein Autogramm.

XIX.

Das Volk sieht nichts

Im Herbst 1984 hatte die Literaturredaktion der Frankfurter Allgemeinen Zeitung dringend nach einem Romanmanuskript gesucht, das sich für den Vorabdruck als täglich erscheinende Fortsetzungsserie eignete. Der Diogenes-Verleger Daniel Keel schickte das gerade abgeschlossene Manuskript von Patrick Süskinds Roman – und am 16. Oktober 1984 erschien die erste Folge. »Das Parfum« hieß der Roman, der die Geschichte Jean-Baptiste Grenouilles erzählte, eines Parfumeurs im Frankreich des 18. Jahrhunderts, eines extrem begabten Duftherstellers, der zum Mörder wird, weil er den ganz besonderen Duft der Jungfrauen einfangen will, was diese nicht überleben. Ob der Vorabdruck die Auflage der Zeitung steigerte, ließ sich schon damals nur schwer messen. Was aber sichtbar und zählbar war, das waren die vielen Leserbriefe, welche die Begeisterung des Publikums bezeugten. Im Februar 1985 kam »Das Parfum« als Buch heraus, in der ohnehin schon hohen ersten Auflage vom 50 000 Exemplaren. Nach zwei Monaten waren aber mehr als 100 000 Exemplare verkauft, und selbst die Kritiken waren lobend, auch wenn viele Rezensenten sich fragten, ob das überhaupt noch erlaubt sei, so altmodisch chronologisch und so suggestiv zu erzählen. Wenn man es so gut könne, dann dürfe man das, schrieb

Marcel Reich-Ranicki in der FAZ. Und in der Frankfurter Rundschau grub Wolfram Schütte den Text so lange um, bis er darin die subversiven Strategien identifizieren konnte. Daniel Keel verkaufte die Rechte in alle geläufigen Sprachen – und ungefähr um diese Zeit herum, in der Mitte des Jahres 1985, muss es gewesen sein, dass Patrick Süskind unsichtbar wurde. Ob das einem Plan entsprach und von langer Hand vorbereitet war oder ob Süskind nur ein erstes Interview verweigerte und für einen zweiten Journalisten nicht zu sprechen war und für einen Fotografen schon erst recht nicht und dann so weitermachte, bis er womöglich selbst darüber staunte, dass er damit zum deutschen Thomas Pynchon geworden war – das lässt sich heute nicht mehr ermitteln. Und fragen darf man Süskind zwar zu allen Details der Zusammenarbeit mit Dietl, aber nicht nach ihm selbst, nicht nach seinem Leben, und wenn doch, dann soll man es nicht veröffentlichen. Vermutlich ist es einfach so, dass Patrick Süskind als Co-Autor von »Kir Royal« jetzt das Geschäft so gut kannte, dass er ahnte, was andernfalls auf ihn zugekommen wäre. Wäre er nicht unsichtbar geworden, man wäre ihm zwangsläufig in den Gesellschaftskolumnen begegnet. »Prächtig amüsierte sich Bestsellerautor Patrick Süskind (›Das Parfum‹) mit Power-Produzent Bernd Eichinger und Regielegende Helmut Dietl.«

Helmut Dietl hatte, wie gesagt, den »Kontrabaß« geschwänzt; aber »Das Parfum« wird er schon gelesen haben, allein deshalb, weil, angesichts des Erfolgs sich schon bald die Frage nach den Filmrechten stellte, auf die Süskind allerdings jahrelang Nein sagte, bis er dann doch, im Jahr 2001, diese Rechte an Bernd Eichinger verkaufte. Und wenn Helmut Dietl »Das Parfum« gelesen hat, dann hat er womöglich nicht alle literarischen Anspielungen und Verweise identifiziert. Aber er hat ganz sicher gemerkt, dass all die Behauptungen des Romans über die betörende Wirkung der Düfte gedeckt waren durch die betörende Wirkung von Patrick Süskinds Sprache. Kann sein, dass Dietl damals eine gewisse Befriedigung und Bestätigung fühlte. Er hatte ja zehn Jahre zuvor das Talent dieses jungen Mannes erkannt. Und der Roman beweist ja, wie gut auch Süskinds Sinn für Rhythmus, Dramaturgie und die knappe und präzise Schilderung von Personen war. Dass man also Süskinds Anteil am Zauber der Drehbücher nicht unterschätzen darf.

Es dauerte, bis aus »Kir Royal« etwas wurde. Dietl hat später, in diversen Interviews, davon erzählt, dass er zum Glück sehr viele Werbefilme drehe; so könne er es sich leisten, relativ langsam zu arbeiten. Die Folgen »Das Volk sieht nichts« und »Adieu Claire« wurden geschrieben, dann gedreht, und dann erst machten sich Dietl und Süskind daran, die anderen Folgen zu schreiben. Im Frühjahr mietete Dietl ein Haus in Roquette-sur-Siagne in den Bergen oberhalb der Cote d'Azur, eine halbe Stunde entfernt von Roquefort-les-Pins, das sie aufgegeben hatten. Süskind kam dazu; hier schrieben sie, als Letztes, die ersten beiden Folgen, »Wer reinkommt, ist drin« und »Muttertag«, und als sie fertig waren, gönnten sie sich die berühmte Bouillabaisse im schönen und sehr teuren Restaurant »Le bacon« am Cap d'Antibes.

Die Liebesszenen zwischen Senta Berger, die Baby Schimmerlos' Freundin Mona spielte, und Franz Xaver Kroetz, so erzählt Jürgen Dohme, hätten nicht so recht gezündet, und so hätten Dietl und Süskind das ganze emotionale Potenzial dieser Beziehung in die Streitereien hineingeschrieben. Dass die Folge »Wer reinkommt, ist drin« nicht nur die stärkste ist, sondern auch deshalb der perfekte Anfang, weil hier die Figuren und ihre Motive am besten eingeführt werden, wurde Dietl erst klar, als alles inszeniert war. Eigentlich hatte die Serie mit der Folge »Das Volk sieht nichts« beginnen sollen.

Am 30. Juli fand im Arri-Kino in der Türkenstraße eine feierliche Vorpremiere statt; gezeigt wurden die erste Folge in ihrer ursprünglichen, 80-minütigen Fassung und die letzte Folge in der Fassung, wie man sie kennt. Es muss wohl ein sehr schönes Fest gewesen sein. Dohme erzählt, sie hätten damals mit Buhs und Protesten gerechnet, einfach weil sie, so empfanden sie es jedenfalls selbst, sich die Frechheit geleistet hatten, genau die Leute einzuladen, die, mehr oder weniger, die Inspiration geliefert hatten fürs Personal der Serie. Alle kamen sie, auch die Gesellschaftsreporter, und die wenigsten wollten warten, bis die Vorführung zu Ende war. Es gab Szenenapplaus, immer wieder, Jubel am Schluss, Kir Royal wurde serviert, und der Klatschreporter Michael Graeter bestand darauf, dass er mit dem Klatschreporterdarsteller Franz Xaver Kroetz fotografiert wurde, für die Klatschspalten sämtlicher Zeitungen. Es zeichnete sich schon an diesem Abend ab, dass die Serie ein gewaltiger Erfolg werden würde, nicht nur, aber auch weil die von Dietl, Süskind, Kroetz verhöhnten Mitglieder der, wie man damals sagte, »genießenden Klasse« sich sehr gut getroffen fanden und noch am Premierenabend versuchten, »Kir Royal« nach- oder weiterzuspielen, wenn auch in nicht ganz so grandioser Besetzung.

Bei Dietl wurde Mario Adorf, im fiktiven Luxusrestaurant »Villa Medici«, von Edgar Selge bedient. Die ganze Partyblase wurde angeführt von Peter Berling; und in der Küche des fiktiven Restaurants »Champs-Elysées« stand Peter Kern, während Harald Leipnitz die Tür bewachte und die Stimmung anzuheizen versuchte. Ganz so toll und glamourös waren die Leute, die das echte »Kay's Bistro« oder das reale »Tantris« bewohnten, leider nicht. Und Dietl konnte fast von Glück sagen, dass es auch ein paar Leute gab, welche die ganze Sache mit profundem Unverständnis betrachteten, eine längst vergessene Zeitschrift zum Beispiel, die angesichts der großen Heiterkeit dieser Premiere zu dem Schluss kam, dass »Kir Royal« womöglich nur etwas für Insider sei, nur für die Leute also, von denen die Geschichte handle. Anderswo würde dieses Treiben auf Unverständnis und Kopfschütteln stoßen, zumal ja ein Familienvater mit zweitausend Mark im Monat es sicher nicht witzig finden werde, wenn Mario Adorf mit den Tausendern um sich wirft. Der »Stern«, in Hamburg zu Hause, bezweifelte, dass nördlich des Mains sich irgendwer für diese Leute interessieren würde. Der Berliner Filmproduzent Horst Wendlandt, ein Mann von zweifelhaftem Geschmack und großem kommerziellem Gespür, fand es witzig genug und wollte die erste Folge sofort ins Kino bringen. Was, einerseits, keine ganz schlechte Idee war. Dietl hatte die ganze Serie nicht, wie sonst beim Fernsehen üblich, im 16-Millimeter-Format gedreht, sondern auf teurerem 35-Millimeter-Film, was die Farben anders glänzen, die Räume und Menschen ganz anders leuchten ließ. Andererseits hatte der WDR die ganze Sache bezahlt. Und die Sendetermine standen längst fest, weshalb daraus nichts wurde.

Als »Kir Royal« dann ausgestrahlt wurde, schrieb Georg Hensel, damals der Theaterkritiker der »FAZ« und ein großer, menschenfreundlicher Autor, ein zartes und gut begründetes Lob der Serie, ihres Regisseurs, ihrer Autoren und fast aller ihrer Darsteller, dessen Fazit dennoch von großer Boshaftigkeit war: »›Kir Royal‹ hat uns das Interesse an einer Gesellschaft, die uns nie interessiert hat, auf die amüsanteste Weise abgewöhnt. (...) Zur besten Sendezeit, wenn im deutschen Fernsehen der Erziehungswahn über alle Tellerränder schwappt, war ›Kir Royal‹ von angenehmer Nichtigkeit.« Das war in seiner Herablassung nur deshalb verständlich, weil ein Theaterkritiker geradezu gezwungen ist, schon aus Gründen der Selbstachtung, einen Abend mit Shakespeare für bedeutender zu halten als einen Abend mit den ganz realen Angebern, Schönschwätzern, Verliebten und Genusssüchtigen in einem Münchner Restaurant. Als Theaterkritiker muss er beide gering schätzen, den Gesellschaftsreporter und die Gesellschaft, die der beschreibt. Wobei das große Missverständnis des Georg Hensel darauf hinauslief zu glauben, dass diese Gesellschaft das Thema der Serie sei. Noch indem er schrieb, jedem Nichtmünchner sei es ganz gleichgültig, ob das Vorbild für Ruth Maria Kubitscheks Rolle die »Abendzeitungs«-Verlegerin Anneliese Friedmann gewesen sei, ob Fritz Muliars Rolle auf den damals mächtigen Agenten und Medienmanager Josef von Ferenczy verweise, sagte Hensel das genaue Gegenteil: dass man diese Erzählung und Inszenierung an ihrer inneren Stimmigkeit, ihrer immanenten Wahrheit messen sollte – und nicht daran, wer oder was in der Wirklichkeit gemeint war oder womöglich kritisiert wurde.

Genau das war ja der Zugang und die Arbeitshypothese auch der trivialeren Berichte, Kritiken, Boulevard- und Illustriertengeschichten: dass es in München eine feierlustige, ausgehfreudige und von einem Hang zu Korruption und Opportunismus beseelte Gesellschaft gebe, deren Mitglieder sich aus den unterschiedlichsten sozialen Schichten rekrutierten, von der echten Adeligen über reich gewordene Bürger, Bewohner des sogenannten Showbusiness bis zu den Glücksrittern, die von ganz unten kamen und mit ihrer Schönheit, ihrem Ehrgeiz oder auch mit krimineller Energie ganz nach oben drängten, die aber alle gleich seien, gleich groß jedenfalls, wenn ihre Namen in Acht-Punkt-Schrift in der Gesellschaftskolumne erschienen. Diese Gesellschaft werde in »Kir Royal« wahlweise seziert, entlarvt, aufgespießt – und weil das so ein Vergnügen war, gab es ungezählte Zeitungsstorys zu der Frage, wer wer sei in der Serie. Wer da drin sei und wer nicht und aus welchem Grund. So, als ob man »Kir Royal« wie eine Klatschkolumne zweiter Ordnung lesen müsste.

Natürlich war »Kir Royal« nicht bloß Komödie, sondern in manchen Szenen der reinste Slapstick, Satire, herrlich unrealistische Übertreibung, bis die Verhältnisse ihren absurden Kern offenbarten: Wenn Mario Adorf als Generaldirektor Haffenloher betrunken zurückkommt in den »Bayerischen Hof« und die Drehtür mit so viel Schwung nimmt, dass er erst nach drei Drehungen herausfindet; wenn Walter Schmidinger als Staatssekretär Klaustaler sich noch nicht einmal eine Meinung zum Wetter erlaubt, bevor er nicht die Ansicht des Ministerpräsidenten eingeholt hat; später trocknet er dem Chef untertänigst die Füße ab; wenn Ruth Maria Kubitschek als Verlegerin Friederike von Unruh auf den Tisch steigt, ihr Kleid hochzieht und dem Baby ihre makellosen Beine zeigt, die der beste aller Krampfadernspezialisten von den Krampfadern befreit hat; oder wenn Michaela May als Königin Katharina von Mandalia im Nachthemd einen Waffenhändler empfängt und dessen wunderbares Schnellschussgewehr gleich ausprobiert, in einem Hotelzimmer im »Bayerischen Hof«, was den Baby und seinen Fotografen Herbie, die im Nachbarzimmer lauschen und durchs Schlüsselloch schauen, in akute Lebensgefahr bringt; oder wenn der reichste Mann Deutschlands, der nie ins Bild kommt, wie einst der König Ludwig, im Pferdeschlitten durchs verschneite Voralpenland fährt, neben sich einen Lustknaben; wenn er später mit lauter Bauernburschen eine Orgie auf seinem Schloss feiert und dem Baby dafür, dass er die Geschichte nicht bringt, das Hundertfache dessen zahlt, was der als Honorar hätte fordern können.

Das dekadente Restaurant »Villa Medici«, das in der ersten Folge eine wichtige Rolle spielte, hatte Dietl in der Aussegnungshalle des Münchner Ostfriedhofs aufbauen lassen, was, als es herauskam, die CSU und die konservativeren Zeitungen sehr empörte. Und als in der dritten Folge »Das Volk sieht nichts« das Bestechungsgeld für den Kauf einer Villa am Starnberger See ausgerechnet in einem Beichtstuhl überreicht wurde, empfanden das nicht nur die CSU, die katholische Kirche und sämtliche konservativen Bayern als Gotteslästerung und Geschmacklosigkeit. Es verdross auch jene Leute beim WDR, die dem Redakteur Jörn Klamroth vorgesetzt waren, weshalb der fast seinen schönen Job verloren hätte. »Taktlosigkeit wirft man den Satiren immer dann vor, wenn schon die Realität aus dem Takt gekommen ist«, schrieb Georg Hensel in der FAZ.

Durch diese oft lustige, oft drastische und manchmal auch melancholische Satire bewegt sich aber Baby Schimmerlos als ernste und ernst zu nehmende Figur. Es fängt schon damit an, dass in der allerersten Szene der ersten Folge bewiesen wird, dass Babys Rechnungen niemals aufgehen können. Da sitzt Mona schon an der Rechenmaschine, während Baby, noch im Bett, ein erstes Glas Champagner trinkt. Unterm Strich kommt Mona zu dem Ergebnis, dass die Ausgaben ungefähr doppelt so hoch wie die Einnahmen sind: »... Autosteuer, Benzin und Versicherung: eintausendzweihundert Mark; Wäsche und Reinigung: dreihundertfünfzig; Haushalt, Essen, Trinken: Minimum zweitausend.« Genau so hat sich Helmut Dietl selbst immer wieder davon überzeugt, dass er sich sein Leben eigentlich nicht leisten könne, was ihn aber nicht zum Sparen inspirierte, sondern meistens dazu, mehr Geld verdienen zu wollen.

In der zweiten Folge stirbt, nachdem sie die Hemden ihres Sohnes gebügelt und die Wohnung sauber gemacht hat, schließlich Baby Schimmerlos' Mutter, was den Sohn aus der Bahn wirft, wenn auch nur für den Rest dieser Folge. In der dritten Folge versucht Baby Schimmerlos, eine Villa über dem Starnberger See zu kaufen, was ihn und seine Mittel allerdings total überfordert. In seinem Nachruf hat Patrick Süskind erzählt, dass Helmut Dietl eigentlich ständig Häuser, Wohnungen, ländliche Anwesen kaufte oder zumindest kaufen wollte oder fast gekauft hätte. An keinem Maklerauschang habe er vorbeigehen können. In der letzten Folge weiß Baby dann, dass er Mona verloren hat. Sie singt jetzt, sie probt ihre Show in der Lach- und Schießgesellschaft. Er steht draußen und raucht, und ihm gegenüber steht Peggy, gespielt von Angelica Domröse, die Frau, die Mona groß herausbringen will. Sie raucht auch, manchmal schauen sie einander an, dann rauchen sie wieder und sprechen kein Wort. Was man da sieht, kann man unmöglich einen Flirt nennen, weil es zu heftig, zu direkt, zu lüstern ist. Dann geht sie wieder hinein, und die Serie ist vorbei, und man ahnt, dass in Baby Schimmerlos' nächster Lebensserie diese Frau die Hauptrolle spielen wird.

Seinen Tiefpunkt erlebt Baby Schimmerlos schon in der ersten Folge. Es ist nicht der Moment, da Heinrich Haffenloher, der reinwill in die Kolumne, ihm seine Macht demonstriert; »Ich kauf dich einfach, verstehste, Junge! Ich kauf dir eine Villa, und dann stell ich dir noch 'nen Ferrari davor! Und deinem Weib schick ich jeden Tag 'nen Fünfkaräter. Ich schieb's dir hinten und vorne rein. Ich scheiß dich so was von zu mit meinem Geld, dass du keine ruhige Minute mehr hast.« Es ist der Moment, da Baby erkennt, dass er die Wahl hat, sich kaufen oder sich erpressen zu lassen. Da er nicht käuflich ist, lässt er sich erpressen. Tiefer geht es nicht, schlimmer ist nicht einmal die Szene in der zweiten Folge, in der er den Urin einer Schauspielerin untersucht, weil er wissen will, ob sie schwanger ist. Baby Schimmerlos will Chronist sein und Geschichten erzählen, und zugleich will er sich selbst heraushalten. Die ganze Serie läuft auf die Erkenntnis hinaus, dass das nicht möglich ist. Die Geschichten, aus denen er sich heraushält, sind langweilig, und selbst da, wo sie deftig und schmutzig sind, fehlt ihnen die existenzielle Dimension. In seinen Kolumnen geht es um Essen, Trinken, Sex und Geld. In seiner

Wirklichkeit geht es um Leben und Tod. Die schlechteren Geschichten sind die, in denen er nur Zuschauer ist. In den besseren spielt er mit. Man meint das Rückkopplungspfeifen zu hören. Andere Filmemacher, wenn sie ihre eigene Arbeit reflektieren wollten, haben Filme übers Filmemachen gedreht. »Kir Royal«, die Geschichte eines Klatschreporters, ist Helmut Dietls »Achteinhalb«, sein »Le mépris«, sein »Singin' in the Rain«.

XX.

München, erledigt

Was macht einer aber nach so einem Triumph? Klar, er lässt sich feiern, und wenn man von heute aus zurückschaut, dann sieht es so aus, als habe Helmut Dietl all die Bambis, Kritikerpreise, Grimmepreise in dem Gefühl akzeptiert, sie stünden ihm einfach zu. Was macht einer aber danach, oder besser: währenddessen – weil Preise anzunehmen, Interviews zu geben und noch berühmter als zuvor zu sein, ja auch keine Ganztagsbeschäftigungen sind. Man macht einfach weiter, so heißt die gängige und nicht ganz falsche Antwort. Aber einfach weiterzumachen, das wäre, nicht nur aus Helmut Dietls Sicht, aus der aber ganz besonders, absurd gewesen. Noch eine Fernsehserie aus München, mit einem erwachsenen und etwas schwierigen Mann in der Hauptrolle, die zudem Helmut Dietl ähneln müsste? München war vermessen, ausgeleuchtet, kartografiert, inszeniert und schließlich neu erfunden worden von Helmut Dietl. In München war künstlerisch nicht mehr viel zu holen. Und im Leben hatte er eine sehr schöne Wohnung mitten in Schwabing gefunden, in einem schönen Wohnhaus der Jahrhundertwende, nur ein paar Schritte entfernt vom Haus der Spedition Heimerl, in dem er als Teenager mit seiner Mutter gewohnt hatte. Im Leben ging er nahezu jeden Abend ins »Romagna Antica«, wo sie schon wussten, dass Helmut Dietl nicht lange warten wollte, und ihm, kaum dass er sich gesetzt hatte, mindestens Brot und Butter hinstellten, weil ihr Stammgast sonst grantig wurde. Er wurde eh recht schnell grantig, wenn er zu lange in München blieb. Und so kaufte er sich im Herbst 1986 ein Haus in Roquefort-les-Pins, wofür er sich Geld von Patrick Süskind leihen musste, wie er in seinen Notizen schreibt. Süskind, gerade noch Dietls Schützling, war jetzt der Reichere von beiden. Zum Teil wohnte Dietl mit Denise Cheyresy auch auf einem Boot im Hafen von Cannes, was allerdings im Winter nicht besonders gemütlich war.

Horst Wendlandt, seit »Kir Royal« ein Fan von Dietl, fragte an, ob der sich vorstellen könne, »Otto, den Film« zu inszenieren, mit Otto Waalkes, dem norddeutschen Komiker, der damals noch populärer war als Loriot. Ein Premierentermin stand fest, ein fertiges Drehbuch gab es noch nicht, Dietl traf sich mit Otto Waalkes und den Autoren, dann dachte er nach, und dann rief er Waalkes an und sagte, dass das nichts für ihn sei. Worauf, schreibt Dietl, Otto fast geweint habe. Die Regie übernahm dann Xaver Schwarzenberger, der Film wurde mit 14 Millionen Zuschauern der erfolgreichste deutsche Film, seitdem überhaupt Zuschauerzahlen gemessen wurden.

Im Juni 1987 heirateten Helmut Dietl und Denise Cheyresy in München und feierten im »Romagna Antica«. Ein neues Projekt gab es den ganzen Sommer lang nicht, und im Herbst rief endlich Ulrich Limmer an, Produzent bei der Bavaria in München. Es gebe da eine Sache, die ihn, Dietl, vielleicht interessieren könnte. Die Geschichte der gefälschten Hitlertagebücher. Peter Märthesheimer und Pea Fröhlich, das Autorenpaar, das für Fassbinder »Die verlorene Ehre der Maria Braun«, »Lola« und »Die Sehnsucht der Veronika Voss« geschrieben hatte, arbeiteten schon am Drehbuch. Helmut Dietl war interessiert, aus mindestens drei Gründen. Es würde ein Kinofilm werden, es war eine groteske Geschichte. Und es ging ums sogenannte Dritte Reich – eine Herausforderung, der sich Dietl schon lange stellen wollte.

Die Geschichte von den gefälschten Hitlertagebüchern, wie sie sich in den frühen Achtzigern tatsächlich ereignet hatte, ging kurz erzählt so, dass die Illustrierte »Stern« am 28. April 1983 mit der Titelgeschichte »Hitlers Tagebücher entdeckt« herauskam. Drinnen im Heft wurden Auszüge gedruckt, mehr sollten folgen in den kommenden Ausgaben. Gerd Heidemann, ein Reporter des »Sterns« und exzentrischer Sammler von Nazi-Devotionalien, hatte verkündet, er habe einen Mann aufgespürt, der die verlorenen Tagebücher von Adolf Hitler beschaffen könne. Der »Stern« investierte in die Beschaffung mehr als neun Millionen Mark. Der Mann, er hieß Konrad Kujau, war aber ein einigermaßen geschickter Fälscher – und das eigentlich Bestürzende an dem ganzen Vorgang war, dass der Verlag Gruner und Jahr nicht nur das viele Geld für den Schwindel zahlte, sondern dass die Führungskräfte von Verlag und Redaktion, weil sie auf den größten Scoop aller Zeiten hofften, alle Warnzeichen übersahen, alle Hinweise überhörten. Selbst der deutlich sichtbare Fehler, dass die Initialen auf den Umschlägen der Tagebücher in der Schriftart Engravers Old English normal nicht AH, sondern FH bedeuteten, wurde damit erklärt, dass das eben »Führer Hitler« oder »Führer-Hauptquartier« heißen solle oder irgendetwas anderes. Eine Woche später stand fest, dass die Tagebücher eine Fälschung waren.

Es waren die besten Zeiten des Hamburger Journalismus, was man sich unbedingt vor Augen führen sollte, wenn man verstehen will, was an dieser Geschichte groß genug für einen Kinofilm sein könnte. »Spiegel« und »Stern« hatten siebenstellige Auflagen und waren so voll mit Werbung, dass der Job der Anzeigenakquisiteure im Wesentlichen darin bestand, ans Telefon zu gehen, wenn jemand buchen wollte. Die Gewinne waren riesig, entsprechend hoch waren auch die Gehälter und die Spesenkonten, und so ließ es sich gar nicht vermeiden, dass die Reporter, Ressortleiter, Chefredakteure sich ungeheuer bedeutend, wichtig, mächtig vorkamen und, weil das Geld ja da war, wenig Hemmungen hatten, es auch auszugeben. Wenn diese Leute stürzten, dann war die Fallhöhe schon groß genug für einen Film.

Das Drehbuch von Fröhlich und Märthesheimer fand Dietl aber, als es dann fertig war, nicht brauchbar. Zu viel Kabarett, zu deutscher Witz, nicht subtil genug für einen Regisseur wie ihn. Er werde das Drehbuch selbst schreiben, erklärte er Ulrich Limmer und Günter Rohrbach, der damals Chef der Bavaria war. Die waren einverstanden, und das war der Moment, da Hellmuth Karasek ins Spiel kam. Karasek war damals Kulturchef des »Spiegels«, kannte also das Milieu, in dem der Film spielen sollte, aus eigener Anschauung. Er war gelernter Theaterkritiker, hatte selbst zwei Boulevardkomödien geschrieben, von denen die erste ganz gut angekommen war. Als Kritiker hatte er aber irgendwann in den Achtzigern entdeckt, dass er das Kino viel interessanter fand. Und weil er, aus tiefster Überzeugung, ein Gegner des heiligen Ernstes in der deutschen Hochkultur war, ein Mann, dem eine Pointe mindestens so teuer war wie ein Gedanke, hatte er »Kir Royal« und dessen Schöpfer im »Spiegel« heftig und ausführlich gefeiert. Karasek bot sich also als Co-Autor an, Dietl ging darauf ein, und es sieht so aus, als wäre die Arbeit mit Karasek für Helmut Dietl zugleich die nächste Lektion zum Journalismus geworden. Karasek war ein schneller, kluger und inspirierter, aber nicht besonders perfektionistischer Schreiber. Er fing überhaupt erst mit dem Schreiben an, wenn der Redaktionsschluss schon absehbar war und kaum noch Zeit blieb, dass ein Kollege das gegenlas. Am Montag war es eben gedruckt, und die nächste Ausgabe musste konzipiert werden, weshalb es sich nicht lohnte, sich mit den Schlampereien länger abzugeben. Selbst Karaseks autobiografischen Büchern merkt man an, dass sie so entstanden sind, schnell und ohne die Geduld, das Geschriebene noch einmal zu lesen und vielleicht zu überarbeiten.

Was das Gegenteil der Methode Helmut Dietls war. Der schrieb langsam, hörte praktisch jedem Dialogsatz hinterher, war extrem perfektionistisch, wenn es darum ging, dass jeder Satz auch zu der Person passte, die ihn sprach. Und er war bereit, jede Szene noch einmal und vielleicht auch ein zweites Mal zu überarbeiten, damit sie auch stimmig war in der Gesamtkomposition. Das ging einfach nicht zusammen, Karasek blieb eben immer der Kritiker, der den Regisseur verehrte und bewunderte und für den Besten in ganz Deutschland hielt, was angenehm ist. Aber keine Basis, wenn man jeden Tag zusammenarbeiten will. In Dietls Notizen steht ganz knapp, dass es Streit gegeben habe, und dann habe man sich getrennt. Karaseks Version der gleichen Geschichte ging so, dass die Chefredaktion des »Spiegels« ungeduldig und misslaunig geworden sei angesichts seiner vielen und prominenten Nebentätigkeiten. Er war ja auch noch ständiges Mitglied im »Literarischen Quartett«, nicht ganz so populär wie dessen Gastgeber Marcel Reich-Ranicki, aber immerhin so populär und prominent, dass er damit dem Herausgeber Rudolf Augstein womöglich gefährlich wurde. Man habe ihm schließlich verboten, weiter an diesem Drehbuch zu arbeiten. Dass er sich von Dietl nicht hinausgeworfen fühlte, und wenn doch, dass er den Ärger darüber schnell verwunden hatte, das zeigte sich später, als Karasek weiter Dietls treuester Fan im Feuilleton blieb, Hymnen schrieb und Interviews veröffentlichte.

Es ergab sich dann, dass Dietl das Drehbuch zusammen mit Ulrich Limmer schrieb, der ja auch die Idee gehabt hatte für den Film. Sie schrieben mal in München, mal in Roquefort, sie schrieben das ganze Jahr 1989 an dem Buch, und als 1990 anfing, waren sie immer noch nicht ganz fertig. Als die Mauer fiel, am 9. November 1989, sei er in Roquefort gewesen, habe ferngesehen und sich dabei eher deprimiert als euphorisch gefühlt. Ihm war ja die Bundesrepublik schon fremd genug. Das größere, das wiedervereinigte Deutschland, auf den dieser Abend hinauslief, war nichts, worauf Helmut Dietl sich freuen konnte. Vermutlich ahnte er schon damals, dass in diesem größeren, östlicheren Deutschland die heimliche Hauptstadt, dieses halb italienische Monaco di Baviera, bald nicht mehr so wichtig und verführerisch sein würde.

Als das Drehbuch fertig war, stellte sich die Frage, was das kosten dürfe. Bernd Eichinger, der ja an der Produktion nicht beteiligt war – »Hitlertagebücher, oh mei, das mag doch kein Mensch sehen«, fand er –, gab trotzdem eine Verleihgarantie von zwei Millionen. Die Bavaria, in

Gestalt Günter Rohrbachs, wollte nicht mehr als acht Millionen Mark ausgeben, Dietl forderte zwölf, darunter brauche man gar nicht erst anfangen. Rohrbach meinte, dass das unmöglich sei, Dietl sagte, dann mache er diesen Film halt nicht – was insofern kein Bluff war, als Helmut Dietl immer wieder erzählt hat, dass ihm die Dreharbeiten recht eigentlich ein Graus waren. Vor ihrem Beginn habe er eigentlich immer Panik und starke Versagensängste gehabt. Die Bavaria bewilligte schließlich die zwölf Millionen nicht ausdrücklich; man einigte sich aber darauf, dass der Film halt kosten werde, was er kosten müsse.

Es gab bald noch mehr Streit mit der Bavaria, der heftigst mit Helmut Dietls neuer Freundin zu tun hatte. Die Liebesgeschichte mit Denyse Cheyresy war vorbei. Er hatte sie vernachlässigt, sie lebte immer weniger in München und immer mehr in Südfrankreich, und irgendwann kam heraus, dass sie einen neuen Geliebten hatte. Nicht dass Dietl besonders treu gewesen wäre, in seinen Notizen schreibt er, dass er schon auch eine Erleichterung gespürt habe. Aber normalerweise war er es, der die Frauen verließ, und da das hier umgekehrt war, fühlte er sich halt doch gedemütigt, betrogen, schlecht. Es sei ein Abend im Februar 1991 gewesen, schreibt Dietl, ein mieser Abend, weil er den ganzen Tag neue Sofas in der Wohnung hin- und hergerückt habe auf der Suche nach dem perfekten Arrangement, dabei habe er sich am Bein verletzt, und hinkend sei er dann zu Patrick Süskind zum Abendessen gegangen. Süskind, das muss hier kurz eingeschoben werden, war (und ist) ein allseits bewunderter Koch. Selbst Denise Cheyresy, die Französin, sei damals, als in Südfrankreich das Drehbuch zu »Kir Royal« geschrieben wurde, ganz begeistert gewesen. Wobei Süskind im Nachwort zu »A bissel was geht immer« betont, dass die Geschmäcker ganz verschieden gewesen seien, Dietl habe Gerichte »mit prononciertem Geschmack«, also beispielsweise Kutteln, Nieren, Knoblauch, rote Rüben verabscheut, er, Süskind, liebe sie, und so gab es an diesem Abend, worauf sich beide einigen konnten: ein Roastbeef und Salat. Dann, schreibt Dietl, wollte er nach Hause gehen, aber weil es doch gleich um die Ecke lag, ging er dann doch noch ins Arri-Kino in der Türkenstraße, wo die »Abendzeitung« die »Sterne des Jahres« vergab, für besondere kulturelle Leistungen. Die Verleihung hatte Dietl verpasst, aber danach gab es immer eine schicke Party. Und dort geschah es, dass Helmut Fischer ihm eine junge Dame vorstellte, 25 Jahre, ein Meter achtzig groß, sehr blond, sehr sexy, von der Dietl so hingerissen war, dass er am nächsten Tag mit ihr essen und dann zu sich nach Hause ging. Und wenig später zog sie bei ihm ein.

Es war eine Geschichte, die ein allgemeines und starkes Unverständnis provozierte. Die Frau hieß Veronica Ferres, war, was sich nicht verheimlichen ließ, die Tochter eines Kohlen- und Kartoffelhändlers aus dem Bergischen Land, und mit der entsprechenden Geringschätzung wurde sie in München gemustert. Ein rundes, fast noch kindliches Gesicht, bisschen Babyspeck, große Brüste. Und ein paar kleine Rollen in kleinen Filmen und beim Fernsehen. Nicht besonders elegant, weltläufig schon gar nicht, und ihre Begabung, wenn sie die hatte, war noch nirgendwo zu sehen gewesen.

Kenner des Dietl'schen Werks erinnerten sich vielleicht an das »erotische Heimweh«, das damals den Monaco Franze hin zu einer 19-jährigen Jacqueline gezogen hatte; aber das war ja auch darauf hinausgelaufen, dass am Schluss der Franze, k. o. geschlagen, im Krankenhaus lag. Als dann Dietl vorschlug, dass Veronica Ferres in dem Tagebücher-Film eine Hauptrolle spielen solle, war Günter Rohrbach, sonst ein Mann von schneidigen, aber altmodisch guten Manieren, entgeistert. »Sie können ruhig mit ihr schlafen, aber spielen soll sie nicht, auf keinen Fall.«

»Herr Doktor, die Frau wird ein Star, dafür habe ich ein Auge«, antwortete Dietl und erinnerte Rohrbach daran, dass er dieses Auge auch bei Halmer, bei Fischer, bei Kroetz gehabt habe. Natürlich setzte sich Dietl durch. Ulrich Limmer war ohnehin auf seiner Seite, und gegen das Argument, dass die beiden Drehbuchautoren schon selbst wüssten, wie sie sich eine Figur vorgestellt hätten, konnte Rohrbach wenig sagen. Und wenn doch, kam eben wieder der Satz: »Dann mache ich den Film halt nicht.«

Die allgemeine Skepsis gegenüber Veronika Ferres hielt noch lange an. Die Karriere, die sie dann machte, hat Helmut Dietl aber tausendmal recht gegeben. Aus Veronika Ferres ist, wie jeder Fernsehzuschauer weiß, ein Star geworden, eine Frau, die seit dem Ende der Neunziger sensationelle Einschaltquoten garantiert hat.

Dietl hat notiert, dass Veronica Ferres an den ersten Drehtagen einen leicht amateurhaften Eindruck gemacht habe – was man sich schon deshalb ganz gut vorstellen kann, weil sich um sie herum die Spitzenkräfte der deutschsprachigen Schauspielkunst versammelt hatten. Götz George, Christiane Hörbiger, Ulrich Mühe, Rolf Hoppe, Martin Benrath, Dagmar Manzel. Und Uwe Ochsenknecht, der wegen seiner bodenständigen Art gern unterschätzt wird, der aber hier ein ganz wunderbarer Hochstapler war, ein Mann, der das Talent hatte, sogar sich selber hereinzulegen.

Es war aber womöglich eine der besten Ideen Helmut Dietls, diesen ganzen Schauspielkönnern, die alle einen Hang zum Brillieren hatten und denen das Drehbuch dafür auch jede Menge an Angeboten machte, Veronica Ferres gegenüberzustellen. Sie spielte ja auch ein ziemlich naives und vom eigenen Sexappeal gar nicht so überzeugtes Mädchen, sie musste sich nicht mit viel Aufwand verstellen und gab dem ganzen Film doch eine Direktheit, eine physische Präsenz, eine Sinnlichkeit, die er dringend brauchte.

Es ist, da ja alles gut gegangen ist mit dem Film, nicht leicht zu rekonstruieren, wie groß bei dem ganzen Projekt das Risiko für Dietl war. Er hatte immer Geschichten aus München erzählt, er hatte von münchnerischen Menschen erzählt, und er hatte ja diese Menschen nicht nur münchnerisch reden lassen – sie hatten münchnerisch gedacht und gefühlt.

Das ging hier nicht. Niemand sprach oder dachte hier münchnerisch. Die Ironie konnte bei den Figuren nicht schon vorausgesetzt werden, ironisch musste das Drehbuch sein – und angesichts der monströsen Lächerlichkeit der ganzen Geschichte musste man bei fast jeder Szene fürchten, dass die ganze Inszenierung sich in Klamauk und Kabarett verwandeln könnte. Dietl hat immer wieder von Ernst Lubitsch und Billy Wilder geschwärmt, aber darüber, welche Filme er, um sich ihre Technik und Tricks anzueignen, studiert habe, hat er nie gesprochen. Es müssen aber die Komödien aus Hollywoods großer Zeit gewesen sein; denn dort, nicht nur bei Lubitsch und Wilder, auch bei Howard Hawks und Preston Sturges, konnte man lernen, dass gegen Klamauk, schamloseste Übertreibungen und grausame Witze nichts zu sagen ist, wenn die Inszenierung nur ein so hohes Tempo hat, dass die Zuschauer gar nicht dazu kommen, sich am Klamauk zu stören, weil die Inszenierung längst schon ganz woanders ist, bei der nächsten Übertreibung, dem nächsten grausamen Witz.

Dass Limmer und Dietl sich zur Inspiration auch Charlie Chaplins Film »Der große Diktator« angesehen haben, merkt man nicht nur am Titel, für den sie sich schließlich entschieden: »Schtonk« sagt Chaplin immer wieder im Fantasiedeutsch des Films. Es soll wohl »verboten« heißen, was aber weniger wichtig ist als der Umstand, dass das Wort zugleich sehr deutsch und völlig bedeutungslos klingt.

Was »Schtonk« schließlich gekostet hat, wusste am Schluss selbst Dietl nicht so genau. Mehr, als der »Stern« für die falschen Hitlertagebücher gezahlt hat, das ist sicher. Die Internet Movie Database taxiert das Budget auf 16 Millionen Mark, andere Quellen kommen auf 14 Millionen. Es gab, als der Film fast abgedreht war, einen Rechtsstreit mit dem Kölner »Express«, einem Boulevardblatt, das nicht verwechselt werden wollte mit dem fiktiven Hamburger Magazin, das im Film auch »Express« hieß. Der echte »Express« bekam recht, aus dem Magazin wurde, damit möglichst wenig nachgedreht werden musste, ein »HHpress«, was als Name für ein Massenmagazin so absurd ist, dass es fast schon auf der Höhe der Handlung ist. Zwei Millionen kostete es trotzdem, die große Pressekonferenz, auf welcher die vermeintlichen Hitler-Tagebücher präsentiert werden, noch einmal zu drehen. Und das ganze Geld, das ausgegeben wurde, ein für die damaligen deutschen Verhältnisse riesiges Budget, bedeutete für Helmut Dietl das größte Risiko. Eine so große Maschine hatte er noch nie gesteuert, und wenn es ihm nicht gelungen wäre, hätte er nicht nur eine Menge Geld vernichtet, es wäre wohl schon das Ende seiner Karriere als Filmregisseur gewesen. Fernsehen kann er, Kino nicht so gut – man darf sich schon den Dietl der frühen Neunziger als einen Mann vorstellen, dessen Feinde und Neider nur darauf warteten, dass sie ihm, dem arroganten Schnösel, endlich mal sagen konnten, dass sie ihn für überschätzt und einen Stümper hielten.

Der Film ist dann aber keine Katastrophe geworden – wenn man davon absieht, dass es nach der Premiere von »Schtonk« gleich den nächsten Ärger gab, weil Peter Märthesheimer und Pea Fröhlich im fertigen Film noch einige Motive ihres ersten Drehbuchs erkannt zu haben glaubten, weshalb sie vor Gericht gingen und so weit recht bekamen, dass der Film nachträglich auch einen Credit für die beiden bekam.

Der Film ist gelungen, obwohl die Story auf die orthodoxe und meistens auch sehr brauchbare Drehbuchregel, wonach ein Film einen Helden und einen Gegenspieler brauche, einfach pfeift. Es fängt, mit Voiceover-Erzählung und Szenen aus der Kindheit, so an, als würde der Film jetzt die Geschichte Fritz Knobels erzählen, des begnadeten Fälschers von Texten und Bildern, der dem realen Konrad Kujau nachempfunden ist (und den Uwe Ochsenknecht mit großer Freude an der Rolle spielt). Es kommt aber erst richtig Schwung in die Handlung, wenn Hermann Willié erscheint, der windige Schnüffler und Reporter, der dem

»Stern«-Reporter Gerd Heidemann nachempfunden ist und den Götz George spielt.

Willié ist am Ende, wenn der Film beginnt. Er hat kein Geld, nur Schulden, riesige Schulden, weil er unbedingt Hermann Görings Jacht »Carin II« kaufen musste, ein Wrack, das er aber wieder flottmachen will. Und er hat seinem Magazin seit Langem keinen Knüller mehr geliefert, keine Titelstory, keine sensationelle Enthüllung. Dabei ist das doch sein Job, denn schreiben kann er anscheinend nicht, er wühlt, er schnüffelt, er horcht Leute aus und gräbt Archive durch. Er hat Görings Boot gefunden und ein paar Nazi-Devotionalien, und dann findet er Görings Nichte, mit der er ein Verhältnis anfängt (oder sie mit ihm, die Machtverhältnisse sind ausgeglichen). Sie, eine adlige Dame mit wienerisch arroganten Manieren, öffnet ihm die Türen zu den Feiern und Empfängen, wo die alten Nazis sich treffen, und dort, bei einer besonders gruseligen Feier, trifft Willié auf Fritz Knobel, der mit Nazi-Kitsch jeder Art handelt. Gerade eben hat er dem Gastgeber, einem schwäbischen Industriellen, ein angeblich von Hitler gemaltes Aktbild von Eva Braun verkauft, das er, selbstverständlich, selbst gemalt hat, nach dem Bild von Veronica Ferres, die dafür ausgiebig nackt posiert hat, vor Knobels Leinwand und vor Dietls Kamera.

Dann hat Knobel seinem Kunden ein Tagebuch Adolf Hitlers verkauft, aus dem, ergriffen und andächtig, der Fabrikant vorliest. Und das ist der Moment, da Hermann Willié weiß, dass er endlich wieder einen Knüller hat. Einer wie Willié ist der Albtraum des Baby Schimmerlos: ein Schleimer, Trickser, Schwafler, ein sentimentaler, immer wieder von sich selbst gerührter Angeber. Unter den Journalisten, die Dietl inszeniert hat, ist er der Einzige, der ein klar erkennbares Vorbild in der Wirklichkeit hat, und zugleich ist er die am wenigsten realistische Figur. Ein Mann, der sich von Gerd Heidemann, dem realen »Stern«-Reporter, vor allem dadurch unterschied, dass Götz George ihn spielte und dass Drehbuch und Inszenierung ihm ein Geheimnis gaben, das Heidemann womöglich selbst nicht kannte. Willié, die fiktionale Figur, hat ein Verhältnis mit Görings Nichte. Bei Heidemann, dem echten, musste es schon Görings Tochter sein. Und wenn Willié auf der renovierten »Carin II« die Würdenträger des Hamburger Journalismus empfängt und die vor dem ganzen Nazikitsch ganz ehrfürchtig werden, denkt man: Das ist eindeutig zu viel Kabarett, zu derber Klamauk. Es war aber genau so, wenn Käpt'n Heidemann seine Gäste an Bord empfing.

Götz George war damals in seinen Fünfzigern, ignorierte aber sein Alter mit einigem Erfolg und war fast verschmolzen mit seiner Rolle im Tatort, dem Kriminalhauptkommissar Schimanski aus Duisburg, den er seit 1981 spielte, als Macho und Rebell gegen alle Konvention. Es war aber Dietl, der erkannte, dass es einen Macho brauchte, wenn es darum ging, einem Würstchen, einer Witzfigur die nötige Tiefenschärfe zu geben. Willié, wie er sich schüchtern auszieht vor Görings Nichte (die Christiane Hörbiger spielt) und sich verklemmt aus seinem Bauchmieder wickelt – das ist deshalb so gut, weil Götz George auch ganz anders könnte. Wie überhaupt alle hier ganz anders könnten, all die Verlags- und Magazinhierarchen, deren Verklemmtheit sich ausgerechnet dann auflöst, wenn sie mit dem ganzen Nazischwachsinn, den Willié ihnen liefert, zu tun bekommen. Der Verlagschef (den Ulrich Mühe spielt) muss sich bei Gott und dem Schicksal vergewissern, bevor er das Siegel eines Tagebuchs erbricht. Die ganzen Führungskräfte des linksliberalen Blattes sind von den menschlichen Zeugnissen aus dem Führerhauptquartier tief berührt. Adolf Hitler hatte Blähungen, Mundgeruch, ja Wahnsinn, ein Mensch.

Sie konnten ganz anders, aber kaum waren Hitlers vermeintliche Tagebücher, kaum war Hitlers angebliches Privatleben im Spiel, da wurden sie zu Karikaturen von Chefredakteuren, zu Travestien von Verlagschefs – es ist nicht Dietls Regie, es ist auch nicht Limmers und Dietls Drehbuch, was »Schtonk« zum Klamauk macht. Es ist Adolf Hitler: Wenn der ins Spiel kommt, werden deutsche Männer zu Witzfiguren. Was insofern eine gute Nachricht und die komödientaugliche Moral dieser wahren Geschichte ist: Früher, wenn Hitler ins Spiel kam, sind deutsche Männer zu Mördern geworden.

Ich war damals skeptisch, mindestens so sehr wie Bernd Eichinger. Ich saß, ein paar Tage nach der Premiere, im Kino »Royal« am Goetheplatz in München, zusammen mit ganz normalen Zuschauern in der Sonntagnachmittagsvorstellung und dachte: Wen soll das denn interessieren? Hamburger Journalisten kannte ich ganz gut, ich war selbst einer, Chef eines kleinen Ressorts beim »Spiegel«, und als solcher fand schon ich die meisten Hamburger Magazinjournalisten nicht besonders interessant – was also sollten normale Zuschauer an diesen Leuten finden?

Natürlich war das ein Irrtum. Mehr als zwei Millionen Menschen allein in Deutschland waren bereit, Eintritt zu zahlen für »Schtonk«. Der Film wurde auch nach England,

Frankreich, in andere europäische Länder verkauft – und das Erstaunlichste war, dass Dietl überall gute Kritiken bekam: eine deutsche Komödie, was ja bei den meisten Nachbarn als Widerspruch in sich gilt. Die Kritiken waren so begeistert; wenn eine nur wohlwollend war, fiel das schon auf. Die Magazine und Boulevardzeitungen wollten große Interviews, der »Stern« ließ sich von Dietl auf vier Seiten erklären, wie dumm, untertanenhaft und ahnungslos er damals gewesen war. Und in einem insgesamt ganz interessanten Gespräch mit dem »Playboy«, in dem es um Eitelkeit und Ehrgeiz ging, vor allem aber um die Frage, was wichtiger sei, Geld oder Ruhm – in diesem Interview waren womöglich die Einstiegssätze am wichtigsten: »Herr Dietl, Sie kommen aus dem Arme-Leute-Milieu. Sie sind vom Kellerkind zum allseits geachteten Genie der deutschen TV-Komödie geworden. Wer so kometenhaft aufsteigt, braucht rasend viel Ehrgeiz.«

Abgesehen davon, dass das Wort Arme-Leute-Milieu die Herkunft Helmut Dietls nicht ganz richtig beschreibt und der von Mutter und zwei Omas geliebte und umsorgte Junge eben kein Kellerkind war – abgesehen davon war das eine ganz gute Standortbestimmung. Dietl kam vielleicht nicht von so weit unten, wie der »Playboy« vermutete, aber so weit oben war er jetzt schon. Er hatte nicht nur bewiesen, dass er, der Fernsehserienmann, einen Kinofilm inszenieren konnte. Er hatte auch, nach »Otto, der Liebesfilm«, der auf einem ganz anderen Planeten spielte, den zweiterfolgreichsten deutschen Film des Jahres 1992 in die Kinos gebracht, einen Film, auf den die ganze Branche stolz war, schon wegen des internationalen Erfolgs. Er hatte Veronika Ferres nicht nur durchgesetzt gegen die Bavaria; sie war, rund um die Premiere, tatsächlich sehr gefragt – es gab Porträts, Interviews, Modestrecken, Hochglanzfotoseiten. Einem Interviewer erzählte sie, dass, ganz am Anfang ihrer Karriere am Theater, der mächtige Regisseur und Münchner Generalintendant August Everding von ihr verlangt habe, dass sie, mehr oder weniger grundlos, ihre Brüste zeige. Sie habe das verweigert, er habe ihr prophezeit, dass aus ihr nie etwas werden würde. Später allerdings habe er sich entschuldigt. Und noch später, mit Helmut Dietl als Regisseur, war ganz einfach, was ihr bei Everding so schwer gefallen war.

Und Helmut Dietl, herausgefordert vom »Zeit«-Kritiker Helmut Schödel, der damals einer der besten deutschen Feuilletonautoren und einer der originellsten Deuter des Dietl'schen Gesamtwerks war, versuchte im Gespräch erstaunlich offen zu beschreiben, wie sein Verhältnis zu den Frauen und seine Haltung zum Beruf unauflösbar ineinander verschlungen waren. »Mein Leben ist meine Arbeit, Frauen müssen sich dieser Situation unterordnen. Das führt zu einem Persönlichkeitsschwund, und da fehlt plötzlich was, und deshalb geht's dann immer schief, also hauptsächlich.« Das war arrogant, egozentrisch und geradezu frauenfeindlich. Und vermutlich war es die absolut realistische Schilderung dessen, wie Helmut Dietls Leben war: »Karin war ›Münchner Geschichten‹, Barbara ›Der ganz normale Wahnsinn‹, Marianne war ›Monaco Franze‹, Denise war ›Kir Royal‹, und Veronica ist ›Schtonk‹.« Das eigentliche Bekenntnis steckt wohl in den Gleichheitszeichen: Marianne war »Monaco Franze«, das heißt ja auch, dass es ohne die Frauen diese Serie nicht gegeben hätte.

Aber: »Frauen wollen nach meiner Erfahrung glücklich sein. Für eine Frau besteht der Sinn des Lebens darin, möglichst oft glücklich zu sein. Für mich natürlich nicht. Das ist für mich gar keine Kategorie, und das traute Beisammensein ist mir fad. Glück ist für mich, wenn mir was glückt. Ein Satz vielleicht oder ein Drehbuch.«

XXI.

Unser Mann in Hollywood

Zum Anfang der Neunziger war von dem, was einmal Junger Deutscher Film geheißen hatte, nichts, aber auch gar nichts mehr übrig. Fassbinder war nicht nur tot, seit einem Jahrzehnt, er hatte auch kein Erbe hinterlassen, keine Schüler herangezogen. Es war fast, als gebe es kaum noch Spuren von ihm, nur ein paar Opfer, die ihn möglichst schnell vergessen wollten. Alexander Kluge machte Fernsehen, Volker Schlöndorff drehte zwar internationale Filme mit internationalen Schauspielern, aber nichts davon kam auch nur in die Nähe des künstlerischen und kommerziellen Erfolgs der »Blechtrommel«. Und die weniger großen Talente, die einst vom Schwung der Bewegung sich hatten mitreißen lassen, drehten unverdrossen weiter, ohne dass es eine größere Öffentlichkeit interessiert oder irgendjemanden aufgeregt hätte. Und die Jungen, die wenig später einen neuen Stil ins deutsche Kino bringen würden, Tom Tykwer, Christian Petzold oder Oskar Roehler, übten noch. Die Filme, die Christoph Schlingensief drehte, waren eine Sensation nur im Underground, fünfzig begeisterte Zuschauer im Münchner Werkstattkino. Von den Helden der nächsten Generation war nur Dominik Graf, der ohnehin nur acht Jahre jünger als Helmut Dietl war, schon ein erwachsener Filmemacher. Sein Thriller »Die Katze«

mit Götz George und Gudrun Landgrebe hatte in seinem Genre das Publikum und die Kritiker ähnlich erstaunt wie »Schtonk« in seinem: Thriller, das können die Deutschen doch auch nicht. Aber Dominik Graf war (und ist) nicht daran interessiert, prominent und Mitglied irgendwelcher Kreise zu sein. Und so lebten die beiden, Dietl und Graf, zwar in München. Aber doch auf verschiedenen Planeten.

Dietls Planet hieß weiterhin Schwabing, und der Ort, wo sich alle Linien kreuzten, blieb weiterhin das »Romagna Antica«. Der Unterschied zu früher war der, dass die Machtverhältnisse, im Restaurant wie im deutschen Film, jetzt klar waren. Es gab zwei Herrscher hier, der eine war der erfolgreichste Filmregisseur Deutschlands, der Mann, den für seine Fernsehserien schon seit Langem alle geliebt hatten – aber jetzt hatte er auch bewiesen, dass er großes Kino konnte und damit großes Geld umsetzte. Der andere war Bernd Eichinger, Deutschlands erfolgreichster Filmproduzent, der mit Filmen wie »Manta, Manta« gutes Geld verdiente und mit »Salz auf unserer Haut« oder dem »Zementgarten« aufs mittelanspruchsvolle Publikum zielte. Dietl, wenn er in München war, kam fast täglich, Veronika Ferres, wenn sie nicht drehte, war immer dabei, Patrick Süskind gelegentlich – und man muss sich den Seelenzustand Helmut Dietls zu dieser Zeit wohl als eine heftige Hinundhergerissenheit vorstellen. So ein Triumph ist ja ganz schön, wenn man alle verfügbaren Filmpreise gewinnt und die begeisterten Kritiken liest, und vermutlich ist es ein paar Abende lang sogar angenehm und erhebend, wenn die Leute im »Romagna Antica« versuchen, die richtige Mischung aus Anbiederung, Respekt und ehrlicher Bewunderung zu finden. Aber öde wird es auch bald, und der Ruhm wird ja nicht größer davon, dass man ihn einfach nur genießt. Man braucht in dieser Lage ganz schnell ein neues Projekt. Und so kam es, dass schon im April, sechs Wochen nach der Premiere von »Schtonk«, in der »Abendzeitung« zu lesen war, dass Helmut Dietl über einen neuen Film nachdenke. »Stammgäste« solle der heißen, die Inspiration dafür komme von vielen Abenden im »Romagna Antica«.

Erst einmal ist er aber nach Kalifornien gefahren. Acht Jahre lang war er nicht dort gewesen – und schon deshalb kam es ihm gerade recht, dass eines Tages Ernst Fischer anrief, selbstbewusster Bayer und stellvertretender Chefredakteur des »Sterns«, und Dietl einen Vorschlag machte, der nicht originell war. Aber sehr gut, für beide, den »Stern« und Dietl: Wie könnte der »Stern« besser beweisen, dass er die Sache mit den Hitlertagebüchern überwunden und hinter sich gelassen hatte, als wenn er den Regisseur von »Schtonk« als Autor gewönne? Ernst Fischer fragte also, ob Dietl nicht nach Los Angeles fahren wolle, um dort ein großes Interview mit Billy Wilder zu führen, ein Gespräch zweier Weltklasse-Regisseure und Komödienspezialisten, von denen der Jüngere, Dietl, ja gewissermaßen der Erbe des Älteren sei.

Allerdings war Hellmuth Karasek vier Jahre zuvor schon auf eine sehr ähnliche Idee gekommen, hatte tagelang mit Billy Wilder gesprochen, und Volker Schlöndorff hatte sich angeschlossen und seine Kamera mitgebracht. Karasek hatte auf Grundlage dieser Gespräche ein Buch geschrieben, Schlöndorff hatte daraus einen Fernsehfilm montiert, und wer sich für Billy Wilder interessierte, hatte das Buch gekauft, den Film im Fernsehen gesehen. Und kannte jede, wirklich jede Pointe, die Billy Wilder je gemacht hatte.

Die Frage, ob das Helmut Dietl egal war, schon weil er sich womöglich auf Augenhöhe mit Billy Wilder sah – oder ob er immer noch genug Gespür für den Journalismus hatte und ihm deshalb die Gefahr, offene Türen einzurennen und alte Pointen zu wiederholen, bewusst war, auf diese Frage hätte er vermutlich damals schon geantwortet: Schauen wir mal. Dietl nahm das Angebot jedenfalls an. Billy Wilder zu treffen war Grund genug, und die Illustriertenhonorare waren damals, Anfang der Neunziger, noch nennenswert. Er flog mit Veronica Ferres nach Kalifornien, schaute vorbei in der Selma Avenue, wo jetzt Uli Edel, wohnte, der Regisseur, der für Bernd Eichinger »Wir Kinder vom Bahnhof Zoo« und »Letzte Ausfahrt Brooklyn« inszeniert hatte und jetzt auf eine Hollywood-Karriere hoffte. Eine Folge der Serie »Twin Peaks« hatte er schon inszeniert, in seinem nächsten Film sollte Madonna die Hauptrolle spielen; es war »Body of Evidence«, einer der spektakulärsten Flops des ganzen Jahrzehnts.

Ferres und Dietl checkten ein im Beverly Hills Hotel, in einem der Bungalows, und Dietl genoss es ganz offensichtlich, endlich wieder in Kalifornien zu sein. In seinem Nachlass finden sich Kartons voller Fotos von dieser Reise, mal Dietl, mal Ferres, oft auch beide zusammen, wie sie im Cabriolet durch die Hügel und Canyons fahren, am Ozean entlang, gut gelaunt bis euphorisch. Und sehr braun gebrannt.

Helmut Dietl und Billy Wilder trafen sich zum ersten Mal am 25. Juni um halb ein Uhr mittags, im Appartement 203 im Brighton Way 3598, gleich um die Ecke vom Rodeo

Drive, der teuersten Einkaufsstraße der amerikanischen Westküste, wo Wilder sein Büro hatte. Sein letzter Film, die Komödie »Buddy, Buddy«, lag elf Jahre zurück, und wenn man Wilder damals fragte, ob er glaube, dass er noch einmal einen Film drehen würde, antwortete er meistens zögerlich. Er wisse es nicht, man werde sehen. Aber er las die Drehbücher, die man ihm schickte, und wenn sein Telefon klingelte, hob er es ab. Seine Filme waren in Deutschland ungeheuer populär, »Some Like it Hot« und »The Apartment« liefen mindestens einmal im Jahr im Fernsehen, in den Achtzigern waren »Double Indemnity« und »One, Two, Three« wieder ins Kino gekommen, als Klassiker, und dank des Karasek-Buchs, des Schlöndorff-Films, aber auch wegen aller möglichen Auftritte und seiner guten, wenn auch immer wiederkehrenden Pointen war Billy Wilder großen Teilen des deutschen Publikums eine vertraute Figur, unser Mann in Los Angeles gewissermaßen, der mit leichtem amerikanischem und deutlichem wienerischem Akzent über Hollywood und dessen Bewohner, über Marilyn Monroe oder Humphrey Bogart so beiläufig sprach, dass man, als deutscher Zuschauer oder Zuhörer, fast meinte, man hätte diese Leute selbst gekannt.

Das Gespräch für den »Stern« erschien in zwei Folgen im Spätsommer. Es gab erstaunlicherweise nur wenige Wiederholungen dessen, was alle schon von und über Billy Wilder wussten. Was schon daran lag, dass Drehbuchautoren und Regisseure einfach anders über Filme sprechen, als wenn ein Journalist den Regisseur interviewt: die Angst vor dem nächsten Film, die Frage nach dem Versagen an der Kasse, das Problem, dass Stars eben Stars sind, völlig unabhängig vom Können des Regisseurs. Und, natürlich, ein paar Dinge über Marlene Dietrich und Marilyn Monroe, die das Publikum noch nicht kannte. Es war, was da im »Stern« erschien, aber nur ein winziger Ausschnitt aus einem Gespräch, das sieben Tage gedauert hatte. Es gibt sieben Bänder, je eineinhalb Stunden, und natürlich konnte man das nicht alles in einer Zeitung drucken. In den besten Momenten dieses Gesprächs geht es nicht nur ums Filmemachen. Es geht ums Leben, ums gute und ums richtige Leben, um die Frage, wie man sich behauptet und integer bleibt. Der 48-jährige Dietl hat natürlich ein paar Journalistenfragen an den 86-jährigen Wilder, und Regisseurs- und Drehbuchautorfragen hat er jede Menge. Aber immer wieder will er Wichtigeres wissen. Die existenzielle Frage, um die das ganze Gespräch kreist, ist die, ob der fürs Glücklichsein völlig unbegabte Dietl trotzdem etwas lernen und sich abschauen könne von Wilder, der erstaunlich wach und lebendig und fast ein bisschen nervös ist. Und der mit sich und seinem Leben und seiner Karriere einigermaßen einverstanden zu sein scheint, so sehr, dass Dietl ihn nur beneiden kann. Einmal fragt Dietl, ob Wilder, wenn es nicht weiterging mit dem Schreiben, es auch mal mit Stimulantien versucht habe, mit Aufputschmitteln, Drogen, Drinks. Nein, nie, versichert glaubhaft Wilder, und Dietl sagt »Ich auch nicht, nie«, wohl weil er weiß, dass, wenn er die Wahrheit sagen würde, es in der nächsten Stunde nur noch um ihn und nicht um Wilder ginge.

Schon auf dem zweiten Band sind sie beim Du, und wenn ihm gerade keine Frage einfällt, erzählt Dietl davon, wie beunruhigt er sei, von den alten Nazis in Deutschland und von den neuen erst recht. Und dass er von einer jüdischen Großmutter erzählt, das ist natürlich nicht ganz die Wahrheit. Ganz falsch ist es trotzdem nicht, schon weil auch Dietl selbst nie ganz dazugehörte zu den Deutschen. Aber seine unbestimmte Herkunft, die ungeklärte Frage nach seinem Vater, die öffnete ihm auch einen fiktionalen Raum – als dürfte er sich eine Vorgeschichte imaginieren. Womöglich war das sogar eine seelische Notwendigkeit für ihn. Er hatte sich schon als sehr junger Mann unter den jüdischen Münchnern wohler als unter den nicht jüdischen gefühlt. Er hatte im »Ganz normalen Wahnsinn« ja nicht nur eine Dietl-ähnliche Rolle für Towje Kleiner geschrieben, sondern mit dieser Besetzung sich selbst als sehr Kleiner-ähnlich definiert – es war eine Art von gegenseitiger Identifikation, mit dem Ergebnis, dass für ein paar Monate während der Arbeit an der Serie die beiden einander wie Brüder geähnelt hatten. Als Marianne Hoppe das Drehbuch für die »Kir Royal«-Folge »Adieu Claire« gelesen hatte, soll sie, erzählt der Produzent Jürgen Dohme, gesagt haben, sie werde die Rolle sehr gerne spielen, aber nicht so gern neben dem hässlichen alten Juden Curt Bois. Und das wäre eigentlich der Moment gewesen, da Helmut Dietl sie, die Witwe von Gustaf Gründgens, die einer der größten Stars im Kino der Nazis gewesen war, umgehend hätte hinauswerfen müssen. Was leider nicht möglich war, weil es für die Rolle keine bessere Besetzung gab. Sie spielte mit Curt Bois, und womöglich fand Dietl, das sei Buße genug.

Nach ein paar Tagen waren Dietl und Ferres schon bei Familie Wilder zum Essen eingeladen, in einem Appartement-Haus am Wilshire Boulevard, wo Wilder mit seiner Frau Audrey wohnte. Spätestens seitdem er, sechs Jahre zuvor, seine Kunstsammlung verkauft hatte, war Wilder ein ziemlich reicher Mann. Er hätte sich ein riesiges Haus mit

Garten, Gärtner, Ausblick und Swimmingpool leisten können. Aber auch nach fünfzig Jahren in Kalifornien hatte er nichts übrig für diesen Lebensstil. Es gibt in Dietls Nachlass einen halben Karton voller Fotos aus dieser Wohnung, Billy und Helmut, Vroni und Audrey, alle zusammen, und der sonst so distanzierte und arrogant wirkende Dietl sieht da so gelöst und freundlich und fast glücklich aus, als habe er, für die Dauer dieses Kalifornien-Aufenthalts zumindest, einen Ersatzvater gefunden, einen Erziehungsberechtigten, dessen Ratschlägen er gerne folgte. Wenn Herkunft keine biologische, sondern eher eine geistige und künstlerische Kategorie ist, dann war Helmut Dietl jüdischer Herkunft. »Ich bin Schriftsteller, ich komme von Tolstoi, von Homer, von Cervantes« hat im Jahr 2019, als über seinen Literaturnobelpreis gestritten wurde, Peter Handke seinen Kritikern gesagt. Es ist ein Satz, der in ein Drehbuch von Dietl und Süskind sehr gut passen würde; dort wäre er allerdings ironisch gemeint. Ich komme von Lubitsch, von Wilder, das war die Herkunftslinie von Helmut Dietl.

Im Spätsommer war Dietl zurück in München, im Herbst in Tokio, wo er einen Preis für »Schtonk« entgegennahm, dann wieder in München, wo er Werbefilme inszenierte, was er, einerseits, ein »Söldnergeschäft« nannte. Und andererseits war es das, womit er sein Geld verdiente; seine Regiegagen waren hoch, aber einen Film drehte er halt nur alle paar Jahre, und so schlecht fand er die Werbung dann doch nicht. »Das ist die einzige Branche, wo du dein Handwerk als Regisseur noch ausüben kannst«, erzählte er damals der »Zeit«: »Da dreht man am Tag zehn oder zwanzig Sekunden. Da wird jedes Detail beachtet und in langen Sitzungen besprochen. Man wird ja auch gut bezahlt dafür und ist dann bei seiner eigenen Arbeit nicht mehr so leicht erpressbar.« Zudem sei das hier die wahre Herausforderung: »Photographieren's mal eine Ente in einer Mikrowelle. Das ist gar nicht so einfach. Dass sie ausschaut, als hätte man sie gerade reingetan, und dass sie trotzdem nicht unappetitlich ist. Es ist hochinteressant, eine Spülmaschine zu fotografieren, dass sie gut ausschaut und nicht wie irgendein Trum.«

Im November war er in Paris, mietete sich eine Wohnung in der Rue du Bac, ging viel mit Süskind spazieren und ins Café, und schließlich schrieben die beiden die ersten Drehbuchseiten für den Film, dessen Arbeitstitel wohl immer noch »Stammgäste« war. Im Dezember gab es einen sogenannten Bambi für Helmut Dietl und alle seine Hauptdarsteller. Und wenig später wurden die Nominierungen für die Golden Globes, den zweitwichtigsten Filmpreis in den Vereinigten Staaten, bekannt gegeben. »Schtonk« war nominiert in der Kategorie bester fremdsprachiger Film. Und so ging es im Januar wieder nach Los Angeles, wo Dietl in Bernd Eichingers Haus in Beverly Hills eincheckte.

Helmut Dietl, der gerade eben noch Billy Wilder interviewt hatte, wurde jetzt, in der »Los Angeles Times« zum Beispiel, mit Billy Wilder verglichen. Er lernte, bei einem Abendessen in Billy Wilders Appartement, Tony Curtis und Jack Lemmon kennen, die er beide ein bisschen zu beflissen und unterwürfig gegenüber Wilder fand. Er vergeudete keine Zeit damit, einen deutschen Metzger zu suchen, der womöglich doch einen Leberkäs im Angebot hätte. Er traf Produzenten und Verleiher, er genoss es sichtlich, jetzt jemand zu sein in Hollywood, ein Name, ein Markenzeichen. Und wenn mal ein Tag ganz frei von geschäftlichen Terminen war, fuhr er los, mit Veronica Ferres, ins Tal des Todes oder an der Küste entlang. Und er fing, obwohl er entschieden zu jung dafür war, auch mit dem Golfspielen an.

Der Golden Globe ging an Régis Warniers »Indochine«, was Dietl auf die unabweisbare Präsenz von Catherine Deneuve zurückführte, der Hauptdarstellerin, die extra nach Los Angeles gekommen war. Zurück nach München also, Werbefilme drehen, über das Buch für den Film »Stammgäste« nachdenken. Und sich ärgern über den Bayerischen Filmpreis, der an Joseph Vilsmaiers »Stalingrad« ging, was nicht nur Helmut Dietl als provinziell empfand – noch nicht einmal ein Nebenpreis für »Schtonk«.

Und dann kam Ende Februar die Nachricht, dass »Schtonk« für einen Oscar nominiert sei. Also wieder nach Los Angeles, wieder Treffen mit Journalisten, mit Hollywood-Leuten, gute Presse, großes Interesse der Amerikaner an diesem deutschen Regisseur, der, was ja sehr für ihn sprach, nicht besonders deutsch aussah und sich auch nicht so benahm – und dieser kalifornische Monat vor der Oscarverleihung, von Ende Februar bis Ende März 1993, dieser Monat war vermutlich der beste in der ganzen Karriere des Helmut Dietl. Es war ja, was man nicht vergessen darf, sein Debütfilm. Es war der Film, von dem Bernd Eichinger gesagt hatte, dass das Thema keinen Menschen interessiere, noch nicht einmal das deutsche Publikum. Es spielten darin Schauspieler, die in Deutschland vielleicht große Nummern waren, aber in Amerika, im ganzen Rest der Welt, waren sie unbekannt. Es konnten also nur Inszenierung und Drehbuch sein, es war Helmut Dietls Werk, mit ein bisschen Hilfe von Ulrich Limmer vielleicht. Es war der Monat, in dem man Helmut Dietl häufig im »Spago« sah, dem »Romagna Antica« von Hollywood, und es sah so aus, als könnte er sich auch dort ohne Probleme alle Stammgastrechte nehmen. Es war der Monat, in dem sich die Anzeichen dafür immer mehr verdichteten, dass der Oscar an »Schtonk« gehen würde. Beim Directors Lunch im schicken »Le Dome« am Sunsst Boulevard war Dietl zuversichtlich bis euphorisch.

Aus amerikanischer Perspektive war der Abend des 29. März 1993 ein großer Abend. Es war der Abend, an dem Clint Eastwood für »Unforgiven« die Oscars für den besten Film und die beste Regie gewann. Es war der Abend, an dem Al Pacino, nach sechs Nominierungen, seinen ersten Oscar gewann, für »Scent of a Woman«. Es war der Abend, an dem Emma Thompson sich gegen Michelle Pfeiffer, Susan Sarandon und Catherine Deneuve durchsetzte und ihren ersten Oscar als weibliche Hauptdarstellerin in »Howard's End« gewann. Thompson, Eastwood, Pacino. Und der Ehrenoscar fürs Lebenswerk ging an Federico Fellini. Eine sehr gute Gesellschaft, eine Reihe, in die Helmut Dietl sehr gut hineingepasst hätte.

Den Oscar für den besten fremdsprachigen Film präsentierte Glen Close. Nominiert waren außer »Schtonk« wieder »Indochine« und dann der russische Film »Urga«, der belgische »Daens«. »Indochine« gewann, und im Blick der Kamera, die zeigt, wie Régis Wargnier aufsteht und zur Bühne kommt, ist kurz auch Helmut Dietl zu sehen. Er lächelt freundlich, er klatscht für Wargnier, er sieht so aus, als freue er sich für den Kollegen.

Er war aber überhaupt nicht froh, er war enttäuscht, sehr enttäuscht, und sauer war er auch, weil er »Indochine« für keinen besonders guten Film hielt. »Urga«, der eigenwillige russische Film von Nikita Michalkow, wäre eine Wahl gewesen, die er eher hingenommen hätte, hat Dietl notiert. Was man ihm nicht unbedingt glauben muss. Als deutscher Regisseur bekommt man, aller Wahrscheinlichkeit nach, nur einmal im Leben eine Oscarnominierung. Und wenn man den Oscar dann nicht gewinnt, ist es auch nur ein schwacher Trost, dass man mit einem Film, der deutsch und eine Komödie ist, überhaupt so weit gekommen ist.

Wenn man Helmut Dietl in Hollywood vor Augen hat, im »Spago«, im »Le Dome«, im weißen Dinnerjackett im Dorothy-Chandler-Pavillon bei den Oscars – dann muss einem der Film »Rossini« wie eine Trotzreaktion erscheinen: München, jetzt erst recht. Ein italienisches Restaurant im Westen von Schwabing, bevölkert von Gästen, denen das »Rossini« Welt genug ist. »Wir zeigen es den Amerikanern«, sagt in »Rossini« zum Schluss hin der Bankier zu dem Filmproduzenten Oskar Reiter, den er am Anfang des Abends noch ruinieren wollte. »Die deutsche Literatur hat durch Sie wieder Weltgeltung errungen«, sagt einer der Gäste zu dem Schriftsteller Jakob Windisch, der einen Roman namens »Loreley« geschrieben hat. Es geht, weil die »Loreley« verfilmt werden soll, immer wieder um das Deutsche, das Romantische, den Rhein und die blondeste aller Blondinen in diesem Film. Aber Helmut Dietls Inszenierung sagt unmissverständlich, dass die Autoren, Dietl und Süskind, das alles für eine Einbildung halten, einen Bluff, eine Fälschung. Der Film, über den sie hier verhandeln, wird ein Desaster werden. Weil die, die ihn unbedingt machen wollen, selbst nicht daran glauben. Nur an das Geld, das er hoffentlich einspielen wird.

Patrick Süskind hat, als der Film dann fertig war, einen großen und sehr lesenswerten Essay über dessen Entstehung geschrieben. Man lernt da vor allem, warum es so lange gedauert hat. Fünf Jahre, mindestens, liegen zwischen den ersten Überlegungen und Skizzen für diesen Film und seine Premiere am 22. Januar 1997, und in dieser Zeit haben Süskind und Dietl natürlich auch noch ein paar andere Dinge getan. Süskind hat geschrieben. Dietl drehte Werbefilme, entwickelte, quasi nebenbei, mit Thomas Gottschalk und Hellmut Karasek das Projekt einer Satire auf das Fernsehmilieu. Und doch trafen sie sich immer wieder, in Paris, in München, in Roquefort, und schrieben mindestens sieben Fassungen des Drehbuchs. Anfangs, in Paris, so beschreibt es auch Dietl in seinen Notizen, seien sie inspiriert von Luis Buñuel gewesen, von dessen bürgerlich-absurden Filmen wie »Der diskrete Charme der Bourgeoisie« oder »Dieses obskure Objekt der Begierde«; in diese Richtung, so meinten sie, könnte »Stammgäste«, wie das Projekt noch immer hieß, sich vielleicht entwickeln. Und zugleich war zumindest Dietl auch inspiriert von Bunuels Autobiografie, worin Buñuel von der Peña schwärmt, dem Aperitif auf spanische Art. Am frühen Abend einen Martini-Cocktail zu trinken, habe ihn immer sehr inspiriert. Also gingen Süskind und Dietl schon am frühen Abend in die Pariser Bars, bestellten sich Martinis, mit der Folge allerdings, dass sie sich davon nicht sehr oft inspiriert fühlten, eher müde und ein bisschen zu betrunken für die Uhrzeit.

Das Problem beim Schreiben waren nicht die Figuren, es war die Form. Die Figuren zu erfinden, scheint kein großes Problem gewesen zu sein. Es gehört zu den wichtigsten Eigenarten dieses Films, dass die meisten von ihnen große Ähnlichkeiten mit tatsächlich lebenden (oder auch verstorbenen) Personen hatten. Da war Paolo Rossini, Wirt und Eigentümer des gleichnamigen Lokals, das dem »Romagna Antica« nachgebildet war; mit dessen Wirt Fabrizio Cereghini hatte er allerdings wenig Ähnlichkeit. Da war Uhu Zigeuner, Filmregisseur mit empfindlichem Magen und einer französischen Ehefrau, die sein Haus in Südfrankreich hütet und ihn mit dem Gärtner betrügt: Helmut Dietls Selbstporträt. Der Produzent Oskar Reiter, tollkühn als Geschäftsmann und immer am Rand des Bankrotts, hatte große Ähnlichkeit mit Bernd Eichinger. Der Lyriker Bodo Kriegnitz, großmäulig und machohaft, war dem Lyriker Wolf Wondratschek nachempfunden. Die schöne Valerie, die mit beiden, Reiter und Kriegnitz, ein Verhältnis hat, ähnelte sehr einer Cutterin, mit der Eichinger und Wondratschek liiert waren. Und Jakob Windisch, der schüchterne Schriftsteller, dessen Roman »Loreley« ein solcher Hit ist, dass für die Filmrechte riesige Summen im Spiel sind, und der sie doch nicht verkaufen will, war das groteske und leicht verzerrte Porträt des Autors Patrick Süskind. Charlotte Sanders, die Chefredakteurin des Magazins »Metropolitan«, schien eine gewisse Ähnlichkeit zu haben mit der Chefredakteurin von »Cosmopolitan«, Karin Dietl-Wichmann. Nur Schneewittchen, die blonde junge Frau, die unbedingt die Loreley spielen will und im »Rossini« erst Rossini, dann Zigeuner und schließlich Reiter schwach macht, passt nicht ganz in die Reihe, schon weil die Figur, welcher die Rolle ähneln könnte, zugleich die Person ist, die diese Rolle spielt. »So siehst du mich also«, sagte, zutiefst erschüttert, Veronica Ferres, als sie das Drehbuch zum ersten Mal gelesen hatte. Dann fing sie zu weinen an, und es tröstete sie wenig, dass Dietl, ein wenig genervt, sie darauf hinwies, dass das kein Dokumentarfilm werden sollte.

Es steckte in dieser Konstellation, in diesen Konflikten der Stoff für eine mindestens achtteilige Fernsehserie – und das Problem, schreibt Süskind, war eben, dass es ein Zweistundenfilm werden sollte, in dem doch alles Wesentliche gesagt und gezeigt sein musste. Die Lösung war, schreibt Süskind weiter, möglichst wenig zu erzählen.

Es ist ein Abend, den Baby Schimmerlos gern miterlebt und dann beschrieben hätte in einer Klatschkolumne, die allerdings etwas länger hätte werden müssen. Es ist ein Abend, an dem man sich den Monaco Franze nur in einer sehr abgelegenen Ecke des Lokals vorstellen kann, wie er mit einer Dame flirtet und deswegen die Härte und die Kälte der Konflikte nicht mitbekommt. Es ist der Abend, an dem es nicht um die mörderische Frage, wer mit wem geschlafen hat und schlafen wird, geht, sondern um die viel wichtigere Frage, ob Jakob Windisch die Rechte an der »Loreley« verkaufen wird. Im Hintergrund sitzen drei Herren von der Bank, die werden Oskar Reiter alle Kredite kündigen, wenn er nicht die Rechte vorweisen kann. Exponiert sitzt Reiter neben Valerie, die heute, mal wieder, vierzigsten Geburtstag hat und sich feiern lässt. Und daneben Bodo Kriegnitz, der mit Reiter um Valerie konkurriert. Uhu Zigeuner will allein sitzen, wird aber belästigt von drei Blondinen, die die Loreley spielen wollen. Jakob Windisch sitzt im Hinterzimmer und hat Serafina, der Kellnerin, in die er verliebt ist, ein Buch mit Widmung mitgebracht. Die Filmrechte will er nicht verkaufen, nie, auf keinen Fall und schon gar nicht dem lauten und vulgären Reiter. Und die ganze Sache kommt in Schwung, als Charlotte Sanders ihn dort entdeckt, ihn um ein Interview bittet, dann aufs Kreuz legt, was ihn so erschüttert und verwirrt, dass er, nachdem er einen großen Schnaps zur Beruhigung getrunken hat, tatsächlich bereit ist, die Rechte an Reiter zu verkaufen, wenn auch unter Bedingungen, die für Reiter entwürdigend sind. Und dann erscheint, wie aus einer anderen Welt, Schneewittchen und verwirrt erst Rossini, schläft dann mit Zigeuner und läuft schließlich über zu Oskar Reiter.

Eine der besten Pointen dieser Handlung war die, dass Süskind zu diesem Zeitpunkt gar nicht daran dachte, die Rechte am »Parfum« zu verkaufen, weder an Eichinger noch an sonst jemanden. Als dann, dreieinhalb Jahre nach der Premiere von »Rossini«, Süskind doch bereit war, die Rechte zu verkaufen, da zeigte sich, dass Bernd Eichinger ein viel größerer Hasardeur war als jener Oskar Reiter, den Dietl und Süskind entworfen hatten. Spielberg und Scorsese beziehungsweise die Hollywoodfirmen, die hinter ihnen standen, böten mit um die Rechte, erzählte Daniel Keel, Süskinds Verleger, der die Verhandlungen führte. Bernd Eichinger, der, ganz wie Oskar Reiter im Film, Süskind doch kannte und mochte und schon aus dieser Nähe gewisse Rechte ableitete, Bernd Eichinger war bereit, eine zweistellige Millionensumme für die Rechte zu zahlen, irgendetwas zwischen zehn und zwölf Millionen Mark. Aber der Aufsichtsrat der Neuen Constantin, der von Leo Kirch dominiert wurde, wollte die Summe nicht genehmigen, und so legte Eichinger den Posten des Vorstandsvorsitzenden nieder, erwarb die Rechte als Privatperson. Und riskierte damit wieder einmal seine ganze Existenz, nicht nur als Filmproduzent.

Eine der traurigsten Pointen von »Rossini« ist die, dass der Film nicht bloß die Feier einer ganz speziellen, sehr münchnerischen Lebensform ist. Er ist auch ihr Abgesang. Es war im Jahr 1982, dass Christopher Roths Roman »200D« erschien, vielleicht der erste deutsche Poproman, der zu einem wesentlichen Teil im »Romagna Antica« spielt, unter Menschen, die eigentlich zu jung für diesen Laden sind. Und die staunend betrachten, wie der Produzent »Bernd E.« und der Regisseur »Helmut D.« hier ihre Privilegien als mächtige Männer und Stammgäste genießen. Dass hierher kommen musste, wer dabei sein wollte; dass also München die Hauptstadt des deutschen Kinos war und das »Romagna Antica« sein gesellschaftliches Hauptquartier: Das war in den achtziger Jahren so gewesen und vielleicht auch noch in den frühen Neunzigern. Aber jetzt gingen diese Neunziger zu Ende, der Status Münchens als heimliche Hauptstadt war schon deshalb verloren, weil Berlin jetzt die offensichtliche Hauptstadt war. Die Regierung würde demnächst dorthin umziehen, die Schauspieler und Schauspielerinnen, Schriftsteller, Künstlerinnen und Nachtlebenprofis waren schon auf Wohnungssuche in Mitte und am Prenzlauer Berg. Es wurde nicht unbedingt leerer in München oder dunkler. Es stieg aber das Durchschnittsalter, weil die Jungen neugieriger auf die neue Hauptstadt waren. Und der Alleinvertretungsanspruch als Metropole des Glamours, der Fiktionen und der selbst erfundenen Lebensläufe war verloren. Was sich gerade änderte, kündigte sich hier schon in der Sprache an. In »Rossini« spricht, außer dem korrupten und charakterlosen Bankangestellten Hopf, kein Mensch mehr münchnerisch.

Und die bitterste Pointe dieses Films ist, dass er nicht nur ein Milieu und dessen interessanteste Bewohnerinnen und Bewohner porträtiert, »Rossini« ist gewissermaßen sein eigenes Selbstporträt: eine Erzählung, die davon erzählt, wie sie selbst zustande gekommen ist. Am Ende, wenn alle aus ihren größenwahnsinnigen Träumen verkatert aufgewacht sind und bereit für den nächsten Rausch, am Ende, wenn sich die Nachricht vom Selbstmord Valeries herumgesprochen hat, wird endlich ein realistisches Filmprojekt in Angriff genommen. »Requiem für Valerie« soll es heißen. Über kurz oder lang, das ahnt man schon, werden sie die Geschichte vom Abend vor dem Suizid erzählen und den Film »Rossini« nennen.

Am Abend der Premiere sagte Günter Rohrbach voraus, dass »Rossini« nicht mehr als eine halbe Million Zuschauer finden werde, »wer will so einen Film in so einem Milieu sehen?«. Eine halbe Million war es aber fast schon am ersten Wochenende, am Ende waren es mehr als drei Millionen. Und die Frage, wer (oder was) all die Leute ins Kino gelockt hatte, war und ist gar nicht so leicht zu beantworten. Waren es die Stars, Götz George, Heiner Lauterbach, Mario Adorf? Waren es Martina Gedeck und Gudrun Landgrebe, waren die Menschen wirklich so scharf darauf, Veronica Ferres zu sehen, auch diesmal wieder teilweise nackt? Oder war es die elegante, kerzenbeleuchtete Inszenierung, Gernot Rolls brillante Kamera, die melancholische Uneigentlichkeit des ganzen Films, die italienische Musik, die immer wieder Ennio Morricone zitiert?

Vermutlich musste man nicht sehr viel wissen über Helmut Dietl, Patrick Süskind, Bernd Eichinger – und spürte doch, dass es hier um etwas anderes als um eine erfundene Geschichte ging. Zumal ja Eichinger immer wieder so spannende und riskante Kämpfe um die Finanzierung und Produktion seiner Filme führte, dass die Filme selbst, all diese Literaturverfilmungen, die zugleich ambitioniert und mehrheitstauglich sein wollten, dagegen ein bisschen brav und langweilig wirkten. Vermutlich war dieser ganze Abend mit dem erstaunlichen Kontrast zwischen dem warmen Kerzenlicht, in dem alles gefilmt war, und der Kälte der Gefühle im Kino ein größeres Vergnügen, als wenn man wirklich dabei gewesen wäre. Vermutlich war es tatsächlich eine Offenbarung, dass ein Film, der nicht aus Frankreich oder Amerika kam, so brillant inszeniert, so elegant fotografiert, so stimmig besetzt war. Und vermutlich war es richtig, dass der Stoff, der die Gefühle so wirksam erkalten lässt, nur im Namen der kältesten Figur vorkam: Schneewittchen.

Und in diesem heiß-kalt schillernden Licht sieht man irgendwann auch, dass »Rossini« nicht nur Dietls Abschiedsgeschenk an München ist. Es ist auch sein Nachruf auf die Männer, auf jene Männer jedenfalls, die glauben, sie seien die Herrscher, die Krieger, die Jäger. Und die Frauen seien ihre Beute: Noch traut sich ein Herr Ledersteger, beim Abendessen mit dem Schönheitschirurgen über die künftige Form der Brüste seiner Frau zu diskutieren – während die doch nur eine neue Nase will. Noch bekennt der Wirt Rossini, dass er vielleicht seine Mutter lieben könne oder seine Brüder. Aber doch keine Frau, weil Frauen kategorisch anders seien. Und der Regisseur Uhu Zigeuner, der

Produzent Oskar Reiter und der Dichter Bodo Kriegnitz wetteifern den ganzen Abend darum, wer von ihnen der Virilste, der Stärkste, der Härteste ist. Darum, wer die Macht über die Frauen hat.

Ein Studio mit angedeuteter »Loreley«-Dekoration, zwanzig Blondinen, die die Rolle unbedingt haben wollen. Und breit auf ihren Regieklappstühlen hockend: Zigeuner und Reiter, denen keine gut genug ist für die Rolle. So hätten sie es gern, so sind sie es gewohnt, aber wenn der Film zu Ende geht, hat keiner von ihnen gekriegt, was er wollte. Jeder ist auf seine Weise gescheitert, ja verzweifelt an den Frauen, die stärker sind. Nur Jakob Windisch nicht, der scheue Schriftsteller, der, weil er lädiert ist von Charlotte Sanders' Übergriff, vom Schnaps, den er danach trinken musste, und von den Verhandlungen über den Rechtekauf, nach Hause gebracht wird von der Kellnerin Serafina. Als sie ihre Bluse auszieht und ihm verspricht, dass er jetzt etwas erleben werde, bekommt er es kurz mit der Angst zu tun. Er sei Schriftsteller, er wolle nichts erleben. »Io scrivo, non vivo« stammelt er, bevor es dann doch zum Äußersten kommt.

Filme haben einen Datumsstempel – jedenfalls dann, wenn ihre Autoren und Regisseure wie Dietl und Süskind über genügend Geistesgegenwart verfügen. Natürlich reflektieren sie Verhältnisse, die sich zwanzig, fünfundzwanzig Jahre später geändert haben, gerade wenn es ums Machtverhältnis zwischen Männern und Frauen geht. Entscheidend ist aber, aus welcher Perspektive diese Verhältnisse betrachtet werden – und in dieser Hinsicht gibt es nichts, was man Dietl und seinen Inszenierungen im Nachhinein vorwerfen könnte. Die Frauen waren ja schon in seinen Fernsehserien stärker als die Männer gewesen, und sosehr Dietl immer ein Mann war, der die Frauen liebte: Übergriffig, zudringlich war der Blick seiner Filme nie. Und gierig nur dann, wenn beide gierig waren, wie Angelica Domröse und Franz Xaver Kroetz in der letzten Szene von »Kir Royal«. Mag sein, dass das am Matriarchat lag, das seine Kindheit und Jugend bestimmte. Mag sein, dass man die Integrität eines Künstlers wie Helmut Dietl auch daran messen kann, dass seine Inszenierungen oft klüger sind als das, was ihr Schöpfer manchmal in Interviews sagte. Wenn Schneewittchen im Restaurant erscheint, blond, sexy und entschlossen, den Mann zu verführen, der ihr die Rolle der Loreley verschaffen kann – dann inszeniert Dietl das als reinste Männerfantasie. Und in den folgenden Szenen wird diese Fantasie so radikal dekonstruiert, dass Veronica Ferres ganz zu Recht schockiert von diesem Drehbuch war. Nicht weil Schneewittchen dumm und naiv gewesen wäre. Sondern weil diese Frau so grausam war.

Wir zeigen es den Amis endlich mal. Der Satz, der in »Rossini« ein Witz auf Kosten der Bank und der Bankangestellten ist, beschrieb, spätestens als die Zahlen vom ersten Wochenende kamen, die Stimmung der gesamten deutschen Branche. Helmut Dietl, der Mann, der sich einer Gruppe noch nicht einmal dann anschließen wollte, wenn er ihre Ziele und Anliegen zu hundert Prozent teilte, Helmut Dietl war auf einmal Anführer, Repräsentant, Wegbereiter und natürlich Liebling des gesamten deutschen Films, einschließlich der Funktionäre, Preisjurys und großer Teile der Kritik. Wenn der deutsche Film so etwas wie »Rossini« hinbekommt, dann kann er eigentlich alles. Starkino, Glamourkino und Millionen von Zuschauern, ohne dass es dafür den Klamauk brauchte, der sonst allein solche Mengen ins Kino lockte. Veronica Ferres gab Interviews, füllte den Fragebogen des »FAZ-Magazins« aus und reiste mit eigener Maskenbildnerin. Schon vor dem Kinostart gab es den Bayerischen Filmpreis, im Frühsommer auch den Deutschen: bester Film, beste Regie, bester Schnitt. Der »Stern« schrieb, dass Deutsche deutsche Filme sehen wollten – und man braucht nicht viel Fantasie, um sich vorzustellen, wie Helmut Dietl, der sich selbst doch allenfalls als halb deutsch und am liebsten als nicht deutsch verstand, immer schlechtere Laune bekam.

Er war Anfang fünfzig und seit Jahren mit derselben Frau liiert. Er hatte ein paar Projekte, aber der Weg von der ersten Idee bis zum fertigen Film wurde nicht kürzer, bloß weil er jetzt älter und so enorm erfolgreich war. Im Interview mit der »Süddeutschen Zeitung« gab er, mehr oder weniger unverblümt, zu, welchen Druck er spürte, nach dem Erfolg von »Schtonk« und »Rossini«. Und dass er vielleicht gerne mal einen kleinen Film machen würde. Einen, der kein Meisterwerk wäre, sondern halt ganz ordentlich.

XXII.

Alles ist Fernsehen

Thomas Gottschalk und Helmut Dietl kannten sich seit Langem. Beide wohnten meistens in München, das ja keine unüberschaubar große Stadt ist, und schon in den frühen Achtzigern war Gottschalk, als unwiderstehlicher, gut gelaunter und profund freundlicher Radiomann, im Sendegebiet des Bayerischen Rundfunks so weltberühmt, dass er, fast zwangsläufig, eine kleine Rolle in der ersten Folge von »Monaco Franze« bekam, als Türsteher einer Disco, in der leider überhaupt nichts los ist. (Zur gleichen Zeit spielte er allerdings auch die Hauptrolle in den sogenannten Supernasen-Filmen; aber die nahm ja kein Mensch ernst.) Immer wieder hatten sie auch zusammen gedreht, herrlich alberne Werbefilme für die Firma Haribo. Es war aber viel später und sehr weit weg, es war im späten Winter 1993 in Gottschalks Haus in Malibu, dass die beiden zum ersten Mal ein gemeinsames Projekt ins Auge fassten. Es müsste eine Satire über das Fernsehen sein, vielleicht sogar eine Groteske, und womöglich könnte Gottschalk ja die Hauptrolle spielen, er kannte sich schließlich aus, er hatte in jenen Jahren die Show »Gottschalk Late night« beim Sender RTL. Außerdem war er seit einer Ewigkeit der Gastgeber von »Wetten, dass…?«, der populärsten Show im ganzen deutschen Fernsehen. Hellmuth Karasek war auch dabei; er trat ja in Gottschalks

Late Night Show als amtlicher Filmkritiker auf. Und hatte, auch deshalb, schon wieder Ärger mit dem »Spiegel«.

Thomas Gottschalk erinnert sich daran, dass die größte Aufregung von Veronica Ferres ausgegangen sei. Während die Männer über den Film sprachen, den sie zusammen machen wollten, sonnte sie sich auf der Terrasse, und ihre Gewohnheit, sich nackt zu sonnen, behielt sie auch in Malibu bei – wo doch hier selbst allerkleinste Kinder eine Badehose trugen, wenn sie am Strand spielten oder schwammen. Entsprechend aufgewühlt war das Personal, vor allem der Gärtner, der gar nicht aufhören konnte, sich um jene Teile des Gartens zu kümmern, von denen aus man eine gute Sicht auf den Liegestuhl hatte.

Die erste Idee für den Film hatte Thomas Gottschalk, der jahrelang von einer Stalkerin verfolgt, beobachtet und belästigt worden war. Rose hieß die Dame. Der Name schaffte es schließlich auch in den Film – und die Story, die Gottschalk sich ausgedacht hatte, ging ungefähr so: Wie wäre es, wenn diese Rose an einer Stelle arbeitete, vielleicht bei der sogenannten Gesellschaft für Konsumforschung, wo die Quoten gemessen und kontrolliert werden? Und wo man sie auch manipulieren kann. Liebe mich, sonst lass ich deine Quoten abstürzen: Das wäre, in Gottschalks ursprünglicher Geschichte, der Konflikt für einen Helden gewesen, den man vom echten Gottschalk kaum hätte unterscheiden können. Nicht schlecht, habe Dietl gemeint, und dass er ein Drehbuch in Auftrag geben werde. Gottschalk erzählt, dass er dann von mehreren Drehbuchversionen gehört habe. »So schlecht, das musst du gar nicht lesen, völlig unbrauchbar«, habe Dietl immer wieder erzählt. Er würde es wohl selbst schreiben müssen.

Dass aus der Idee dann »Late Show« wurde, hatte eine gewisse innere Logik, jedenfalls dann, wenn man »Schtonk« als einen Film über Zeitschriften und »Rossini« als einen Film übers Filmgeschäft betrachten wollte. Ein Film übers Fernsehen also – und dass das so ein böser, bitterer, unversöhnlicher Film wurde, hatte womöglich viel damit zu tun, dass Dietl das Fernsehen von dessen anderer Seite ja sehr gut kannte; damit, dass auch er selbst ein Mann des Fernsehens war, ein Künstler, aus dem nichts geworden wäre ohne das Vertrauen und die Risikobereitschaft jener Fernsehredakteure, die dem jungen Dietl eine Chance gegeben hatten. Genau das, so sah es anscheinend Dietl, war jetzt aber nicht mehr möglich: Eine Serie wie die »Münchner Geschichten« oder den »Monaco Franze« würde kein Sender mehr produzieren. Das Vertrackte, Selbstbezügliche und scheinbar Paradoxe des neuen Projekts war der Umstand, dass Dietl sich aber seine Fernsehbeschimpfung vom Fernsehen finanzieren ließ: »Late Show« war, bevor Bernd Eichinger dann beschloss, den Film auch ins Kino zu bringen, ein Fernsehspiel für den Westdeutschen Rundfunk.

Er sei im Grund schon seit »Kir Royal« immer böser und kälter geworden und jetzt, bei »Late Show«, habe er endgültig die emotionale Balance verloren und schaue nur noch zynisch auf seine Figuren: Das sagten damals, als der Film herauskam, ausgerechnet die treuesten Dietl-Fans unter den Kritikern. Er beobachte kaum noch, interessiere sich wenig für die Details des Lebens und des Inszenierens und unterwerfe jede Szene, jede Figur nur seiner von vornherein feststehenden These, wonach das Fernsehen, speziell das kommerzielle, ausschließlich auf Lügen,

Zynismus und Menschenverachtung gebaut sei. Und selbst wenn das stimmte, müsste ein solcher Film, eine solche Inszenierung doch irgendwo einen widerständigen Rest, ein paar Momente der Wahrheit und Menschlichkeit suchen und finden, schon um der ganzen Sache mehr Tiefe und mehr Spannung zu geben.

Wenn das stimmte, wäre Helmut Dietl eine der seltsamsten Figuren in der Geschichte des Films und der Künste: ein Mann, der in sehr jungem Alter – er war ja keine dreißig, als er die »Münchner Geschichten« schrieb – schon weise und lebensklug genug war, eine so menschliche und erfahrene und moralisch souveräne Figur wie die Oma Häusler zu erfinden. Dreißig Jahre später hätte sich aber diese ganze Weisheit und Menschenfreundlichkeit so abgenutzt, dass ihm ein anderer als ein zynischer Blick auf seine Figuren nicht mehr möglich gewesen wäre.

Es gibt aber keine Anzeichen dafür, dass Helmut Dietl immer böser oder unglücklicher geworden wäre in jenen Jahren. Dass er, wie er ja immer wieder selbst sagte, zum Glücklichsein kein Talent hatte, hieß ja nicht, dass er profund unglücklich gewesen wäre. Dass er kein Talent für dauerhafte Liebesbeziehungen hatte und das Verhältnis mit Veronica Ferres immer schwieriger wurde, war auch nicht überraschend. Er hatte es ohnehin mit keiner Frau länger als mit ihr ausgehalten. Außerdem tauchte im Oktober 1997 eine Kollegin auf, die Dokumentarfilmerin Tamara Duve, die einen Film über Walter Sedlmayr gedreht hatte – was für Dietl interessant war, weil er über einen Spielfilm zum selben Thema nachdachte. Und von der er anscheinend sehr beeindruckt war.

Bis daraus etwas wurde, das dauerte aber noch, und in

der Zwischenzeit wurde Veronica Ferres ernsthaft krank, von einem Sandfloh in Marokko gebissen, vermutete Dietl. Sie lag mit einer schweren Hirnhautentzündung im Bogenhausener Krankenhaus, fiel ins Koma, und die Ärzte fürchteten um ihr Leben. Danach musste sie das Gehen und das Sprechen wieder lernen, und als es ihr besser ging, sah es so aus, als schwärmte sie für ihren Arzt. Nein, das Verhältnis war immer noch nicht zu Ende, sie wohnten ja beide im selben Haus, wenn auch in getrennten Wohnungen. Und beide wussten, dass der jeweils andere nicht unbedingt treu war, und doch gaben sich beide große logistische Mühe, den jeweils anderen nicht merken zu lassen, wer da gerade zu Besuch war.

Erst einmal musste aber der Film gedreht werden. Er habe die lässige, münchnerische, absolut selbstironische Übellaunigkeit, die Helmut Dietl zum Beispiel abends im »Romagna Antica« geradezu zelebrierte, immer geschätzt, erzählt Gottschalk. Aber bei den Dreharbeiten sei Dietl manchmal ganz unironisch übellaunig gewesen. Dass man das der Inszenierung ansehen könnte, stimmt aber nicht. Inszeniert sind die Szenen wie immer: präzise, souverän, manchmal sogar glamourös, und der eigentliche Höhepunkt des Films, die Szene, in der Gottschalk vor laufenden Fernsehkameras mit seiner Stalkerin tanzt, kann empfängliche Zuschauer tatsächlich rühren. Das Problem des Films ist eher sein Drehbuch, das mit genauso vielen Figuren wie »Rossini« arbeitet. Nur dass jede dieser Figuren auch noch eine Geschichte, ein Motiv, einen Konflikt mit sich herumträgt, weshalb man sich schwertut, sich für jede dieser Figuren zu interessieren. So wenig Geschichten wie möglich, so hat Süskind die Arbeit an »Rossini« zusammengefasst.

Ein Ort, eine Zeit, und wenn die Figuren aufeinanderprallen, wird man sie schon verstehen. »Late Show« dagegen springt, in der Zeit, von Schauplatz zu Schauplatz. Und packt so viel Plot in sein Drehbuch hinein, dass man kaum Gelegenheit bekommt, sich auf die einzelnen Figuren zu konzentrieren. Und »Late Show« hat ein Problem mit seiner Besetzung. Dass hier Thomas Gottschalk, der größte Star und das bekannteste Gesicht des gesamten deutschen Fernsehens, den Radiomann spielt, der als frisches, neues Temperament fürs Fernsehen entdeckt wird: Das ist natürlich eine sehr charmante Unverschämtheit (und eine Variante der Geschichte, die der Radiomoderator Gottschalk zwanzig Jahre zuvor selbst erlebt hatte). Dass dieser Mann aber, hin- und hergerissen zwischen der Ambition, integer zu bleiben, und der Verführung, sich korrumpieren zu lassen vom Geld und vom Ruhm, einen Abgrund in sich haben müsste, und dass die Zuschauer erschrecken müssten angesichts dieses Abgrunds: Das war mit dem Nichtschauspieler Gottschalk nicht zu machen. Als konsequent freundlich bleibender, einzig guter Mensch in dem ganzen Saustall ist er sympathisch. Aber halt nicht wirklich interessant. Und Harald Schmidt, als absolut zynischer und amoralischer Senderchef, ist nur Abgrund ohne Oberfläche. Er kann nicht unironisch spielen, obwohl genau das der Figur erst die nötige Tiefe gegeben hätte.

Im Interview mit der FAZ erklärte Dietl die gewisse Derbheit von »Late Show« mit dem Thema, vor allem aber mit den Produktionsbedingungen. Am liebsten hätte er im Studio gedreht, dann wäre die Inszenierung vielleicht subtiler geworden. Ganz zu schweigen vom Licht, diesem deutschen Licht, das ihm immer weniger gefalle und das er am liebsten gar nicht mehr hineinließe in seine Inszenierungen. Er habe also an Originalschauplätzen gedreht, in Köln, auf der Bühne der Harald-Schmidt-Show, in irgendwelchen Bürohäusern, und so sehe das halt aus. Und zwischen den Zeilen scheint er zu sagen: So muss das auch aussehen, weil das eben das Thema des Films ist.

Dieser Film, der unter anderem davon erzählt, wie ein reicher Mann einen Sender fast ruiniert, damit er die verbliebenen Anteile umso billiger kaufen kann; wie sich ein begabter Radiomann in eine äußerst kostbare Ware verwandelt, in ein Talent, für das Millionen geboten werden auf dem Fernsehmarkt; wie alles, was hier wie Sex und Erotik aussieht, nur ein Werkzeug ist, um das eigene Vorankommen abzusichern; wie ein komplett amoralischer Zeitungsschreiber sich die Macht anmaßt, Karrieren zu vernichten oder zu befördern; und natürlich davon, dass Veronica Ferres sich weigert, für eine Szene in einem billigen Fernsehfilm sich nackt auf die Eisenbahnschienen zu legen, weshalb sie umgehend gefeuert wird – dieser Film bekam viel mehr gute als skeptische Kritiken. Er wurde als Satire, Groteske, vor allem aber als heftige Kritik am Schwachsinn des Kommerzfernsehens gedeutet: ein Anliegen, dem sich natürlich fast alle Rezensenten gern anschließen wollten.

Am Samstag vor der Premiere, am 20. Februar 1999, ereignete sich etwas, das man im Nachhinein vielleicht historisch nennen kann, und Helmut Dietl war mittendrin. Dabei sah es aus wie Gottschalks übliche Samstagabendshow »Wetten, dass…?«, diesmal aus Münster. Nur machte eben Thomas Gottschalk hier Werbung für den Film, in dem er nebenberuflich die Hauptrolle spielte. Erst saß in der Sitzecke, in der Gottschalk immer seine Gäste empfing, nur Heidi Klum, die mit »Late Show« nichts zu tun hatte. Dann kam Harald Schmidt dazu und machte erste Andeutungen. Schließlich, als das »große Paar des deutschen Films« angekündigt, Veronica Ferres, die vorausging, und Helmut Dietl, der ihr folgte. Sie, erwachsener geworden, jetzt, mit 33, sah gut und elegant aus; er, braun gebrannt und offenbar ausgeschlafen, trug ein zweireihiges Sakko mit zu breiten Schultern, was man aber angesichts seiner Freundlichkeit gleich vergaß. Ferres und Gottschalk unterhielten sich über eine Szene, die es in den fertigen Film gar nicht geschafft hatte: Er, am Ufer eines Sees, brät eine Forelle. Sie, nackt auf einem Schimmel, reitet aus dem Wasser. Ob er es aushalten könne, wenn die Vroni vor der Kamera einen anderen küsse, fragte Gottschalk. Sie hat schon viele geküsst, antwortete Dietl. Und dass er sehr viele Szenen herausgeschnitten habe, damit man den Film überhaupt verkraften könne – so gut sei er geworden.

Ihre Fernsehwette verloren die beiden, und Veronica Ferres musste, das war der Einsatz, beweisen, dass sie mit dem Gabelstapler einen Sack Kartoffeln korrekt von einem Ort zum anderen transportieren konnte. Der blaue Overall stehe ihr gut, sagte Dietl, und der Außenreporter Olli Dittrich, der in »Late Show« auch eine kleine Rolle spielte, berichtete aus Garmisch-Partenkirchen, wo einer mit dem Motorrad die Sprungschanze hinauf-, dann wieder heruntefuhr und dabei einen neuen Weltrekord für Motorradsprünge von der Schanze aufstellte. Peter Kraus, der große alte Mann des deutschen Rock'n'Rolls, wurde weitgehend wohlwollend ignoriert. Und dann kam Gerhard Schröder, der Bundeskanzler. Er war präsent, raumgreifend, lächelte auf Thomas Gottschalks Frage, warum die Regierung, nach den ersten hundert Tagen seit der 1998er-Wahl, so gar nichts hinbekommen habe, und sagte, das werde schon. Ob sie eine Frage habe, die sie dem Kanzler schon immer stellen wollte, wurde Heidi Klum von Gottschalk gefragt. Und nach kurzem Zögern sagte sie: Sie wüsste gern, ob er seine Haare färbe. Nein, sagte Schröder, er sei bereit, eine Locke zu opfern, damit das an Ort und Stelle untersucht werde; aber besser fände er den Wetteinsatz, eine ältere Dame aus dem Publikum nach Hause zu bringen. Schröder verlor, die ältere Dame, die ausgesucht wurde, wohnte leider am Niederrhein, und einen Moment lang sah man die Panik in Schröders Gesicht: von Münster, dem Ort der Sendung, bis an den Niederrhein mit der alten Schachtel, oje, bitte erspart mir das. Dann wurde der Einsatz dahin gehend modifiziert, dass er sie nur bis zur Stadtgrenze bringen würde. Der Audi A8 des Kanzlers fuhr tatsächlich auf die Bühne, das Kennzeichen fing mit BN an, erst nach der Sommerpause würde die Regierung nach Berlin ziehen. Aber der Berliner Stil wurde hier schon sichtbar. Und zwar vor 18 Millionen Zuschauern, das war die seither unerreichte (oder allenfalls von Fußballländerspielen übertroffene) Einschaltquote von 53 Prozent.

Thomas Gottschalk hat später öffentlich bereut, dass er Schröder eingeladen habe. So habe er befördert, was er doch eigentlich ablehne: die Entertainisierung der Politik. Und Helmut Dietl musste, vielleicht schon während der Sendung, spätestens aber beim gemeinsamen Abendessen danach, einsehen, dass hier die kulturelle und gesellschaftliche Landkarte neu beschriftet wurde. Die Zeiten, da München im Mittelpunkt stand und sich selbst genügte, weil ja eh jeder hier war oder hierher kommen wollte, weshalb, wenn man genug von München hatte, man schon nach Paris, Los Angeles oder die Cote d'Azur ausweichen musste – diese Zeiten gingen offensichtlich gerade zu Ende. Dass Schröder, der Fernsehkanzler, der Selbstdarsteller, der joviale Freund der im Showbusiness Beschäftigten, dass dieser Schröder eine Episode bleiben und nach sieben Jahren abgelöst würde, von einer uneitlen und an Selbstdarstellung nicht interessierten Frau, das war nicht abzusehen. Noch war Winter, aber wenn der Sommer zu Ende ginge, würde die Regierung umziehen, die Presse und die Lobbyisten auch, und wer weiß, wer sonst noch alles. So würde die Berliner Republik endlich zu sich kommen, jene Kultur, deren beste Momente dann darauf hinausliefen, dass der Kanzler zum Beispiel mit Udo Lindenberg und Heiner Lauterbach im Innenhof des Restaurants »Borchardt« in der Französischen Straße saß und am lautesten von allen lachte. Und drei Stockwerke weiter oben war die Berliner Redaktion der »Süddeutschen Zeitung«, aus deren Fenstern man, wenn man gewollt hätte, Papierflieger hätte hinuntersegeln lassen können auf diese Kunst-und-Kanzler-Runden. Ja, wenn Helmut Dietl der Porträtist und Kritiker der deutschen Gesellschaft bleiben wollte, dann würde auch er dort immer öfter sitzen müssen.

»Gut schaust aus in dem Overall.« Das hatte Dietl zu Veronica Ferres vor laufenden Kameras gesagt. Es ging noch knapp ein Jahr weiter mit den beiden. Und es war das Jahr, in dem Dietl damit fertig werden musste, dass er keine drei Millionen Zuschauer mehr ins Kino lockte. Es waren bei »Late Show« nur noch knapp 900 000, was überhaupt nicht schlecht war für einen deutschen Film, aber nicht genug für Helmut Dietl. Es war das Jahr, in dem er an »Hotel Lux« arbeitete, einem Filmprojekt über deutsche Emigranten, die vor Hitler nach Moskau geflohen und im »Hotel Lux« untergebracht waren: ein echtes Langzeitprojekt, schon 1997 begonnen, mit ersten Drehbuchentwürfen des niederländischen Schriftstellers Leon de Winter, woraus nichts wurde. Dann kam Sten Nadolny ins Spiel, daraus wurde auch nichts, dann Thomas Brussig, schließlich Uwe Timm. Leander Haußmann war es, der schließlich, im Herbst 2010, den Film »Hotel Lux« inszenierte und im Jahr darauf ins Kino brachte.

Seit 1995 hatte Helmut Dietl einen Beratervertrag mit dem kommerziellen Sender Sat.1, für den er Filme produzieren und womöglich auch inszenieren, Talente fördern und junge Begabungen entdecken sollte. So produzierte er »Wambo«, Jo Baiers nur leicht fiktionalisierte Geschichte des Schauspielers Walter Sedlmayr, der seine Homosexualität immer verborgen hatte und 1990 ermordet worden war. (Der Film bekam gute Kritiken und hatte eine katastrophale Quote.) So produzierte er »Jack's Baby«, das Regiedebüt von Jan Josef Liefers, die Geschichte einer Frau, die ein Kind, aber keinen Mann will. Die Frau war Veronica Ferres. Der Mann, den sie nicht wollte, war Liefers selbst. So produzierte er das ambitionierte Filmdrama »Schatten der Zeit« des jungen Regisseurs Florian Gallenberger, eine Liebesgeschichte in Bengalen, die im Kino ein Flop war und bei der Ausstrahlung in Sat.1 auch nicht für eine gigantische Quote sorgte. Im Dezember 2003 wurde der Schweizer Roger Schawinsky zum Geschäftsführer von Sat.1 ernannt. Viele Jahre später, als er längst wieder zurück war in der Schweiz, hat Schawinsky (so sagen es die, die dabei gewesen sind) erzählt, dass er den Vertrag mit Dietl einfach kündigen musste. Und dass Dietl die Kündigung mit Fassung, ja fast schon mit einer gewissen Heiterkeit zur Kenntnis genommen habe. 200 000 Euro im Jahr, das sei die Summe gewesen. Und beide wussten, dass man sich für so ein Jahreseinkommen ein bisschen mehr mit dem Arbeitgeber identifizieren sollte, als Helmut Dietl das tat.

Und dann, es muss Anfang 1999 gewesen sein, hatte sich Helmut Dietl auch noch ein Haus auf dem Land gekauft, in dem Dorf Eichenried, eine halbe Stunde nördlich von Schwabing. Die Gegend ist nicht ganz so schön wie das Voralpenland südlich von München, aber bei klarem Wetter sieht man auch von dort auf die Alpen, und gleich nebenan wurde zwei Jahre später ein Golfplatz angelegt, was nicht nur davon zeugte, dass die Gegend mehr als der Hinterhof der Landeshauptstadt war, sondern auch insofern passte, als Helmut Dietl in den Neunzigern mit dem Golfspielen angefangen hatte. Tamara Dietl, die diese Gegend trostlos fand, fast schon Sibirien, hat später erzählt, dass er das nur für Veronica Ferres getan hatte, die Pferde hatte und reiten wollte, und für diese Pferde gab es einen Stall in der Nachbarschaft. Tamara Dietl hat später auch erzählt, dass Helmut Dietl das Haus und vor allem den Garten wie eine Filmkulisse betrachtete. Ein paar Pflanzen in den Boden zu setzen, schön zu düngen und zu wässern und ihnen mit viel Geduld beim Wachsen zuzuschauen, das war nicht sein Stil. Es musste von Anfang an perfekt sein, und so ließ er hundert ausgewachsene Obstbäume pflanzen, was ein Vermögen kostete. Er inszenierte diesen

Garten noch radikaler als den in Roquefort, wo er zwar auch die Pinien so symmetrisch einpflanzen ließ, dass der Blick darauf dem auf ein Filmset sehr ähnlich war. Aber die Umgebung dort war halt die Cote d'Azur, dramatische Hügel, brillantes Licht, da gab es nicht viel zu verbessern. Eichenried dagegen liegt am Rand vom Erdinger Moos, die Landschaft ist flach, das Wetter oft neblig, und bis zu den Alpen sind es siebzig, achtzig Kilometer Luftlinie. Umso dringender brauchte es hier einen guten Regisseur, und naturgemäß gab es, was den Umbau des Hauses anging, jede Menge Meinungsverschiedenheiten mit den Architekten. Jeder Mensch, sogar der perfektionistische Regisseur Helmut Dietl, ist fähig, dem Leben und dem Alltag einen gewissen Mangel an Vollkommenheit, eine Unplanbarkeit und Unkontrollierbarkeit zuzugestehen. Aber wo immer er konnte, wehrte sich Helmut Dietl dagegen, mit aller Kraft und notfalls auch mit unvernünftig viel Geld.

XXIII.

Ein Kult der Schönheit

Am 23. Januar 2000 trennten sich Helmut Dietl und Veronica Ferres, nachdem sie fast neun Jahre lang zusammen gewesen waren. Das Gespräch, in dem diese Trennung erstmals ernsthaft ins Auge gefasst wurde, führten die beiden angemessenerweise im »Romagna Antica«, am 9. Januar 2000. Und dieses Datum ist in Helmut Dietls Notizen genauso akkurat verzeichnet wie der Umstand, dass der Trennungsgrund Tamara Duve hieß. Später erzählten Freunde, dass er von Tamara Duve seit der ersten Begegnung begeistert gewesen sei, sie auch von ihm, sodass womöglich beiden längst klar war, dass da etwas anfangen würde, wenn die Geschichte mit Veronica Ferres zu Ende wäre. Freunde erzählen aber auch, dass er unter dieser Trennung trotzdem gelitten habe, schon weil sie zusammenfiel mit dem Alter, in dem selbst ein Mann wie Helmut Dietl am eigenen Körper und im eigenen Kopf deutlich zu spüren begann, dass er nicht mehr der Allerjüngste war. Und dass er auch nicht mehr jünger werden würde. Tamara Dietl erzählt, dass es in Köln gewesen sei, wo sie einander zum ersten Mal sahen und bemerkten, an einem heißen Sommerabend im Jahr 1997, bei irgendeinem Medienevent im Hotel »Wasserturm«, wo er in der Rolle des Helmut Dietl besonders gut gewesen sei. Weiß gekleidet, Zigaretten rauchend, leicht melancholisch habe er immer wieder zu ihr herübergeschaut, sie habe zu ihm geschaut, mehr sei da aber erst einmal nicht geschehen.

Tamara Dietl erzählt, dass sie, als sie dann öfter in München war und öfter in der Wohnung übernachtete, als sie also anfing, sich dort zu Hause zu fühlen, dass sie irgendwann einmal mit dem Aufräumen angefangen habe. Ein Chaos sei es gewesen, kein Tisch, kein Sitz, keine Fläche frei, überall Bücher, Zeitschriften, Zeitungsartikel. Helmut Dietl hat es sich wohl widerwillig gefallen lassen. Und irgendwann sagte er: Diese Szene habe er doch schon einmal gedreht, vor mehr als zwanzig Jahren, im »Ganz normalen Wahnsinn«, wenn Gloria bei Maximilian einzieht. Tamara, die damals ja noch Duve hieß, kannte die Serie gar nicht. Und wenn man sich die Szene vorzustellen versucht, sind ja auch die Abweichungen interessant. Helmut Dietl, ein Mann in seinen mittleren Fünfzigern, mit dunklem Bart, dunklen Haaren, in einer schönen Schwabinger Altbauwohnung, die so eingerichtet ist, wie er sich seinen Lebensfilm vorstellt: schick, mit Sofas, die mit rohweißem Leder überzogen sind, ein männliches Ambiente, das nur den Schönheitsfehler hat, dass überall seine Sachen herumliegen. Tamara Duve, dunkle Haare, südländischer Habitus, die Tochter des Hamburger SPD-Intellektuellen Freimut Duve und einer ägyptischen Lehrerin, ein Jahr älter als Veronica Ferres und hundertmal selbstbewusster. Erfolgreiche Journalistin bei »Spiegel-TV«, Dokumentarfilmerin, nicht unbedingt das Mädchen, das sich erst von Helmut Dietl erklären lassen muss, wo es langgeht im Leben. Man kann sich also ganz gut vorstellen, dass Helmut Dietl, anders als Maximilian im »Ganz normalen Wahnsinn«, sich am Schluss sogar bedankte fürs Aufräumen.

Die Geschichte ging ja auch ganz anders weiter. Ende Januar fuhren die beiden nach Roquefort. Anfang Februar, so steht es in den Notizen, war Helmut Dietl sicher, dass er diese Frau heiraten wollte. Und als beide etwas später zur Berlinale kamen, nahmen sie sich ein Zimmer im Hotel »Four Seasons« am Gendarmenmarkt, weil man das Hotel auch durch einen Nebeneingang in der Behrensstraße betreten konnte. Das junge Paar wollte seine Beziehung vorerst geheim halten. Auch das spricht dafür, dass sich etwas geändert hatte im Verhältnis Helmut Dietls zu den Frauen und zu sich selbst. Er hatte es nie auf einen Ruf als Weiberheld angelegt, er hatte halt seine Affären, und vermutlich wäre es ihm viel zu mühsam und letztlich sinnlos erschienen, diese Dinge mit übertriebener Diskretion zu behandeln. Aber was jetzt zu Ende gegangen war, das war die Geschichte des »großen Paars des deutschen Films«. Veronica Ferres war längst einer der beliebtesten Stars in Deutschland, und die Frage nach ihrer Nachfolgerin im Leben des Helmut Dietl war für den Boulevard ein Thema von maximaler Relevanz. Und genau das, die Nachfolgerin der Ferres und somit Gegenstand boulevardjournalistischer Ermittlungen und Spekulationen, wollte Tamara Duve nicht sein. Und Helmut Dietl wollte das auch nicht.

Eines Morgens in Berlin, so erinnert sich Tamara Dietl, in ihrem Zimmer im »Four Seasons«, habe Helmut Dietl sich einen Block und den Hotelkugelschreiber genommen und notiert, wie sein nächster Film heißen sollte. »Die Frau meines Lebens«. Und da habe sie leider Einspruch erheben müssen. Nein, sie wollte nicht die Freundin und Gefährtin für einen Film, die Stoff- und Inspirationslieferantin sein, nicht die Frau, von deren Erfahrungen und Emotionen schließlich genau das übrig bliebe, was Dietl in ein Drehbuch verwandeln könnte. »Die Frauen meines Lebens«, so hieß der nächste Vorschlag, der aber auch verworfen wurde. Schließlich entstand doch ein Liebesfilm, aber einer, für den lebensechtes biografisches Material nicht verwendet wurde. Einerseits.

Andererseits hat Helmut Dietl im Vorwort zum Buch zu dem Film, der damals so langsam zu einer Idee wurde, etwas erzählt, wovon bis dahin in keinem Interview, keiner Selbstauskunft von Helmut Dietl je die Rede gewesen war. Das meiste, was er bis dahin inszeniert habe, berichtet er, seine Serien, seine Filme – das habe er sich nicht einfach ausgedacht, es sei ihm gewissermaßen erschienen, in den Nächten, in denen er nicht schlafen konnte, und das seien die meisten seiner Nächte gewesen. Ein Raum zum Beispiel, in dem ein paar Stühle stehen, und eine Frau betrachtet sie immer wieder, so, als ob ein paar Stühle fehlten. Immer wieder habe er dieses Bild gesehen, und schließlich habe er die drei fehlenden Stühle ans Ufer der Isar gestellt und den Charlie, den Gustl, den Achmed draufgesetzt. Und drumherum die Folge vom »Weiten Weg nach Sacramento« für die »Münchner Geschichten« geschrieben. Ein Schaufenster in der Münchner Innenstadt, und eine Frau, die sagt, dass man sich erst gar nicht die Mühe zu geben brauche, sie anzusprechen, weil da gar nichts ginge. Ein nur von Kerzen, aber tausend Kerzen erleuchteter Raum und eine Blondine, die mit dem Fahrrad kommt. Solche Bilder habe er gesehen. Und jetzt, in besonders schlaflosen

Nächten, habe er all seine Frauen gesehen, alle, mit denen er jemals etwas hatte; sie hätten ein Tribunal gegen ihn veranstaltet, und er, der in diesen Szenen zwar Helmut Dietl, zugleich aber kein Regisseur, sondern ein Komponist war, er habe sich irgendwann umgebracht.

Diese Nachtbilder, so berichtet Dietl, seien immer erst dann verblasst und schließlich verschwunden, wenn er endlich angefangen habe, sie als Rohstoff für ein Drehbuch zu verwerten. Und so war es, sagt Dietl, im Grunde das einzig Richtige, sich mit Patrick Süskind zu treffen und über die Möglichkeit und Unmöglichkeit eines Liebesfilms zu sprechen, dessen Held sich schon nach dem ersten Akt das Leben nehmen würde.

Wobei, wenn man aus einiger Entfernung auf diese Entstehungsgeschichte schaut, fast schon zwangsläufig ein Buch ins Blickfeld gerät, dessen Plot dem Beginn des Dietl'schen Schreckensbildes ziemlich ähnlich ist. »Ciao, Herzi«. Geschrieben hat es Karin Dietl-Wichmann, die sich in der Figur der Charlotte Sanders in »Rossini« nicht besonders vorteilhaft gezeichnet fand. Eher als versoffene, geile und ziemlich abgetakelte Nervensäge, die den armen, scheuen Jakob Windisch geradezu vergewaltigt und dabei auch noch verletzt, seelisch und körperlich. In München ging das Gerücht um, schon am Abend der Premiere habe Karin Dietl-Wichmann geschworen, sie werde sich rächen, und genau so durfte man »Ciao, Herz« auch lesen. Vier Frauen (die Helmut Dietls Exfrauen erkennbar ähnlich sind) erfahren, dass ihr Exmann einen Film über sie drehen will. Und beschließen, ihn zu töten.

Helmut Dietl hatte das Buch selbstverständlich nicht gelesen, es nicht zur Kenntnis genommen, ja überhaupt nie auch nur davon gehört. Und die Geschichte von den Exfrauen, die den Mann daran hindern wollen, einen Film über seine Exfrauen zu drehen – diese Geschichte ist in einer fiktionalen Endlosschleife geblieben. Dietls Film wurde etwas ganz anderes.

In den Notizen Helmut Dietls, die, je näher er der Gegenwart kommt, immer genauer werden, heißt der Film, der sich da so langsam entwickelt, mal »Sufi«, mal »Orpheus«. Dass es nur so langsam voranging, lag daran, dass Helmut Dietl ja so beschäftigt war. Mit dem Produzieren der Filme, von denen oben schon die Rede war. Mit Haus und Garten in Eichenried. Damit, nach Berlin zu fahren, schon weil dort Sat.1 seine Zentrale hatte. Und wo man im »Borchardt« all die Leute traf, die früher extra nach München, ins »Romagna Antica«, gekommen wären.

Tamara Duve hatte ihre Anstellung bei der Filmproduktionsgesellschaft von Regina Ziegler in Berlin aufgegeben und war nach München gezogen. Bei der Diana-Film, Dietls Firma, stieg sie nach einem halben Jahr wieder aus; es war ihr zu chaotisch dort. Am 26. April 2002 heiratete Helmut Dietl zum vierten Mal, es war die schönste seiner Hochzeiten, hat er notiert. In Venedig, sie wohnten auf dem Lido, im prachtvollen und traditionssatten Hotel Excelsior, direkt neben dem Palazzo del Cinema, wo im Spätsommer die Filmfestspiele gefeiert werden. Sie aßen auf der Terrasse des Hotels Danieli, wo die Aussicht am Abend überwältigend ist. Sie hatten den Zeitungen nicht Bescheid gesagt. Nur Jan Josef Liefers und seine Frau Anna Loos waren dabei, die Trauzeugen. Und am 15. Juli des folgenden Jahres wurde Dietls jüngste Tochter Serafina geboren.

Die Idee, sich für einen Liebesfilm von Christoph Willibald Glucks Oper »Orfeo« inspirieren zu lassen, sei von ihr gekommen, sagt Tamara Dietl – und damit auch nicht heimlich zu viel Stoff aus ihrem eigenen Leben hineingeschmuggelt werde in das neue Drehbuch, bot sie ihre Dienste an, tippte, was Süskind auf seiner mechanischen Schreibmaschine geschrieben hatte, in einen Computer. Sie fuhr, wenn die Drehbucharbeit nur in Südfrankreich erledigt werden konnte, mit nach Roquefort, kochte, tippte und sagte wohl den beiden Autoren ihre Meinung, wenn sie etwas für nicht so gelungen hielt.

Tamara Dietl hat später erzählt, dass sie sich anfangs schwergetan habe, die Arbeit des Drehbuchschreibens so richtig ernst zu nehmen. Was machen die, habe sie sich gefragt, sie gehen spazieren oder um den Pool herum und reden und reden dabei. Und dann wird ausgiebig zu Mittag gegessen, Süskind trinkt ein Glas Wein dazu, Dietl nicht, weil er sonst den Nachmittag nicht durchstehen würde. Danach hält Süskind eine Dreiviertelstunde lang seinen Mittagsschlaf, und danach geht es weiter, bis um sechs, und wenn es nur zwei Sätze sind, die dabei entstehen. In Roquefort habe sie, aus der Entfernung, am lauten Lachen gehört, wenn ihnen etwas wirklich Gutes eingefallen sei. Und im Grunde habe man sich sehr wundern können, dass dann dabei doch ein Stapel Papier langsam, aber stetig, in die Höhe wuchs. Was sie dann eben ins Reine und in den Computer schrieb.

Patrick Süskind hat in einem Essay für das Buch zum Film darauf hingewiesen, dass der Mythos von Orpheus und Eurydike, die Geschichte also vom Sänger, der mit seinem Gesang wirklich alle rührt und besänftigt, in der späten Antike fast schon zu einer Religion geworden sei, ein Kult der Schönheit und des Siegs über den Tod. Er berührt und besänftigt nicht nur die Menschen, sondern auch die Götter, die Tiere sowieso, aber auch sämtliche Mischwesen der griechischen Mythologie, weshalb es ihm gelingt, hinunterzusteigen in die Unterwelt und seine an einem Schlangenbiss verstorbene Geliebte Eurydike zu befreien, allerdings nur unter der Bedingung, dass er sich auf dem Weg hinauf nicht umdreht nach ihr, was er, als er sie nicht mehr hört, leider doch tut.

Helmut Dietl selbst war es wohl, angetrieben von der Vision, man wolle ihn zum Selbstmord zwingen, der den Vorschlag machte, die Geschichte mit verkehrten Rollen zu erzählen. Nicht Orpheus sollte seine Geliebte befreien, sondern die Geliebte ihn. »Die Geschichte des Orpheus berührt uns, weil sie eine Geschichte des Scheiterns ist. Der wunderbare Versuch, die beiden Naturgewalten der menschlichen Existenz, die Liebe und den Tod, miteinander zu versöhnen und die wildere der beiden wenigstens zu einem kleinen Kompromiss zu überreden, geht am Ende daneben«, schreibt Süskind. Das Ende stand also fest. Die Frage war, wie man so eine Geschichte anfangen sollte. Mit der Liebe auf den ersten Blick, hieß die arbeitshypothetische Antwort – was naturgemäß gar nicht so einfach wäre. Zwei Menschen treffen sich, sehen einander, verlieben sich sofort: Das muss so aussehen, dass die Zuschauer ohne Probleme folgen können, dass also auch sie bereit wären, sich für die Dauer des Films zumindest in diese Person zu verlieben. Andererseits verlaufen aber die emotionalen Kurven des Sehens und Begehrens im Kino ganz anders. Man sieht einen Menschen, der eben nicht makellos schön oder umwerfend attraktiv ist, vielmehr ist diese Person so inszeniert, dass man glaubt, man sei der Einzige, der die Attraktivität dieses Menschen erkannt hat. Man muss sich ein wenig anstrengen beim Zuschauen, man muss Empathie und Sympathie investieren, dann wird man mit Verliebtheit belohnt. Es würde, damit beides funktionieren könne, die Liebe auf den ersten Blick und der Prozess des Schauens, Einfühlens, Begehrens, also sehr von der Besetzung abhängen.

Dietl war jetzt häufig in Berlin. Mitte war wie München, nur kleiner und mit anderem Personal. Weniger Glamour, mehr Politik. Ob hier oder dort mehr Macht im Spiel war, war nicht leicht zu erkennen. Man konnte jeden Mittag ins »Café Einstein« zum Lunch gehen und jeden Abend ins »Borchardt«, wo sich, bevor 2007 der »Grill Royal« aufmachte, alle trafen, zumindest die, die nicht in der »Paris Bar« in Charlottenburg hockten. Jeder wusste, wer dieser Mann mit den dunklen Haaren und dem grauer werdenden Bart war. Dass sein letzter Film nicht alle überzeugt hatte, spielte keine Rolle. Der Mann selbst inszenierte sich überzeugend. Und er brachte etwas mit, was in Berlin ersehnt wurde: Stil, Hintersinn, Ironie. Das Versprechen, dass Glamour möglich sei. Im Sommer 2002 hatte er, eher nebenbei, bemerkt, dass er über eine Fortsetzung von »Kir Royal« nachdenke, die müsse natürlich in Berlin spielen. In Berlin war das eine große Nachricht. Das Feuilleton der Frankfurter Allgemeinen Sonntagszeitung (dessen Chef ich war) bat umgehend ein paar interessante Schriftsteller und Drehbuchautoren um ihre Vorschläge, worum es da gehen könnte, und fast alle konnten sich Baby Schimmerlos in Berlin nur als gebrochene, ja gescheiterte und konstant heimwehkranke Figur vorstellen. Berlin wusste, dass es noch nicht so weit war. Man gab sich aber Mühe. Das schicke Restaurant »Grill Royal« hätte sich womöglich einen anderen Namen gesucht, wenn nicht die Erwartung mitgeschwungen hätte, dass man Schauplatz oder zumindest Inspiration würde für die Serie. Und tatsächlich wurde in den Jahren nach Dietls Ankündigung das Berliner Nachtleben schicker, teurer, kosmopolitischer, auch wenn es eher der Kunstbetrieb, die Künstler, die Galeristen und Sammler waren, die das Geld und den Glanz brachten. Egal, es gab Abende in den mittleren 2000er-Jahren, da konnte man denken: Die Leute hier üben für »Kir Royal in Berlin«.

Mittags traf sich Dietl im »Einstein« mit Heike Makatsch, weil er eine junge Frau für die Hauptrolle im Orpheus-Film suchte, und mit Katja Riemann traf er sich wegen der Rolle einer etwas älteren Frau. Riemann war überhaupt nicht sein Fall, Makatsch schon eher, aber ideal fand er sie nicht. Er entschied sich schließlich für Alexandra Maria Lara, damals Mitte zwanzig, deren kreuzbraver, fast schon biederer Habitus ihm womöglich eine Herausforderung war: Die Kunst der Inszenierung müsste darauf abzielen, dass jeder Zuschauer dächte, nur er habe hinter der überwältigenden Bravheit das Geheimnis entdeckt. Und er entschied sich für Anke Engelke, damals Mitte dreißig und ein Genie der Fernsehcomedy. Ein paar Kinorollen hatte sie auch schon gespielt, das waren allerdings allesamt Satiren, Parodien.

Es dauerte, wie so häufig, Jahre, bis das Drehbuch fertig war – was auch daran lag, dass Helmut Dietl sich nicht nur als Produzent um die Projekte der Diana-Film kümmerte; zusammen mit Bernd Eichinger und Ulrich Felsberg, dem Produzenten vieler Filme von Wim Wenders, entwickelte er auch das Konzept einer Filmakademie, die vielleicht nicht das war, was dem deutschen Kino damals am allerdringlichsten fehlte. Aber eine schlechte Idee war es nicht, sich die Academy of Motion Pictures Arts and Sciences, die amerikanische Filmakademie also, zum Vorbild zu nehmen. Die Academy verleiht seit jeher die Oscars, so etwas gab es nicht in Deutschland. Es gab nur die sogenannten Bundesfilmpreise, Filmbänder in Gold und Silber, die von einer Jury vergeben und vom Bundesinnenministerium finanziert wurden, was alles zusammen schon anzeigt, dass das Verfahren nicht besonders transparent war. Und die Verleihung war alles andere als glamorous. Die deutsche Akademie, das sollten, wie in Amerika, die Filmschaffenden sein, eingeteilt in Sektionen wie Regie, Schauspiel, Kamera. Diese Filmschaffenden sollten die Preisträger küren – und genau so ist es auch gekommen, wobei der Unterschied zu Amerika und vermutlich der entscheidende Konstruktionsfehler der ist, dass man das Geld des Ministeriums für die Preise trotzdem haben wollte und bekam. Wo doch das Prestige des Oscars an keinerlei Preissumme gebunden ist.

»Vom Suchen und Finden der Liebe«, das war jetzt der Titel, den der Film bekommen sollte. Tamara Dietl erzählt, es sei ihre Idee gewesen, und sie erzählt, dass Helmut Dietl dann, als der Film nur halb gut in den Kinos lief, befunden habe, dass es keine richtig gute Idee gewesen sei, was man insofern verstehen kann, als der Plot eher vom Verlieren und Wiedergewinnen als vom Suchen und Finden handelt. Was, als er dann herauskam, für die meisten Missverständnisse sorgte, war die deutlich sichtbare Strategie, den Film nicht in der empirischen und von jedermann überprüfbaren Wirklichkeit der frühen Nullerjahre spielen zu lassen und auch nicht, monacofranzehaft, in deren zugespitzten und verbesserten Luxusversion. Es war eine künstliche, eine gedachte und imaginierte Welt. Allein das wurde dem Film schon als die Weltfremdheit zweier langsam alternder Herren angelastet.

Wer weiß, vielleicht hatte der Billy-Wilder-Fan Dietl an Wilders »Irma la Douce« gedacht, an ein Paris, das so erkennbar künstlich ist, dass die Inszenierung sich sicher sein kann, dass sie von den Zufälligkeiten und Hässlichkeiten des normalen Lebens verschont bleiben werde.

Ein Mann, eine Frau – und die Musik, die das größte Wagnis dabei ist. Die Geschichte von Orpheus und Eurydike mit vertauschten Rollen: Es ist die Frau, die singt und den Mann zurückholt aus dem Reich der Toten. Dass eine Barockoper von der unwiderstehlichen Kraft der Musik, vom Zauber eines Sängers nicht nur erzählen, sondern solche Musik selbst bieten muss, versteht sich von selbst. Dass das in moderneren Filmen eher schwierig ist, hat immer wieder der Komponist John Kander erzählt, der amerikanische Komponist, der den Welthit »New York, New York« (der den gleichnamigen Film allerdings nicht retten konnte) voller Wut an einem Tag komponiert hat, nachdem der Hauptdarsteller Robert De Niro eine erste Erkennungsmelodie als nicht gut genug abgelehnt hatte – wo der Film doch von diesem Welthit handeln musste. Wie es geht, in einem Werk das Können des Helden nicht nur zu behaupten, hat am besten Balzac vorgemacht, in den »Verlorenen Illusionen«, wo er den ersten journalistischen

Talentbeweis seines Helden Lucien de Rubempré, eine Theaterkritik, nicht einfach erwähnt oder referiert, sondern eben hineinschreibt in seinen Roman.

Wie es gehen könnte, den Erfolg und die umwerfende Wirkung einer Musik in einem deutschen Film nicht nur zu behaupten, sondern zu inszenieren, ohne dass anspruchsvollere oder geübte Musikhörer den Versuch verlachten, zurückwiesen oder sich gleich die Ohren zuhielten: Das war die Herausforderung. Wer sie annahm, war Harold Faltermeyer, Komponist aus München, Protegé des großen Giorgio Moroder, der im Auftrag großer Hollywoodstudios zum Beispiel die Soundtracks für »Beverly Hills Cop« und »Top Gun« geschrieben hatte. Faltermeyer, der sich auf akustische Überwältigung verstand, wusste, dass er hier das Gegenteil anstreben musste. Winzig kleine Melodien, schlicht und nicht zu eingängig und einfach genug, dass die Schauspielerin Alexandra Maria Lara sie singen könnte. »Wohin geht die Liebe, wenn sie geht?«, so heißt der größte Hit der Heldin, die hier den (etwas angestrengten) Namen Venus Morgenstern hat. Die Pointe des Films ist die Antwort, dass die Liebe gar nicht geht, sie bleibt, womit aber nichts gewonnen ist.

Den Mann, der (auch ein bisschen angestrengt) Mimi Nachtigal heißt, spielte Moritz Bleibtreu – und natürlich war Bleibtreu hier mehr Bleibtreu als Dietl, aber mit seinen dunklen Haaren, dem Bart und der sonnengebräunten Haut war er immer noch Dietl genug, dass sich die Mühe lohnt, auch in dieser Figur wieder einmal das Selbstporträt des Regisseurs zu erkennen, als 27 Jahre jüngerer Mann allerdings. Die beiden, Mimi und Venus, treffen sich in einem Berlin, das nur aus Gendarmenmarkt und Museumsinsel zu bestehen scheint, einem münchnerischen Berlin gewissermaßen. Er spricht sie an, sie gehen essen und in seine Wohnung, und als sie gehen will am nächsten Morgen, sagt er: Du bist hier zu Hause. Und dann zeigt der Film, wie er ihre Lieder, mit denen sie schnell erfolgreich wird, nicht nur schreibt und komponiert, sondern wie er sie auch produziert im Studio, wie er jeden Vokal und jeden Konsonanten kontrolliert, wie er die Frau so lange dominiert und beherrscht und quält, bis sie, solange sie singt jedenfalls, ohne Rest und Widerstand zu seinem Geschöpf geworden ist. Die Dialoge sind hart, böse, elegant und urban, wie man es von Süskind und Dietl erwarten darf. Und zugleich wird überdeutlich der unauflösbare Widerspruch sichtbar: dass der Mann genau diese Frau liebt und sich von ihr inspirieren lässt. Und dass er sie zugleich in eine andere verwandelt. In Helmut Dietls Leben war dann halt immer irgendwann die Liebe aufgebraucht, und jeder suchte sich jemand anderen. Im Film, so denkt man beim Wiedersehen, könnte es gerne so weitergehen – und vielleicht wäre es ja zeitgemäß, wenn der Suizid Mimi Nachtigals nur ein gesellschaftlicher Selbstmord wäre, ein Absturz aus den Höhen der Hochkultur. Und die Unterwelt ganz buchstäblich mit der U-Bahn oder über eine Treppe erreichbar und in Kellergeschossen und Souterrains von Berlin zu finden wäre.

Was große Teile des Publikums aber verstörte, war der Umstand, dass Süskind und Dietl den Mythos wörtlich genommen haben. Dass sie Mimi also nach Griechenland schicken, wo er sich umbringt und von einem hermaphroditischen Wesen namens Hermes Aphroditus (das

das Pech hat, von Heino Ferch gespielt zu werden) abgeholt und durch einen Brunnen in die Unterwelt geleitet wird. Dass dort unten der Styx ein Fluss ist und nicht bloß eine Metapher; dass da der Fährmann Charon wirklich steht und die beiden hinüberbringt. Und dass Mimi dann in einem dunklen Palast unter einem schwarzen Himmel sich noch immer nach Venus sehnt, während der Hermaphrodit ihn zu verführen versucht.

Heino Ferch als Hermes Aphroditus, das war tatsächlich eine problematische Besetzung, zumal der Mann ja so deutsch ist, das man meinen könnte, er wäre, wie Aphrodite dem Schaum des Meeres, einem Topf voller Sauerkraut entstiegen. Und zugleich raubt einem die Kühnheit beider, des Regisseurs und des Schauspielers, noch immer den Atem, wenn diese Figur ihr goldenes Gewand aufzieht und zwei lebensnah geformte künstliche Brüste zeigt. Allein dass dieser Anblick dem allgemeinen Gefühl von Angemessenheit widerspricht, ist ja fast schon ein Argument für diese Szene, diese Besetzung.

Es gibt ein zweites Paar in diesem Film, es sind Mimis beste Freunde, Uwe Ochsenknecht, der einen Musikprofessor spielt, und Anke Engelke, die Scheidungsanwältin. Sie kommen ganz gut miteinander zurecht, nur Sex gibt es nicht, was daran liegt, dass der Professor seine Frau, die so entschlossen und ehrgeizig und unromantisch ist, nicht mehr begehrt, weshalb sie ihn mit einem Psychiater (den Harald Schmidt spielt) betrügt. Der Professor reist auf die griechische Insel, auf der er ein Haus hat, in dem Mimi sich umgebracht hat mit Tabletten und Whisky und wo sich, als Brunnen getarnt, der letzte funktionierende Eingang zur Unterwelt befindet. Er lässt sich von der Nymphe Kalypso verführen, was seine Männlichkeit wiedererweckt und ihn auch seine Frau wieder begehren lässt, und am Schluss haben sie ein Arrangement zu dritt. Und während diese Dinge sich oben (gedreht wurde auf Ios) zum Guten hin entwickeln, springt Venus in den Brunnen und singt die Gluck-Arie »Ach, ich habe sie verloren«, nur dass sie »ihn« singt, als Chanson, nicht als Arie, was aber trotzdem alle dort unten so rührt, dass sie die Erlaubnis bekommt, Mimi nach oben mitzunehmen. Und sie sind noch nicht aufgebrochen, da streiten sie sich wieder, darüber, wer wem untreu war und ob ihr Hintern zu mager werde, wovon sie irgendwann so verdrossen ist, dass sie sich umdreht. Und Mimi fällt zurück in die Unterwelt.

Aus dem Abstand einiger Jahre sieht man diesen Film mit großem Vergnügen. Man kann gewissermaßen dabei zuschauen, wie die Unterwelt des Films, dieser Palast auf einem steinigen Hügel, den damals so viele als Budenzauber, Kulissenschieberei empfanden, in seinen Bedeutungen schillert. Weil das, einerseits, tatsächlich Traum- und Albtraumbilder sind, Räume, wie sie dann später am Computer generiert und auf Instagram stolz vorgezeigt wurden, ein kindisch-künstliches Pathos aus hohen Säulen, Feuerschalen und einem schwarz-violetten Draußen, gegen das man natürlich im Namen der Kunstgeschichte und des guten Geschmacks protestieren kann. Was aber andererseits ein bisschen spießig wäre – zumal das Pathos des Raumes ja nur den angemessenen Kontrast schafft für die Dialoge eines Paars, das ohne jede Ehrfurcht vor der Ewigkeit sofort wieder zu streiten anfängt, wie das urbane, moderne, intelligente Paare eben tun.

Die Kritiken waren erwartbar gemischt – je nach Temperament und schon mitgebrachter Sympathie für den Regisseur (und seinen Drehbuchautor) bescheinigten die Rezensenten dem Film, dass die Balance zwischen großer Oper, kleinen Alltagsproblemen und dem Witz und der Ironie gehalten oder eben nicht gehalten wurde. Auch in solchen Kritiken, die dem Film das Misslingen bescheinigten, schwang Respekt vor dem Können Dietls mit. Nur ein Artikel hielt sich mit Respektsbezeugungen nicht lang auf und kam direkt zu dem, was seine Autorin für die Sache hielt (und das Heikle daran ist, dass ich als Feuilletonchef der Frankfurter Allgemeinen Sonntagszeitung diesen Artikel damals zu verantworten hatte). Johanna Adorjan hieß die Autorin, und ins Recht setzte sie sich schon dadurch, dass ihre Sprache und ihr Stil genau so elegant, sophisticated und böse waren, wie man das von Dietl und Süskind kannte. Sie erzählte die Handlung schon so nach, dass man versucht war, kein Bild, keinen Dialogsatz ernst zu nehmen. Sie spottete über Alexandra Maria Lara, die gerade erst Hitler nachgeweint habe (im »Untergang«) und jetzt eben Moritz Bleibtreu; und sie empfahl ihr, es mal mit einer Nebenrolle zu versuchen. Sie konnte Heino Ferch überhaupt nicht fassen. Vor allem wertete sie aber das ganze Getue um Liebe und Sex, inklusive der Szenen, in denen Lara und Engelke ihre Brüste zeigen mussten, als die anachronistische Fantasie zweier alternder Herren, die nicht nur nicht gemerkt hätten, dass die Zeiten und vor allem die Frauen sich geändert hatten. Süskind und Dietl, so schrieb sie, erinnerten sie an jene männlichen Bewohner von Altersheimen, die zwar sonst nicht mehr viel zu bieten hätten, es aber trotzdem schafften, den Pflegerinnen auf den Hintern zu klatschen.

Helmut Dietl hat in sein Notizbuch geschrieben, dass die Autorin die beste Freundin der von ihm nicht besetzten Heike Makatsch gewesen sei – schon deshalb, so muss man wohl ergänzen, sei diese ganze Besprechung falsch und ungerecht und letztlich ungültig gewesen. Aber sie hat ihn wohl heftiger getroffen, als er es nach außen zugeben mochte. Was schon daran lag, dass er eben auf keinen Fall der ältere Herr werden wollte, der ja schon im »Monaco Franze« die Horrorvorstellung des Helden gewesen war. Und er wollte es umso weniger, als ihn alle möglichen Beschwerden plagten. Sein Magen war, wie schon erwähnt, immer empfindlich gewesen, was nicht besser wurde mit den Jahren. Und jetzt plagte ihn auch noch der Rücken. Schwerer noch wog der Vorwurf, dass Dietl ein Mann von gestern sei, von seiner Zeit längst überholt, in den ästhetischen und erotischen Verhältnissen der Achtziger gefangen. Das musste er als bodenlose Unverschämtheit betrachten, er, der doch beides konnte, mittendrin stehen und zugleich darüber, und der deshalb wusste, was er tun musste, um auf der Höhe seiner Zeit zu sein. Dass man ihm das absprach, schmerzte ihn vielleicht am meisten. Und das war ja vielleicht der größte Unterschied zwischen ihm und seinem Co-Autor Patrick Süskind, der sich bald nach dem unfassbaren Erfolg des »Parfums« zurückgezogen hatte, sich nicht mehr in der Öffentlichkeit zeigte, keine Fotos von sich machen ließ und sich auch nicht darum kümmerte, wie die Leute das fanden. Helmut Dietl fand den Film gelungen, und es ging nicht nur um die Einspielergebnisse an den Kinokassen, wenn er sich einen größeren Erfolg versprochen hatte. Seine Art, Filme zu machen, war Kommunikation, Massenkommunikation. Er, der sich im wirklichen Leben nicht besonders darum kümmerte, ob die Leute ihn verstanden, wollte als Künstler unbedingt und von möglichst vielen verstanden werden. Es kamen mehr als 600 000 Zuschauer in die Kinos, um »Vom Suchen und Finden der Liebe« zu sehen. Die meisten deutschen Regisseure werteten alles, was mehr als 500 000 war, als Erfolg. Für Helmut Dietl blieben aber die 3,7 Millionen, die »Rossini« gehabt hatte, der Maßstab.

Ein, zwei Jahre später, als die Pläne für einen Berlin-Film konkreter wurden, aber eine Story weit und breit noch nicht sichtbar war, da war es wohl Tamara Dietl, die ihrem Mann empfahl, sich erst einmal hinzusetzen an seinen Schreibtisch in Eichenried und aufzuschreiben, was aus den Münchner Figuren, aus den Hauptpersonen von »Kir Royal« und »Rossini« inzwischen geworden sei, ob sie also auch im neuen Film womöglich eine Rolle spielen könnten. Entstanden ist dabei ein wunderbarer, böser und zugleich zarter Text (von dem bislang nur Auszüge im Katalog zur Münchner Helmut-Dietl-Ausstellung veröffentlicht wurden). Uhu Zigeuner, das Alter Ego also, habe gewissermaßen den Weltuntergang erlebt mit seinem letzten Film, schreibt Dietl da, er sei beschimpft, bespuckt, gedemütigt worden – nur dafür, dass er, der elegante Spötter, einen Liebesfilm gedreht habe: »Immer war er der Liebling gewesen, der des Feuilletons, der des Publikums und der der Frauen. Nun schien es plötzlich so, als hätte man ihm diese Liebe entzogen. Er konnte es nicht glauben. Immer wieder las er staunend, was da über ihn und sein letztes Werk geschrieben wurde, las es so oft, dass er die vierzig schlimmsten Verrisse bald auswendig hersagen konnte. In seinen Kopf und in sein Herz hatten sie sich eingebrannt, Tag und Nacht klangen sie ihm in den Ohren, an nichts anderes konnte er mehr denken. Nichts machte ihm noch Freude, die Frauen gefielen ihm nicht mehr, das Essen schmeckte ihm nicht mehr und wenn er getrunken hatte, brütete er blutige Mordfantasien aus – erschießen, erstechen, vergiften, erschlagen und erwürgen wollte er diese Bande von Schmierfinken und sich selbst dazu.« Wenn Uhu Zigeuner allerdings statt der üblichen zwei Flaschen Wein gleich drei trinke oder gar die vierte schon öffne, dann sorge die Überdosis für eine fast schmerzliche Klarheit der Gedanken. Er erkenne, dass er einen schlechten, ja bodenlosen Film gedreht habe, und er fasse folgenden Plan: »Einen kleinen Kreis der sechs bis acht wichtigsten Filmkritiker würde er zu einem exquisiten Dinner laden, um in dessen Verlauf öffentliche Selbstbezichtigung zu betreiben. Schonungs- und rücksichtslos würde er mit sich selbst abrechnen, als Mensch, als Mann und vor allem als Künstler. Sie sollten ihre Argumente gegen ihn und seinen Film noch einmal in aller Strenge vortragen, damit er ihnen in allen Punkten recht geben, sich für seine schweren Fehler entschuldigen und abschließend beim Dessert feierlich geloben könne, nie wieder in seinem Leben einen so beschissenen Film zu machen. Auch eine Strafe sollte natürlich über ihn verhängt werden, dafür, dass er so leichtsinnig, unbedacht und tollkühn von seinem bisherigen Stil abgewichen war, dass er so arrogant und selbstsicher die schützende Festung der Ironie verlassen hatte, um sich so wohlig in den schlammigen Morasten des Pathetischen, Sentimentalen, Wehleidigen und Gefühlsduseligen zu suhlen.«

Ach, man möchte sofort den Film sehen, in dem genau das inszeniert würde.

XXIV.

Der Text ist der Film

Bevor hier von dem Projekt »Berlin-Mitte« (wie der geplante Film lange hieß) berichtet werden kann, muss kurz von einem anderen Münchner in Berlin gesprochen werden, einem Mann, der auf den ersten Blick außer einem markanten Stil und einem weichen Münchnerisch so gut wie nichts mit Helmut Dietl gemeinsam hatte und auf den zweiten sehr viel. Es ist der Schriftsteller Rainald Goetz, zehn Jahre jünger als Helmut Dietl, der im Jahr 1998, mehr oder weniger, nach Berlin gezogen war und dort genau das tat, von dem so viele vermuteten, dass es auch Helmut Dietl betrieb. Er beobachtete das soziale Leben und hörte genau darauf, wie und was die Leute sprachen. Er war fasziniert und abgestoßen von der Macht der Zeitungen und des Fernsehens und von denen, die diese Macht lenkten. Er besuchte die Vernissagen, die Restaurants, ging ins Kino, las die Zeitungen und die neuen Bücher, und er verwandelte, was er da sah und erlebte, in Literatur. Damals musste man, wenn man Goetz begegnete, mit ihm womöglich sprach oder sonst irgendwie verhaltensauffällig wurde, immer damit rechnen, dass die Szene in seinem nächsten größeren Prosatext vorkommen würde.

Und genau so stellte man sich, wenn man Dietl in Berlin sah, aus der Ferne, wie er dann fast jeden Abend im

»Borchardt« saß, später auch im »Grill Royal«, seltener im »La pignata« in Charlottenburg, im »Panasia« in Mitte, in der »Paris Bar«, genau so stellte man sich vor, was Dietl da betrieb. Dass er zuhörte und zuschaute, wie sich gerade eine Art von Berliner Gesellschaft zu bilden begann, Leute aus der Politik, TV-Prominente, Schauspielerinnen und Schauspieler, dann die Galeristen, die Künstler, die Sammler und ein paar Journalisten, die Dietl verehrten, aber natürlich nicht wirklich mithalten konnten, wenn sie jeden Abend die Zeche zahlen mussten. Keiner stammte aus Berlin, kaum jemand war interessiert an der Eigenart der Stadt und deren autochthonen Bewohnern, ein überschaubares Milieu, das nur deshalb nicht provinziell wirkte, weil wegen Berlinale oder Art Week oder wegen des Gallery Weekends der Nachschub an ständig neuen Leuten gesichert war. Im Herbst 2006 hatte Helmut Dietl sich eine eigene Wohnung in Berlin genommen, in Mitte natürlich, Oranienburger Straße, mit schönem Blick auf den Monbijou-Park. Was nur konsequent war, denn seit ungefähr einem Jahr schon verzeichneten seine Notizen eine ganz enorme soziale Aktivität: Mit Iris Berben im »China Club«. Mit Götz George in der »Cantina«. Bei Guido Westerwelle zur blauen Stunde. Bei Sabine Christiansen, Wowereit sei auch da gewesen. Dagmar Manzel, Claudia Roth, Michel Friedman.

Wie aufmerksam Dietl damals die neue Berliner Umgebung wahrnahm und analysierte, das kann zum Beispiel Giovanni di Lorenzo bezeugen, damals Chefredakteur des Berliner »Tagesspiegels« und mit Helmut Dietl befreundet. Der hatte bei der Wohnungssuche eine Maklerin kennengelernt, die so gar nichts Maklerinnenhaftes hatte, sondern offenbar eine interessante, liebenswerte eigensinnige Person war, weshalb er sich mit ihr zum Abendessen verabredete, in einem italienischen Restaurant in Charlottenburg. An einem der Tische habe, als die beiden kamen, schon Helmut Dietl gesessen, umringt von Fans und Bewunderern. Ob sie sich nicht dazusetzen wollten, fragte Dietl, und Giovanni di Lorenzo deutete an, dass das ein Date sei, dass man also unter sich bleiben wolle. Aber als die Frau vom Tisch kurz aufstand, kam Dietl herüber und riet Giovanni di Lorenzo, diese Frau auf Abstand zu halten. Sie sei nämlich verrückt. Woher er das wisse. Er sei Filmregisseur, Menschen zu durchschauen sei sein Beruf.

Das war auch die Zeit, da David Groenewold ins Spiel kam, jener junge Produzent, der ein paar Jahre später auch außerhalb der Branche berühmt dafür wurde, dass er einmal eine Hotelrechnung für Christian Wulff bezahlt hatte, den Bundespräsidenten, der damals noch Ministerpräsident gewesen war. Und der schließlich über mehrere solcher Vorwürfe stürzte.

Groenewold war ein Sohn aus gutem Hause und zugleich ein Spieler. Abitur in Salem, Studium an der London School of Economics, Praktikum in New York, bei David Letterman. Als Helmut Dietl ihn kennenlernte, musste Groenewold sich gerade ein neues Geschäftsmodell suchen, die Steuervorteile für sogenannte Filmfonds, mit denen Groenewold bis dahin die Geldanlagen reicher Leute eingesammelt hatte, waren abgeschafft worden. Mit dem Ministerpräsidenten von Niedersachsen hatte er eine Art Pakt geschlossen – Groenewold brachte Wulff den Glamour näher, Wulff versprach die Nähe zu Macht. Berühmt wurde der Satz, mit dem Groenewold Plaudereien und Small Talks gerne abschloss: »Ich gehe jetzt zum Ministerpräsidenten. Soll ich etwas platzieren?« Im Juli 2007, anlässlich der Verleihung des Deutschen Filmpreises, gab Groenewold eine legendäre Party im »China Club« im Hotel »Adlon«. 150 Menschen aus der Filmbranche kamen, und als Ehren- und Überraschungsgast hielt Christian Wulff eine Festrede, in der er die Beibehaltung des Steuersparmodells forderte; dessen Abschaffung – konnte er aber nicht verhindern.

Aus der Perspektive aller Filmemacher, die je mit ihm gearbeitet haben, war Groenewold aber ein guter Produzent, ein Mann, der fürs Geldbeschaffen eine große Begabung hatte und den Regisseuren mit großen Respekt begegnete. Wenn er zum Drehort kam, so hat es später Dominik Graf erzählt, lobte er alle und verbreitete gute Laune. Für das neue Projekt, für den Berlin-Film sollte Groenewold das Geld beschaffen.

Wie Helmut Dietl auf Benjamin Stuckrad-Barre kam, lässt sich von heute aus schwer ermitteln. Christoph Müller, der die Verfilmung von Stuckrad-Barres Roman »Soloalbum« produziert hatte, brachte die beiden zusammen; aber was Dietl auf die Idee brachte, Stuckrad-Barre könnte ein passender Co-Autor beim Drehbuchschreiben sein, ist nicht bekannt. Womöglich ist er nur seiner Intuition gefolgt, so wie damals, vierzig Jahre zuvor, als er in dem Studenten Süskind den talentierten Autor erkannte. Wobei Stuckrad-Barre als Schriftsteller ja mehr als ein Talent war, er war fast ein Star, nicht nur der damals sogenannten Popliteratur. Sein »Soloalbum« hatte genau den Ton getroffen, der die Emotionen der jüngeren Leser in Bewegung brachte, und der Gesprächsband »Tristesse Royal«, die Mitschrift einer

Diskussion mit Christian Kracht, Eckhart Nickel, Joachim Bessing und Alexander von Schönburg, hatte den Anspruch seiner Generation auf die ästhetische Deutungshoheit artikuliert. Aber Stuckrad-Barre hatte auch, wie er es 2016 in seinem Buch »Panikherz« ziemlich unverschlüsselt beschrieben hat, eine üble Drogengeschichte hinter sich, Kokain und immer mehr Kokain und die davon ausgelösten Totalabstürze, schlimmere Geschichten noch als die, die Dietl selbst erlebt hatte, aber Geschichten, die er Dietl erzählen konnte, ohne mit Ablehnung und Unverständnis rechnen zu müssen. Und so kam es, dass Stuckrad-Barre, der sich gerade gefangen hatte und clean war, einen Tee bestellte, als er sich zu einem ersten Gespräch mit Dietl in einem Münchner Biergarten traf.

In seinem Buch »Panikherz«, einem großen autobiografischen Bericht, der nicht Roman heißt, weil da nichts erfunden, noch nicht einmal fiktionalisiert ist, diesem sehr packenden und sehr ehrlichen Buch, erzählt Stuckrad-Barre davon, wie er, wenn er sich kalt, mies und seelisch komplett verwahrlost fühlte, sich emotional immer wieder gewärmt habe am »Monaco Franze«, am heiteren Ton und an der Menschenfreundlichkeit der Serie. Und selbst die letzte Folge, in welcher der Franze ja leider total abstürzt, so weit unten ist, wie Stuckrad-Barre sich anscheinend oft fühlte, selbst diese Folge ende ja gut, weil seine Frau, das sogenannte Spatzl, zu ihm zurückkommt. Und es von da an nur noch aufwärts gehen kann.

Stuckrad-Barre war (und ist) als Darsteller seiner selbst das genaue Gegenteil von Patrick Süskind: Laut und selbstgewiss, mit scharfem Kurzhaarschnitt und knappen, meist hellen Anzügen, schien er sich in dieser Hinsicht auf Augenhöhe mit Dietl zu bewegen. In einem merkwürdigen Kontrast dazu stand die gewaltige Dietl-Verehrung, diese fast schon Vater-und-Sohn-hafte Bewunderung, die man zum Beispiel in »Panikherz« immer wieder findet. Einen weißen, sogenannten Helmut-Schal trägt da der Erzähler, und selbst als Dietl schon tot ist, imaginiert er Gespräche mit Dietl, in denen er selbstverständlich auf alles hört, was ihm der tote Helmut Dietl mitzuteilen hat.

Der lebende Helmut Dietl wurde in Berlin als die letzte wahre und große Helmut-Dietl-Figur wahrgenommen. Wenn schon seine letzten beiden Filme dem Geist und dem Sound Münchens nichts mehr zu verdanken gehabt hatten, so war da immerhin ihr Schöpfer, der so aussah, sich so benahm und so daherredete (und diesen Habitus auch kultivierte), als ob er gerade noch die Hauptrolle in einer Dietl-Serie gespielt hätte. Nicht ganz so böse wie Baby Schimmerlos, nicht ganz so freundlich und selbstverliebt wie der Monaco Franze, nicht ganz so nervös wie Maximilian Glanz und natürlich längst nicht mehr so jung wie der Tscharlie.

Die tolle Dietl-Serie, so kam es einem vor, wenn man hineingeriet, lief längst, in den schickeren Lokalen von Berlin-Mitte. Ihr Held war ein Münchner Filmregisseur, der einen Film über Berlin machen will und dabei immer tiefer eintaucht in ein Milieu, in dem die Kurswerte und die Images aller, egal ob Künstler, Schauspieler, Politiker, vor allem davon abhängen, wie sie sich in den Medien präsentieren und inszenieren dürfen. Und weil auch der Film ein Medium ist, wollen sie alle hinein in den Film, über dessen Drehbuch sie aber noch gar nichts wissen. So ungefähr war die Lage, als ich, es muss wohl im Sommer 2007 gewesen sein, zur Geburtstagsfeier eines Freundes in den »Grill Royal« eingeladen war – und allein die Anwesenheit Helmut Dietls, das war überdeutlich sichtbar, sorgte dafür, dass die Gäste eleganter gekleidet waren und sich geschmeidiger benahmen und dass gerade an den Bösartigkeiten, bevor sie ausgesprochen wurden, gedanklich ein wenig intensiver als sonst gearbeitet worden war. Galeristinnen, Künstler, Journalistinnen und Autoren, Schauspieler, sie alle schienen auch deshalb so gut in Form und euphorisch gelaunt zu sein, weil sie sich selbst und einander schon durch die Augen oder die Kamera Helmut Dietls zu betrachten schienen. Er selbst gab sich, rollenkonform, absolut unbeeindruckt und schien es doch zu genießen. Es war der Abend, an dem er, als ich gehen musste, mir den Satz »ein Scheißdreck ist es« mitgab. Es war die Antwort auf meine unvorsichtige Bemerkung, dass das hier, diese Party, die gerade ausschweifend zu werden versprach und die ich, weil ich am nächsten Morgen arbeiten musste, jetzt viel zu früh leider verlasse, doch schon all das sei, was man von »Kir Royal« in Berlin erwarten könne.

Giovanni di Lorenzo erzählt, wie er und seine Frau einmal die Dietls zum Abendessen empfangen hätten. Dietl sei zu ihm, der ein Risotto rührte, in die Küche gekommen, und auf di Lorenzos Frage, wie es ihm so gehe, habe er geantwortet: schlecht, sehr schlecht. Und da, so erzählt di Lorenzo, habe er genug von dem Gejammer gehabt und geantwortet: Du hast eine wunderbare Frau und eine wunderbare Tochter, und dann sagst du, es geht dir schlecht. Dietl meinte nur: Was meinst du, wie es mir erst gehen würde, wenn ich das nicht hätte.

Stuckrad-Barre hat erzählt, dass die gemeinsame Arbeit eigentlich schon in Eichenried begonnen habe, mit endlosen Spaziergängen durch die herbstliche Landschaft, mit endlosen Plaudereien über alles Mögliche, die nur dann konkreter geworden seien, wenn man sich darüber habe einigen wollen, was der Film nicht werden dürfe. Darin, schreibt Stuckrad-Barre, seien sie von Anfang an meisterlich gewesen, im Ablehnen von Ideen, Verwerfen von Vorschlägen, von Szenen und Figuren, in der Weigerung, sich auf irgendetwas festlegen zu lassen.

Es sieht allerdings so aus, als habe es, als Stuckrad-Barre dazukam, schon einen Text gegeben, der dann die Grundlage für erste Drehbuchentwürfe wurde, einen Text, den Helmut Dietl nur für sich geschrieben hat. Es ist der Text, von dem weiter oben schon die Rede war, der Text, in dem Dietl versuchte, die Geschichten der Menschen aus »Kir Royal« und »Rossini« einfach mal weiterzuschreiben und dabei zu erforschen, was ihre Rollen in einem neuen Drehbuch werden könnten. Es ist ein sehr schöner, eleganter, warmherziger (und bislang unveröffentlichter) Text. Er fängt an mit Paolo Rossini, der seinen 75. Geburtstag feiert und sein Lokal wohl demnächst schließen wird, weil, seit Uhu Zigeuner mehr in Berlin als in München lebt und dort einen Film vorbereitet, seit Oskar Reiter mit einer Berliner Schauspielerin liiert ist, die auch nicht gerne nach München kommt, das »Rossini« aus der Mode gekommen ist. Es geht weiter mit Uhu Zigeuner, der seinen Rentenbescheid bekommen hat, monatlich 1276 Euro werde er bekommen, wo er doch, wenn er nur die unentbehrlichsten Ausgaben zusammenrechnet, mindestens 400 000 Euro im Jahr verdienen muss, um einigermaßen im Plus zu bleiben. Es geht, wie oben schon erzählt, um den Liebesfilm, der verrissen wurde, und um den, den er in Berlin jetzt drehen will: »Ein Rundumschlag würde das werden, wie man ihn in der Republik noch nicht gesehen hatte: böse, schmutzig, trashig, schräg und hip, ätzend, sexy, vulgär, rücksichts- und kompromisslos, schonungs- und gnadenlos, aggressiv, beleidigend und superskandalös! Vor nichts würde er zurückschrecken, jede heilige und unheilige Kuh würde geschlachtet. Ein Gemetzel würde das werden. Und alle kämen dran, alle: das Volk, die Kirche, die Politik, die Presse, die Medien, die Kunst, die Industrie, die Börse, der Mittelstand, die Rentner, die Landwirte, die Singles und die Swinger, die Ehepaare, die Kindergärten, die Gastronomie, die Touristik, die Jäger und die Golfer, die Fußballer, die Rollstuhlolympiade sowie die Salzburger und Bayreuther Festspiele. Ein gigantisches Kettensägenmassaker würde es werden, vor dem sich die schlimmsten Entgleisungen Schlingensiefs wie kleine dumme Bubenstreiche ausmachten.

Allen würde er die Maske herunterreißen: Thomas Gottschalk, Günther Jauch, Uli Wickert, Sabine Christiansen, Peter Hahne und Peter Klöppel, Grass, Enzensberger und Kluge, der ARD, dem ZDF und allen Privaten sowieso. Kanzler und Bundespräsident, Außen- und Finanzminister, alle würden sie lächerlich und jämmerlich dastehen in ihrer Nacktheit und sich endlich als das entlarven, was sie alle immer waren und sind: Spießer!« Es geht darum, was aus Jakob Windisch wurde, nachdem er dann doch die Rechte an der »Loreley« an Oskar Reiter verkauft hatte, für die höchste Summe, die jemals für Filmrechte gezahlt wurde, angeblich; und nachdem er Serafina geheiratet und Serafina eigene Ambitionen als Schriftstellerin in sich gespürt hatte. Es geht um Baby Schimmerlos, der jetzt in Berlin lebt, das er verabscheut und wo er doch als Reporter und Kommentator für ein überregionales Massenblatt arbeitet. Es geht um Mona, die der größte Star des Volksmusikfernsehens geworden ist und die sich eigentlich immer nach Baby sehnt, außer in den Momenten, vielleicht einmal im halben Jahr, in denen sie ihn tatsächlich trifft und wieder daran erinnert wird, was für ein unausstehlicher Mensch er ist. In Uhus Film, Arbeitstitel »Heimat, süße Heimat«, soll sie eine Hauptrolle spielen, wogegen aber Oskar Reiter ziemlich viel einzuwenden hat, weil die alte Schachtel mit ihrer Fernsehprominenz dem Film gar nichts nützen werde. Und »Heimat, süße Heimat« werde er schon gar nicht heißen, nicht wenn Oskar ihn produzieren soll, weil dieser Titel keine Wucht habe. »Deutschland, Deutschland über alles«, das sei das Mindeste, was ein Filmtitel bieten müsste. Es geht um Bodo Kriegnitz, den Poeten, der jetzt in Frankfurt an der Oder nach dem harten Lebensgefühl forscht und der manchmal nach Berlin fährt und im Restaurant »Borchardt« seine Originalmanuskripte verkauft. Und hier, im »Borchardt«, kommt die erste ganz neu erfundene Person ins Spiel, Miriam Danziger, eine Fünfzigjährige von beunruhigender Schönheit, die hier mit Görings Nichte Freya von Hepp und mit der Verlegerin im Ruhestand Friederike von Unruh verabredet ist. Und die sofort sieht, dass Bodo ihr nächster Liebhaber werden wird. »Mahnmal-Mira« heißt die Schöne allgemein, weil sie, die Nazitochter und Witwe eines Juden, der ihr viel Geld und den Nachnamen hinterlassen hat, darum kämpft, ein gigantisches Mahnmal in Berlin zu errichten, ursprünglich wohl für die ermordeten Juden, dann aber für alle Opfer von Gewalt, Ungerechtigkeit und Diskriminierung, selbst für die Berggorillas und die tropischen Regenwälder. Die zweite große erfundene Figur heißt Jackie Timmendorf und ist weniger eine Erfindung als das, was aus der damals sehr prominenten Sonntagabend-Gastgeberin Sabine Christiansen wird, wenn Dietls Text das ganze Potenzial dieser Figur ausschöpft, eine unfassbar ehrgeizige und disziplinierte Person, die aber leider einmal ihre Talkshow komplett betrunken geleitet hat. Der Sender schickte ein Störungszeichen an die Zuschauer, nahm aber natürlich alles auf, um etwas in der Hand zu haben, falls die Forderungen Jackie Timmendorfs zu unverschämt würden. Und dann taucht im Manuskript auch noch Dr. Conrad Scheffer auf, genannt Conny, der Mann, der in »Late Show« der Chef des schäbigen Privatsenders war, der es aber, dank seiner Intelligenz und der Protektion durch August Beer, den Mediensuperunternehmer, inzwischen zum Ministerpräsidenten von Baden-Württemberg gebracht hat. Und der offenbar gute Chancen hat, der nächste Kanzler zu werden, was auch deshalb perfekt passen würde, weil in Baden-Württemberg ohnehin seine Frau Hilde die Zügel in der Hand hält.

Teile dieses Textes, vor allem die, die noch einen Anker in München haben, wurden im Katalog der Münchner Helmut-Dietl-Ausstellung veröffentlicht – und wer immer das damals las, sah dann eigentlich schon die Grundlage für ein sehr böses und intelligentes Drehbuch. Wie bei »Rossini« gibt es keinen Plot, nur eine Menge kleiner Geschichten, die sich berühren und manchmal kreuzen, und wenn man den ganzen Text gelesen hat, auch die Passagen mit den neuen Figuren, denkt man, der Film hätte »Borchardt« heißen und im Wesentlichen an einem Abend in dem Restaurant in der Französischen Straße spielen können, mit kleineren Abschweifungen in die Dahlemer Villen von Jackie Timmendorf und Mira Danziger, einer Rückblende ins Penthouse des Prominentenfriseurs Alfi, in das sich Jackie Timmendorf geflüchtet hatte, als sie, von ihrem Mann verlassen, beschlossen hatte, sich so lange gehen zu lassen, bis sie eine ernst zu nehmende Depression entwickeln würde, was ihr dann tatsächlich auch gelang. Das war aber für Helmut Dietl keine Option, er wollte ja nicht »Rossini 2 oder Die Frage, wer in Berlin mit wem schlief« drehen. Und schon deshalb haben es weder Paolo Rossini noch Uhu Zigeuner und Oskar Reiter und auch nicht Jakob Windisch, Serafina oder Bodo Kriegnitz ins Drehbuch geschafft – obwohl Dietls Text für sie alle wundervolle Szenen entwirft. Mario Adorf las den Text im Sommer 2016 und gestand dann, dass er sehr traurig sei darüber, dass Dietl diesen Film nicht inszeniert habe.

Jeden Morgen, so hat Stuckrad-Barre es selbst beschrieben, stand er an der Haustür von Dietls Wohnung in der Oranienburger Straße, möglichst genau um zehn, Abweichungen von mehr als zwei, drei Minuten, schreibt er, hätten Dietl verdrossen. Dann wurden erst einmal Dinge erledigt, die mit dem Drehbuchschreiben absolut nichts zu tun hatten. Möbel wurden verrückt, Dinge repariert, Behördenbriefe entziffert, und das alles nur, damit nicht im Schwung oder gar Überschwang des Morgens dann Sätze geschrieben würden, die man eh wieder würde streichen müssen. Keine Handlung, keine Motive und Begründungen, keine Szenen, die einfach nur dem wahren Leben und den wirklich existierenden Personen abgeschaut waren.

Und, vor allem, keine Dialogsätze in korrektem Deutsch, weil kein Mensch vollständige Sätze in korrektem Deutsch spreche. Die letzte Regel ist hundertprozentig richtig, über die anderen kann man womöglich streiten – und wenn man Stuckrad-Barres Text über die gemeinsame Arbeit liest, wird man den Verdacht nicht los, dass er, Stuckrad-Barre, der ja ein guter, eigenwilliger Schriftsteller ist, aber als Drehbuchautor ohne Erfahrung: dass Stuckrad-Barre genau deshalb kein passendes Gegenüber für Dietl war. Sondern dass er, begeistert von dieser wunderbaren Vaterfigur, die Macken Dietls noch verstärkte. Keine Handlung, keine Motive, nichts, was der Wirklichkeit ähneln könnte: klingt gut und provokant und kontraintuitiv, ist vielleicht ein ganz gutes Gegengift gegen die Erzählfloskeln und Wirklichkeitsverniedlichungen speziell des deutschen Fernsehens und Kinos. Reicht aber nicht für ein Drehbuch, für das sich erst einmal jemand interessieren soll. Es stimmt ja, in »Rossini« hatte das Prinzip »keine Handlung!« sehr gut funktioniert – was aber daran lag, dass sämtliche Hauptpersonen sehr starke, verständliche und zugleich ambivalente Motive hatten – sehr leicht entzündliche Motive, wie man dann sehen konnte.

Zigaretten, bis zu hundert am Tag, Tee, und am Computer saß Stuckrad-Barre und tippte, so wie das Patrick Süskind einst an der Schreibmaschine getan hatte. Und um zwei Uhr nachmittags machten sie zwei Stunden Pause. Dann arbeiteten sie weiter bis um sieben. Danach vielleicht essen gehen, weiterplaudern, über Berlin schimpfen. Und, wie Stuckrad-Barre erzählt, all die wichtigen Menschen aushalten, die an ihren Tisch kamen und beteuerten, dass sie in diesem Film, von dem anscheinend alle sprachen, lieber nicht vorkommen wollten. Womit sie natürlich genau das Gegenteil bezweckten.

Ein kerngesunder Mensch war Helmut Dietl nie gewesen, wie denn auch, bei den vielen Zigaretten, filterlosen Gitanes, von denen selbst geübte Marlboro-Raucher einen Husten bekamen. Wein, unruhiger Schlaf, ständig unterwegs zwischen München, Berlin, zwischendurch Eichenried, und außer bisschen Golf nie im Leben richtig Sport getrieben. Tamara Dietl erzählt, dass sie, als sie einzog in München, außer sehr viel nicht archiviertem Papier auch überall angebrochene Medikamentenschachteln gefunden habe, Rezepte, die niemals bei einer Krankenkasse eingereicht wurden, die ganze Ausstattung eines Mannes, der zum Gesundsein so wenig Talent wie zum Zufriedensein hatte.

Aber jetzt war er auch noch über sechzig, glücklich zwar mit Frau und Kind, aber seelisch eben doch auch angegriffen von dem, was er nur als Misserfolg begreifen konnte, von zwei Filmen also, für die er gute und schlechte Kritiken bekommen hatte, mäßig viele Zuschauer und die ihm leider nicht das euphorische Gefühl gegeben hatten, dass er nicht nur der größte, beste, eleganteste Filmer in ganz Deutschland sei. Sondern dass sich in diesem Urteil eigentlich alle einig seien.

Im November 2007 hatte Dietl einen Schlaganfall. Schwindel, ein Sturz, sie lieferten ihn ins Krankenhaus St. Hedwig, gleich um die Ecke von seiner Wohnung, ein, machten alle notwendigen Untersuchungen, fanden erst einmal nichts, nichts Manifestes jedenfalls. Nach ein paar Tagen kam er in eine Klinik in Bad Aibling im Voralpenland, wo es schöner war, gutes Essen, freundliches Personal,

Blick auf die Alpen beim Spazierengehen. Aber als Ursache fand man auch dort nichts Spezielles, eher den allgemeinen Lebenswandel, die grundsätzlich ungesunden Angewohnheiten, und so bekam Helmut Dietl alle möglichen Therapien verordet, Physiotherapie, Ergotherapie, und am 19. November, nach mehr als einer Million Gitanes, hörte Helmut Dietl tatsächlich mit dem Rauchen auf, wofür er allerdings Champix zu Hilfe nahm, das umstrittene Medikament der Firma Pfizer, von dem man heute besser weiß, als man es damals wusste, dass zu seinen Nebenwirkungen auch schwere Depressionen gehören können.

Wie eines mit dem anderen zusammenhing in dem hochkomplexen, störanfälligen und zugleich sehr leistungsfähigen seelisch-körperlichen System, das wir Helmut Dietl nennen, das wussten die Ärzte nicht genau. Fest steht aber, dass die starken psychischen Nebenwirkungen von Champix, das gerade erst herausgekommen war, noch längst nicht hinreichend erforscht waren. Fest steht auch, dass der Schwindel immer wieder kam. Und dass seine Notizen jetzt häufig von Dämonen handeln, von denen er heimgesucht werde. Schwindel, nachts Panik, Dämonen. So steht das da immer wieder. Und man kann sich fragen, ob Helmut Dietl nur unter den Nebenwirkungen des Nichtrauchens und des Nichtrauch-Medikaments litt. Oder ob er die Vermutung, ein amerikanisches Pharmaunternehmen konfrontiere ihn mit seinen Dämonen, nicht als Beleidigung zurückgewiesen hätte. Dazu brauch ich kein Pfizer, wenn ich meine Dämonen kennenlernen muss. Andererseits hatte ein Münchner Arzt ihm das Antidepressivum Cipralex verschrieben nach dem Zusammenbruch, ein anderer Arzt hatte ihm dann alle Psychopharmaka verboten. Und danach ging es richtig los mit den üblen Nächten.

Ihre erste Drehbuchfassung, im Winter 2008, habe aus 650 DIN-A4-Seiten bestanden, hätte einen neunstündigen Spielfilm (oder drei dreistündige) ergeben und vermutlich mehr als hundert Millionen Dollar gekostet, schreibt Stuckrad-Barre in seinem Bericht über die Arbeit mit Helmut Dietl. Der erwähnt in seinen Notizen eine erste Fassung mit 262 Seiten. Ist immer noch ganz schön dick, wäre immer noch unfassbar teuer für deutsche Verhältnisse geworden. Das Ganze als Fernsehserie zu inszenieren, diese Idee war offenbar zu keiner Zeit eine Option, obwohl es dem Stoff eigentlich angemessen gewesen wäre. Seine Wunschvorstellung, das hat Dietl später erzählt, wäre ein damals sogenannter Event-Dreiteiler gewesen, drei Filme fürs Fernsehen, jeder neunzig Minuten. Daraus hätte er, irgendwie, eine Kinofassung kompilieren können. Aber das deutsche Fernsehen war damals völlig orientierungslos in diesen Fragen. Man fand zwar immer noch Grund genug, stolz darauf zu sein, dass zum Beispiel Helmut Dietl unsterbliche Meisterwerke des Fernsehens geschaffen hatte. Aber das war in vermeintlich besseren Zeiten gewesen, als das Fernsehen angeblich mehr wagen und sich leisten konnte. Das Budget für eine sechs- oder achtteilige Dietl-Serie aus und über Berlin – das schien allen unerreichbar zu sein, obwohl das öffentlich-rechtliche Fernsehen doch immer reicher geworden war. Dass in Amerika das Genre blühte, bekam man natürlich mit. Aber seit das ZDF die epochale Serie »Sopranos« ohne große Werbung und Öffentlichkeitsarbeit auf dem denkbar schlechtesten Sendeplatz (erst sonntags, spätabends; dann samstags, mitten in der Nacht) gestartet und damit entsprechend katastrophale Quoten geholt hatte, hielten offenbar sämtliche Senderchefs die publizistische Erregung über die Blüte des Genres und die neuen, immer komplexeren Möglichkeiten dieser Erzählform nur für die Einbildung einiger Nerds, die sich ihre anspruchsvollen Serien sonst wohin schieben konnten. Also ins Regal, zu den anderen DVDs zum Beispiel. In den Vereinigten Staaten waren gerade »Mad Men« und »Breaking Bad« gestartet. Das deutsche Publikum sollte aber erst mal weiter »In aller Freundschaft« schauen oder den »Bergdoktor«, keine exzentrische und viel zu teure Serie von Helmut Dietl. Ob der sich, umgekehrt, überhaupt darauf eingelassen hätte, ist allerdings ungewiss. Vieles deutet darauf hin, dass Dietl seine Fernsehserienkarriere als abgeschlossene Geschichte betrachtete. Und dass er eine achtteilige Serie »Berlin-Mitte« als Abstieg empfunden hätte.

262 Seiten, das war auf jeden Fall zu viel – und wer dann, im Lauf des Jahres 2008, welche Fassung las, ist vielleicht auch nicht so wichtig. Wichtiger ist, dass nicht alle sofort jubelten und auf die Frage, ob sie das Projekt mitfinanzieren wollten, nicht unisono mit Ja antworteten.

Groenewold schon, der war von Anfang an dabei, und mit seiner Art, überall mitspielen zu wollen, überall vernetzt zu ein, alle zu kennen, mit allen gut zu stehen, inspirierte er Dietl und Stuckrad-Barre zur Erfindung einer Figur, die anscheinend erst ziemlich spät hinzukam zum Personal. Und die doch immer wichtiger und schließlich die Hauptfigur wurde. Es ist Max Zettl, ein junger Mann aus Bayern, der in Berlin groß, sehr groß herauskommen will. »Um das, was bisher geflossen ist, brauchst du dir keine Sorgen zu machen. Da hau ich den Deckel drauf.« Mit diesem Satz wird Groenewold in Dietls Notizen zitiert, und so hat ihn Dietl, als es im Sog der Affäre Wulff auch gegen Groenewold ging, immer beschrieben: als einen Mann, der, wenn es irgendwo ein Minus gab, eine Deckungslücke, ein Loch im Budget, meistens Mittel und Wege fand, die Dinge zu regeln.

Als Erster sagte der Norddeutsche Rundfunk ab, in Gestalt Thomas Schreibers, des Leiters des Programmbereichs Fiktion und Unterhaltung. Die Redaktion finde das Buch sexistisch. Als Nächster, was das größere Unglück war, sagte Franz Xaver Kroetz ab, wobei sich hier nicht mehr so genau rekonstruieren lässt, wie die Reihenfolge der Ereignisse war. Im Nachlass findet sich ein Briefwechsel, der damit beginnt, dass Kroetz, höflich, voller Respekt in der Sache, aber unmissverständlich sagt, dass dem Drehbuch etwas fehle und dass dieses Etwas womöglich Wärme sei, Empathie, eine größere emotionale Nähe zu den Figuren; daran müsse man wohl noch arbeiten. Die Antwort Dietls ist stur und beleidigt. Er denkt gar nicht daran, sich einzulassen auf die Kritik. Andererseits beschreibt Dietl in seinen Notizen, wie er sich mit Kroetz bei ihm zu Hause in München-Obermenzing getroffen habe. Dass Kroetz sich vor allem seine eigene Rolle größer und stärker gewünscht habe: Alle sollten Angst vor Baby Schimmerlos haben. Und mit dem Zug, wie im Drehbuch vorgesehen, werde er ganz bestimmt nicht ankommen in diesem Film, schon eher mit dem Porsche. Sein Vorschlag: Er werde das Buch in diesem Sinn umschreiben. Dietls Antwort: er werde darüber nachdenken, zwei Wochen Bedenkzeit. Danach erst habe er Kroetz geschrieben, dass er den Film ohne ihn machen werde, ohne Baby Schimmerlos also, der doch die Figur sein sollte, die den ganzen Film zusammenhielt. Das ist der Moment, da wir kurz hineinschauen müssen in dieses Drehbuch.

Es gibt im Nachlass eine Fassung, datiert auf den 7. November 2007. Sie hat 388 Seiten, wird in den Notizen nicht erwähnt – und ist doch offensichtlich genau der Text, den Dietl am liebsten inszeniert hätte, die Geschichte, die er eigentlich erzählen wollte: ein Spielfilm von fünf bis sechs Stunden Länge. Oder eben drei eineinhalbstündige Filme. »Berlin-Mitte« ist der Titel, Berlin ist der Schauplatz, die Zeit ist die Gegenwart, nur dass ein paar wichtige Rollen anders als in der Wirklichkeit besetzt sind. Bundeskanzler ist ein Mann, Kurt Olbrecht-Ebert, der schwer krank ist und nicht mehr lange zu leben hat, was die Öffentlichkeit allerdings noch nicht weiß. Um seine Nachfolge ringen Conrad Scheffer, Schwabe, aber Ministerpräsident von Mecklenburg-Vorpommern, eher konservativ und angetrieben von seiner extrem ehrgeizigen Frau. Und Veronique von Gutzow, Regierende Bürgermeisterin von Berlin, eher links und vor allem trans, was die Öffentlichkeit auch nicht weiß. Ihr Geliebter ist der Schweizer Großverleger Urs Doucier, der eigentlich in Berlin das Pendant zum klugen und sehr anspruchsvollen »New Yorker« gründen will, aber relativ schnell bemerkt, dass er mit dessen Gegenteil mehr Erfolg haben könnte: mit einer knalligen, lauten und völlig amoralischen Website, die sich womöglich darauf spezialisieren könnte, die schmutzigsten privaten Geheimnisse von Politikern und anderen Prominenten möglichst laut herauszubrüllen. Baby Schimmerlos ist aus München gekommen, um das neue Magazin mitaufzubauen. Herbie Fried sitzt, seit man ihn von einer Jacht geworfen hat, im Rollstuhl, ist aber immer noch ein guter Fotograf. Mona Mödlinger ist jetzt der große Fernsehstar der Volksmusik, liebt Baby noch immer, lebt aber zusammen mit einem viel jüngeren Theaterregisseur, der mit ihr in der Hauptrolle sein Projekt »Heim@« probt. Max Zettl arbeitet als Chauffeur für Doucier, behauptet, der Sohn Veronique von Gutzows zu sein, aus der Zeit, da sie noch versuchte, als Mann zu leben; er will unbedingt zum Chefredakteur aufsteigen. Jacky Timmendorf ist die regierende Talkshowgastgeberin; in ihrer Sendung wird jede Woche der Sinn gestiftet für die nächsten Tage. Und zwischen allen bewegt sich das Mädchen Verena, Edelhure, Exgeliebte des Bundeskanzlers, zeitweilige Geliebte und dann Assistentin von Conrad Scheffer, heimliche Freundin von Max Zettl; sie wird die Konflikte, wenn die ganze Handlung erst einmal in Schwung gekommen ist, als Einzige nicht überleben.

Das war vielleicht nicht ganz das Gemetzel und Kettensägenmassaker, das Dietl, in seinem ersten Text, als Projekt von Uhu Zigeuner beschrieben hatte – aber wüst und böse, sehr lebendig und sehr krachig und krawallig war es schon. Wenn man die fast 400 Seiten gelesen hat, versteht man sehr gut, warum die deutschen öffentlich-rechtlichen Anstalten mit so einer Vorlage nicht arbeiten wollten. Philip Grönings Filmgroteske »Die Terroristen«, in welchem ein namenloser Bundeskanzler von ein paar verwirrten jungen Menschen ermordet werden soll, hatte 1992 den realen Bundeskanzler Helmut Kohl so erzürnt, dass er die Ausstrahlung des Films verhindern wollte. Bei Dietl und Stuckrad-Barre ging es wesentlich härter zu. Zudem schien, auf den ersten Blick zumindest, die ganze Perspektive eine sehr männliche, ja eine doppelt machohafte zu sein, mit Stuckrad-Barre und Dietl selbst – auch wenn man bei einigermaßen konzentrierter Lektüre schnell merkt, dass die Frauen, vor allem Mona und Verena, aber auch Veronique von Gutzow (die sich im Lauf der Geschichte tatsächlich einer Geschlechtsumwandlung unterzieht, was zu einer herrlich wüsten Jagd nach den entfernten Körperteilen führt) die interessanteren Figuren sind, mit mehr Tiefe und heftigeren Widersprüchen. Es gibt nicht nur nicht wenig Plot, es gibt sogar riesige Mengen davon. Der Bundeskanzler stirbt, was aber nicht bekannt gegeben wird, stattdessen bewahrt man ihn in einer Kühlkammer auf. Die Ministerpräsidenten intrigieren um die Nachfolge, wobei der Regierungschef von Niedersachsen einen Zusammenbruch hat. Jacky Timmendorf nimmt, weil Baby plötzlich keine Lust mehr auf sie hat, zwei Arbeitslose mit nach Hause auf einen schönen Dreier und wird dabei fotografiert. Mona betrügt ihren jungen Lebensgefährten dann doch mit Baby. Und Zettl, der alles hört und sieht und eingeflüstert bekommt, orchestriert die exklusiven Meldungen so geschickt, dass seine Online-Zeitung vom ersten Tag an gefürchtet ist.

Wenn man diesem Drehbuch überhaupt einen Vorwurf machen wollte, dann wäre es der, dass es ihm nicht an Einbildungskraft fehlt, sondern, im Gegenteil, an einem gewissen Sinn für das Erwartete und Normale; dass es also sein Personal von Anfang an ziemlich verrückt und total verdorben sein lässt, wo es vielleicht wirksamer gewesen wäre, der Normalität und der Konvention erst langsam den Boden unter den Füßen wegzuziehen.

Auf jeden Fall erforderte dieses Drehbuch aber eine Inszenierung, die sich Zeit lassen müsste; die ihrem Personal, bevor es von dem ganzen durchgedrehten Plot in Bewegung gebracht wird, erst einmal mit einer gewissen Langsamkeit und Konzentration zuschauen und zuhören müsste; die ihren Plot erst aus den Eigenarten ihres Personals heraus entwickeln müsste. So betrachtet ergäbe dieses Drehbuch tatsächlich einen Film von sechs bis sieben Stunden Länge – was damals wie heute wie überhaupt in der ganzen Filmgeschichte so gut wie unmöglich war. Weder wäre jemand bereit gewesen, so ein Projekt zu finanzieren, noch wäre ein Verleih in der Lage gewesen, diesen Film dann in die Kinos zu bringen. Und welches Kino hätte für welches Publikum dann diesen Film gespielt?

Andererseits sieht man, wenn man dieses Buch mit den Augen des Fernsehserienguckers liest, dass dem ganzen Projekt nicht Kürzungen, sondern sogar Streckungen besser getan hätten. Und dass »Berlin-Mitte« als Serie, zwei Staffeln mit je sechs Folgen, ziemlich gut und sehenswert hätte werden können: ein Paralleluniversum zur Berliner Republik, in dem alle Rollen anders als im wirklichen Leben besetzt sind und in dem sich die Gegenwart womöglich doch hätte wiedererkennen können.

Aber Dietl wollte kein Fernsehen, und das Fernsehen wollte leider auch keinen Dietl, nicht diese Geschichte, nicht diese bösen, geilen, machtsüchtigen und intriganten Figuren, nicht in der Rolle von Politikern jedenfalls. Und dass der sogenannte Minutenpreis, das Budget pro Sendeminute, auch den Rahmen sprengen würde, war ja nicht gerade eine Motivation, sich darauf einzulassen.

Also wurde gekürzt. Und noch mehr gekürzt, dabei war der Zwang, den ganzen Schimmerlos herauszukürzen, vielleicht nicht einmal das Schlimmste. Klar, Schimmerlos hätte, stimmiger als Herbie und Mona (die drinblieben in dem Film) und der Abgeordnete Gaishofer aus der »Kir Royal«-Folge »Das Volk sieht nichts« (den das Drehbuch dann zum Vizekanzler machte) die Verbindung geschaffen zu »Kir Royal«; und nebenbei hätte man endlich mal wieder ein Dietl'sches Selbstporträt gesehen, zum Beispiel in jener Szene, in der sich Baby darüber beklagt, dass es in Berlin keinen genießbaren Leberkäs gibt. Wobei er ja den Leberkäs gar nicht so gern möge. Aber dass es hier nicht einmal das gibt, was er nicht mag: Das sei das Allerletzte. Aber andererseits wird die Handlung von Baby nicht gerade vorangetrieben – was sich ja als Qualität hätte erweisen können. Der Mann, der gar nicht weiß, ob er da mitspielen oder sich heraushalten soll. Und der am Ende zurückfährt nach München, weil er sich entschieden hat.

Statt dessen wurde dann Max Zettl, der Chauffeur, der sich hinaufschleimt und -strampelt, bis er Chefredakteur ist, zur Hauptfigur, was dem Film nicht gutgetan hat. Er ist ein Charakter ohne Tiefe und Doppelbödigkeit – und man fragt sich, weshalb Dietl ihn, einerseits, zum Bayern machte. Warum er aber, andererseits, seine profunden Kenntnisse solcher Typen nicht anwandte. Mit dem Tscharlie aus den »Münchner Geschichten«, mit dem Lino aus dem »Ganz normalen Wahnsinn«, mit dem Monaco Franze und dem jungen Baby Schimmerlos hat er nichts gemeinsam. Und erst recht nicht mit der literarischen Figur »Helmut Dietl«, wie sie Dietl dann in seinem Erinnerungsbuch beschrieb, mit jenem jungen Mann also, dem sich fast jedes Herz öffnet und der trotzdem kein Talent zum Glücklichsein entwickelt.

Oder kann es vielleicht sein, dass Helmut Dietl jetzt, in den späten nuller Jahren in Berlin, solche Figuren für nicht mehr zeitgemäß und völlig unrealistisch hielt? Gerade dann hätte man ihm aber entgegenhalten müssen, dass, wenn es solche Typen nicht mehr gibt, sie umso dringender vom Kino erfunden werden müssten. Als der Film dann draußen war, gab es viele, die sämtliche Schwächen des Drehbuchs, vor allem dessen so empfundene Gefühlskälte und Empathiemängel zur Schuld Stuckrad-Barres erklärten, schon weil das so einfach war

»Zettl« hieß der Film dann, als er fertig war, und natürlich wusste Helmut Dietl, dass er nicht gelungen war. Er war gut und präzise inszeniert, wenn auch ein bisschen zu schnell und hektisch, was daran lag, dass eben möglichst viel von der Siebenstundenstory gerettet werden sollte. Was aber trotzdem dazu führte, dass da sehr viele Figuren, gespielt von sehr guten Schauspielern, auftauchten, ein, zwei Szenen hatten – aber wo sie herkamen und wo sie hinwollten, das verstand man nicht. Senta Berger, Dieter Hildebrandt in den aus »Kir Royal« bekannten Rollen. Götz George als Bundeskanzler, Dagmar Manzel als Regierende Bürgermeisterin, Ulrich Tukur als Verleger Doucier, Gert Voss als Arzt des Kanzlers, Hanns Zischler als Vizekanzler, Karoline Herfurth als Verena, Sunnyi Melles als Jackie Timmendorf. Wenn man all die Texte kennt, die dem Drehbuch vorausgingen, den ersten Prosatext vor allem und den dicken ersten Entwurf, und wenn man sich »Zettl« dann vielleicht nicht nur einmal, sondern zum dritten Mal anschaut, dann meint man, alle Zusammenhänge zu verstehen. Was natürlich keine Option für einen normalen, vergnügungswilligen Kinozuschauer ist.

Womöglich hätte man aber das Gezappel an den Rändern ganz gut ertragen, wenn im Zentrum mehr Gravitation geherrscht hätte. Max Zettl war dieses Zentrum aber schon im Drehbuch nicht, und Michael »Bully« Herbig, der als Komiker und Regisseur seiner eigenen durchgeknallten Filme durchaus gute und fast genialische Momente hatte, war nicht der Mann, der allein durch sein Spiel dieser Figur eine größere Tiefe und schärfere Kontur hätte geben können. Und so kreiste der Film um ein Drehbuch, von dem drei Viertel leider unverfilmt blieben, strampelte und stolperte und plapperte, so als ob, wenn alles nur sehr schnell und hektisch wäre, niemand die vielen losen Enden der ganzen Sache bemerken würde.

Anfang 2012, Dietl hatte die Berliner Wohnung in der Oranienburger Straße längst wieder aufgegeben, war »Zettl« fertig, und Dietl ahnte, dass, wenn der Film herauskäme Ende Januar, mit guten Kritiken nicht zu rechnen war. Kritiken hatten ihn lange Zeit nur insofern interessiert, als er auf sie nicht angewiesen war. Für den Erfolg von »Schtonk« oder »Rossini« hatte er die Kritiker nicht gebraucht; gute Kritiken gab es quasi als Zugabe. Es war erhebend, sich von Leuten, die im Glücksfall sogar formulieren konnten, auch schriftlich bestätigen zu lassen, dass man ein Könner, vielleicht sogar ein Genie war. Dabei hatte er sich ja immer für den Journalismus interessiert, für die Institution also, wo entschieden wurde, welche Geschichten relevant und erzählenswert waren und welche nicht. Ein paar der bösen Verrisse zu »Vom Suchen und Finden der Liebe« waren aber, wie schon erzählt, Dietl ziemlich nahe-

gegangen. Vielleicht war der Vorwurf, das Ganze sei eine Altmännerfantasie gewesen, der Grund dafür, dass er sich dann mit Stuckrad-Barre zusammengetan hatte. Damit auch Jungmännerfantasien hineinkämen in das Drehbuch.
Helmut Dietl kannte beide gut genug, seinen Film und die Kritiker, um zu wissen, dass da keine Hymnen zu erwarten waren – und von der anderen Seite, vom Inneren der Kulturredaktionen aus betrachtet, sah es so aus, als ob Dietl, der grantige Mensch, der gar nicht so gerne Interviews gab, als ob genau dieser Dietl plötzlich ganz versessen darauf wäre, Kritiken zu verhindern oder zumindest von den Kritiken abzulenken, indem er selbst anbot, man könne doch ein Interview führen oder vielleicht zusammen durch Berlin-Mitte spazieren oder irgendetwas zusammen machen, was unterhaltsamer wäre als eine Filmkritik.

Und so gab es ein festliches Finale von »Helmut Dietl in Berlin«, dem Projekt, das leider kein Film und keine Fernsehserie, sondern eher eine Multimediainszenierung war: Dietl, freundlich, bisschen herablassend, sehr münchnerisch, ironisch und abgebrüht, antwortete auf die »99 Fragen« des »Zeit-Magazins«. Er gab dem »Spiegel« ein sehr großes und unterhaltsames Interview. Für »Bild am Sonntag« setzte er sich mit Dieter Hildebrandt zusammen, und die beiden grantelten einander etwas vor. Und überall bescheinigte Dietl der Hauptstadt, dass sie leider immer noch keinen Stil, keine Eleganz habe. Dass den Leuten dort der Sinn fürs Spielerische beim Intrigieren und bei ihren Bösartigkeiten fehle. Dass München aber trotzdem ein wenig fad geworden sei.

Und dann gab natürlich die Christian-Wulff-Affäre herrlichen Gesprächsstoff her. Wulff, damals Bundespräsident, hatte zugeben müssen, dass er, als er noch Ministerpräsident von Niedersachsen war, dem Parlament nicht ganz die Wahrheit gesagt hatte über einen privaten Kredit, den ihm ein befreundeter Unternehmer für den Bau eines Einfamilienhauses gewährt hatte, was womöglich halb so schlimm gewesen wäre, wenn nicht die Scheußlichkeit und Provinzialität des Hauses leidenschaftlichen Spott provoziert hätte. Wulff stellte sich richtig dumm an, machte den Fehler, dem Chefredakteur der »Bild«-Zeitung eine Drohung auf die Mailbox zu sprechen, deren Wortlaut (»Ich rufe Sie an aus Kuwait, bin grade auf dem Weg zum Emir ...«) ihm noch mehr Spott einbrachte, und nach und nach kamen lauter winzige, geradezu kleinkarierte Regelverstöße heraus, hier eine Übernachtung, die er nicht selbst bezahlt hatte, dort ein Oktoberfestbesuch, zu dem er eingeladen war. Was Dietl damit kommentierte, dass dieser Skandal einfach zu klein und zu spießig sei, als dass man sich als Regisseur davon eine Verfilmung vorstellen wolle. Nein, ein bisschen raffinierter, glamouröser, dämonischer müsse es schon zugehen. Womit er zugleich ankündigte, dass in »Zettl« alles größer und böser sei als in dieser kleinbürgerlichen Wirklichkeit.

David Groenewold war in beide Geschichten involviert. Er war ja, einerseits, der Mann, der immer Wulffs Gunst genossen hatte. Und jetzt wusste jeder Zeitungsleser, dass er sich dafür revanchiert hatte, indem er eben eine Hotelrechnung übernahm oder ins Festzelt nach München lud, und in den Tagen, da Wulff strauchelte und schließlich stürzte, verwandelte auch er, zu dessen Partys gerade noch alle gekommen waren, sich in eine Figur, mit der niemand etwas zu tun haben wollte, ja die man eigentlich nie gekannt und schon gar nicht gemocht hatte. Am Abend des 9. Februars, als am Potsdamer Platz die Berlinale feierlich eröffnet und in der ehemaligen jüdischen Mädchenschule die Einweihung des schicken Restaurants »Pauly-Saal« gefeiert wurde, einem Abend also, den Groenewold noch kurz zuvor als Herausforderung betrachtet hätte, beide Feste fast gleichzeitig zu besuchen, um danach womöglich im Kreis seiner engsten fünfzig Freunde all die Vergnügungen als geschlossene Gesellschaft ausklingen zu lassen, an diesem Abend blieb Groenewold zu Hause.

Groenewold habe ihn gerettet, sagte Dietl damals jedem, der es wissen wollte. Aber gleichzeitig mit Wulffs Sturz zeichnete sich ab, dass »Zettl« weder für den Produzenten noch für irgendjemanden sonst ein Höhenflug werden würde. Die Kritiken waren böse, hämisch, schadenfreudig. Es sei überhaupt kein Regisseur zu erkennen, schrieb Willi Winkler in der »Süddeutschen«. Die anderen Zeitungen waren nicht viel milder, und einig schienen sich alle darin zu sein, dass in diesem Film nichts, aber auch gar nichts mehr zu sehen und zu spüren war von Dietls Charme, seiner allseits gerühmten Eleganz, seinem Gespür für Timing, feine Pointen und Dialogsätze mit doppeltem Boden. Die Häme war überwältigend, und besonders hämisch waren die Kritiken aus Berlin. Dass er die Stadt nie verstanden habe, schien klar zu sein. Dass man ihm seinen Spott über die Talentlosigkeit Berlins in allen Fragen der Lebenskunst und Lebensfreude jetzt gewissermaßen ins Maul zurückstopfen konnte, schien alle zu inspirieren. Und unausgesprochen und doch deutlich spürbar war eine profunde Beleidigtheit darüber, dass Dietl ja ruhig hätte böse sein dürfen – wenn er nur das »Borchardt« und den

»Grill Royal« hätte leuchten lassen wie einst das fiktionale Restaurant »Rossini«, wenn er nur ein paar wiedererkennbare Figuren aus Politik, Gesellschaft, Kultur als »Kir Royal«-hafte Großstadtbewohner porträtiert hätte, gern auch mit böser Ironie. Aber dass er sich fürs echte Berlin gar nicht zu interessieren schien: Das war doch eine Frechheit, das konnte man ihm nicht verzeihen. Und das war der Zeitpunkt, da ich, wenn auch nur für einen Moment und nicht in der größten aller Rollen, selbst zur handelnden Figur wurde, schon weil ich es für falsch, engherzig und letztlich banausenhaft hielt, dass Kritiker einem eigentlich verehrten Künstler einfach nur das Scheitern bescheinigten – statt nach den Ursachen zu fragen und im gescheiterten Werk vielleicht doch die Spuren der Schönheit, der Wahrheit und sogar des Gelingens zu suchen. Ich schrieb also in der Frankfurter Allgemeinen Sonntagszeitung eine Art Filmkritik, die Dietl nicht nur verteidigte, sondern die Momente großer Schönheit zu benennen versuchte (Götz George als völlig verwahrloster Bundeskanzler zum Beispiel), die Ansprüche der Berliner Gesellschaft aufs Repräsentiertsein in dem Film heftig zurückwies und insgesamt zu dem Ergebnis kam, dass Berlin einen besseren Film auf keinen Fall verdient habe. Es war ein Text, der fürs Protokoll geschrieben war, fürs Archiv vielleicht, zum Beweis dafür, dass es nicht nur Verrisse gab. Es war ein Text, der die Anhänger Helmut Dietls (und vielleicht auch Dietl selbst) trösten und die, die Dietl mit Häme kamen, als Ignoranten entlarven wollte. Kommerziell blieb die Aktion aber folgenlos. »Zettl« war Helmut Dietls größter Flop, und noch Jahre später konnte man auf Berliner Partys, in Berliner Restaurants hören, wie Menschen, die Helmut Dietls abendliche Shows im »Borchardt« oder »Grill Royal« genossen und deren Hauptfigur bewundert hatten, über »Zettl« sagten, dass Dietl leider Berlin nie habe verstehen wollen. Wenn man dann fragte, ob sie den Film überhaupt gesehen hätten, sagten sie, ein bisschen beschämt: nein, leider nicht, bin nicht dazugekommen.

XXV.

Ich geh jetzt mal

Dass Helmut Dietls Werk sich am Schluss ganz wunderbar rundete, das war und ist ein Glück. Dass er das Gelingen, den Erfolg, ja den Triumph als Buchautor nicht mehr erleben durfte, ist eine Ungerechtigkeit, gegen die man, auch im Namen des Publikums, laut protestieren möchte.

Er wollte, als er ein kleiner Junge mit viel Zukunft war, ja nicht Filmregisseur werden, und den Theaterregisseur spielte er als Schüler nur deshalb, weil er die kleinen Stücke, die er schrieb und aufführte, um sein Taschengeld aufzustocken, eben selbst am besten kannte. Und weil er am besten wusste, wie die Hauptrollen, die er für sich selbst reservierte, gemeint waren und eingerichtet werden mussten.

Sein größter Wunsch und vielleicht sein einziges Ziel war es aber, ein Dichter zu sein, ein Schriftsteller zu werden – wogegen seine frühe Erfahrung als Kinderdarsteller in dem Film »L'Aiguille rouge« in ihm nicht das Begehren erregt hatte, an so einem Filmset das Kommando zu übernehmen. Nur die Lust, die Hauptdarstellerin möglichst bald zu erobern und zu heiraten.

Gedichte wollte er schreiben, weil er wohl glaubte, dass das die richtige Form sei, der Tiefe seiner Empfindungen und dem Überschwang, der ihn manchmal erfasste, gerecht zu werden. Und vielleicht waren ja die Verrisse, die er für seine letzten drei Filme bekam, nur halb so schwere Treffer, wie es der Absagebrief Fritz Arnolds gewesen war, damals, als der hochgestimmte junge Dichter Dietl bescheinigt bekam, dass seine Gedichte nichts taugten.

Er hat ja immer weitergeschrieben, keine Gedichte mehr und nicht nur die Drehbücher, die aber, fast immer, gut genug waren, zwischen zwei Buchdeckeln zu erscheinen, als Texte eigenen Rechts. Dietl hat ganz gewiss mehr Lebenszeit mit dem Schreiben als mit dem Inszenieren verbracht, oft stand am Anfang eines neuen Projekts ein Prosatext, in dem Dietl nicht nur die Figuren und den Plot skizzierte, sondern auch Stimmungen entwarf, Vorgeschichten erzählte. Auch das waren Texte eigenen Rechts, die aber nur dann, wenn aus dem Projekt auch ein Film wurde und wenn schließlich das Drehbuch als Buch erschien, auch gedruckt wurden.

Aber natürlich war die ganze Existenz Helmut Dietls eine literarische. Deutsche Filmregisseure sind ganz anders. Sie brauchen ihren Sinn für Schönheit, wenn sie den überhaupt haben, und ihr Talent zum Inszenieren und Stilisieren, wenn sie es haben, für ihre Filme. Durchs Leben gehen sie so, wie sie auch zum Filmset gehen: Menschen, die schauen und nicht angeschaut werden wollen, Leute, die am liebsten praktisch gekleidet sind, bequeme Hosen, weite Hemden und darüber vielleicht noch eine Weste mit vielen Taschen, für all die Dinge, die ein Regisseur so mit sich tragen muss. Wenn sie dann doch zu einer Gala eingeladen sind, zum Filmpreis oder einer Premiere, wirken sie in den Sakkos, die man dort tragen muss, verkleidet und eingezwängt, so als würden sie am liebsten noch am selben Abend die Kleider wechseln.

Der Schauspieler Armin Mueller-Stahl spielte irgendwann in den frühen nuller Jahren in einer Fernsehserie den Schriftsteller Thomas Mann, und manchmal konnte man ihn dabei beobachten, wie er, wohl um sich einzustimmen auf die Rolle, durch die Münchner Innenstadt spazierte, mit Hut und in einem altmodischen Anzug, thomasmannhaft – was ein bisschen angestrengt wirkte, zugleich aber die Münchner daran erinnerte, dass der letzte große Künstler, der die Stadt als Kulisse für seine Selbstinszenierungen und -stilisierungen genommen hatte, eben Thomas Mann gewesen war. Bis dann Helmut Dietl kam, in seinen weißen Anzügen, weißen Hemden, hellen Schuhen und mit dem dunklen Bart, eine Erfindung seiner selbst, eine semifiktionale und hochliterarische Figur: der Künstler, der es schafft, der quasiideale Bewohner seiner Stadt zu sein und zugleich der Außenseiter, der Herausforderer, der Mann, der, um sein verletzliches Herz vor fremden Zugriffen zu schützen, sich mit dem Eishauch der Einsamkeit zu umgeben versuchte.

Wenn die Leute ein bisschen mehr als das, was diese Inszenierungen preisgaben, von ihm wissen wollten, antwortete er gern: Schaut meine Filme an, da ist ja alles drin. Aber natürlich wusste er, dass darin zwar eine Wahrheit steckte, aber eben nicht die ganze. Und dass es darüber hinaus von diesem Mann sehr viel zu erzählen gab.

Es hatte sich ergeben, dass das Drehbuch von »Zettl« nicht, wie die vorherigen Drehbücher, beim Schweizer Verlag Diogenes erschien, nicht bei Patrick Süskinds Verlag also, sondern bei Kiepenheuer & Witsch, dem Verlag von Benjamin von Stuckrad-Barre. Dort wollte man eigentlich die 400 Seiten bringen, das Buch, aus dem »Zettl«

dann nicht geworden war. Was Dietl aber ablehnte, er fand wohl, das hätte zu sehr nach Ausflucht ausgesehen, nach Entschuldigung, nach der Botschaft: Schaut her, das ist der Film, den ich gern gemacht hätte, wenn man mich gelassen hätte.

Und genau das war etwas, worauf Dietl sich auf keinen Fall einlassen wollte. Es wäre ja das Bekenntnis des Scheiterns gewesen, die Dokumentation einer Niederlage, das klare Eingeständnis, dass er den Film, den er eigentlich produzieren wollte, nicht zustande gebracht hatte – warum auch immer. Dietl war sich nie zu fein, sämtliche Fernsehbosse, Filmproduzenten, ja die ganze Branche als Ansammlung von Deppen zu beschimpfen. Aber zuzugeben, dass diese Deppen ihn besiegt hätten, dass sie nicht nur zu blöd, sondern auch zu mächtig waren und den wahren, den großen, den Siebenstundenfilm aus Berlin verhindern konnten, das war nicht mit ihm zu machen. »Zettl« war nicht der Film, der er hätte werden können, aber es war ein Helmut-Dietl-Film, und wie käme Helmut Dietl dazu, sich für diesen Film zu genieren?

Es gab also das Buch zum Film, und naturgemäß musste man bei der Vorbereitung dieses Projekts mit dem Verleger sprechen, mit Helge Malchow, der naturgemäß mehr wollte von Helmut Dietl, auch motiviert von Benjamin von Stuckrad-Barre. Es war aber Dietl selbst, allenfalls angestoßen oder bestärkt oder auch ein bisschen inspiriert von Malchow, der dann damit anfing, einfach mal sein Leben aufzuschreiben. Seine eigene Geschichte, von den ersten Momenten an, an die er sich erinnern konnte. Eine Geschichte, für die es keine Budgetbeschränkungen gab, keinen Redakteur, der ihm hineinredete, und auch nicht die

Frage, ob es sechs oder neun Folgen werden würden, oder ein Film, der zu lang wäre für eine normale Kinoauswertung. Und ob es 250 Seiten würden oder 500, das würde man schon sehen.

Vermutlich war es Helmut Dietl bewusst, wie groß die Herausforderung trotzdem war. Seine besten Helden waren ja immer auch Selbstporträts gewesen, in den Körpern und Kostümen anderer Männer allerdings, die dabei immer Dietl und sich selbst zugleich spielten. Und entworfen und porträtiert wurden sie ja nie von Helmut Dietl allein – immer hatte er Co-Autoren, die ihre eigene Perspektive auf diese Figuren hatten.

Jetzt war er allein mit einem Helden, den er auch nicht kostümieren und fiktionalisieren, allenfalls ein wenig stilisieren durfte. Dass dieser Held trotzdem ein Glücksfall für Helmut Dietl war, hat er, indirekt, in manchen Interviews angedeutet, die er rund um die Premiere von »Zettl« gab. Immer wieder schien er zu spüren, dass seine Interviewer sich, aus Höflichkeit, nicht zu fragen trauten und trotzdem vor allem eines von ihm wissen wollten: warum ihm nämlich so liebenswerte Figuren wie die Helden seiner Serien nicht mehr gelängen; warum seine Inszenierungen diese grundsätzliche Menschenfreundlichkeit und eine gewisse Wärme verloren hätten; weshalb ein unübersehbarer und unabweisbarer Zynismus es einem schwerer mache, die Filme aufrichtig zu mögen. Das alles stand, ohne ausgesprochen zu sein, als Frage immer im Raum. Und Dietls einfache Antwort war, dass er früher die Menschen mehr geliebt habe und jetzt weniger und zum Teil vielleicht gar nicht, und sich selbst möge er, wenn er nur daran denke, was er alles falsch gemacht habe, auch nicht mehr so besonders. In dieser Lage war der junge Helmut Dietl als Thema das Beste, was dem alten passieren konnte. Ein Held, den zu mögen nicht schwer war. Und einer, für den sich der Autor, damit er ihn beschreiben könnte, endlich mal wieder richtig interessieren müsste, mehr als für Zettl, Mimi Nachtigal oder die ganze Bagage in »Late Show« jedenfalls.

Ob der erinnerte und vom Schreiben in Bewegung gebrachte junge Dietl dem alten ein Trost war, eine Ablenkung, vielleicht sogar eine Flucht, das lässt sich nur schwer sagen. Dietl sprach nicht viel über das Projekt, nicht öffentlich jedenfalls. Sogar im Erinnerungsbuch seiner Frau ist nur von einem Drehbuch die Rede, an dem er dann doch gearbeitet habe: eine Geschichte, so hat es Dietl der »Zeit« erzählt, über einen depressiven Mann mit einer optimistischen Frau, in dem der österreichische Kabarettist Josef Hader die Hauptrolle spielen sollte.

Eine gewisse grundsätzliche Depressivität hatte Dietl ja lange vor der Premiere von »Zettl« gehabt; nicht mehr zu rauchen hellte die Stimmung auch nicht auf, und dann kam dieser Flop, dann kamen diese vernichtenden Kritiken, und das Publikum kam nicht. Noch nie hatten so wenig Leute einen Dietl-Film sehen wollen, und das war auch deshalb eine so brutale, gewaltige, schwer zu verkraftende Kränkung, weil Dietl gar nicht verstand, was die Leute alle hatten. Böse war er schon, sein Film, aber schlecht? Nein, schlecht war er nicht, und weil das so war, in seiner Sicht, konnten ja nur der pure Hass, die allgemeine Bösartigkeit und vielleicht auch die immer schmerzlicher werdende Ignoranz des Publikums daran schuld sein, dass es ihm jetzt so schlecht ging. Und Geld hatte er auch dabei verloren.

Am Mittwoch, dem 27. November 2013, kam die »Zeit« mit einer Vorabmeldung heraus, die viele schockierte, all jene Menschen jedenfalls, die Helmut Dietl kannten und Sympathien für ihn hatten. Selbst Freunde und engere Bekannte waren bis dahin ahnungslos gewesen. Helmut Dietl, hieß es da, habe Krebs, und in der Ausgabe vom Donnerstag werde ein Interview erscheinen, das einzige übrigens zu diesem Thema, in welchem er mit Giovanni di Lorenzo, dem Chefredakteur, darüber spreche.

Helmut Dietl wusste es seit ein paar Wochen, und außer ihm hatten es nur seine Frau und natürlich die Ärzte und ein paar allerbeste Freunde gewusst – und wie er jetzt davon erzählte, das war noch einmal eine extrem gut inszenierte, charmante, sehr münchnerische und doppelbödige Show, mit Helmut Dietl in der Hauptrolle. Giovanni di Lorenzo ist ein sehr guter Interviewer und ein Chefredakteur, der selbst weiß, was er will, und sich von Gesprächspartnern nicht instrumentalisieren lässt. Und doch darf man dieses Interview so deuten, dass di Lorenzo hier die perfekte Besetzung in einer Dietl-Inszenierung ist. Und dass er sich vermutlich gerne darauf eingelassen hat. Es war Dietl, der, um die Kontrolle über seine eigene Geschichte zu behalten, hier Regie zu führen schien.

Eine Million Zigaretten habe er geraucht in seinem Leben, erzählte er, und jetzt habe er Lungenkrebs, noch keine Symptome, weshalb er vorerst auch die üblichen Therapien verweigere. Eins zu zehn, das sei die Chance, den Krebs mit Therapie zu besiegen, und dafür wolle er nicht durch das Elend von Chemotherapie und Chirurgie gehen, ein solches Schlachtfest wolle er nicht erleben. Man glaubt da, einen starken und gefassten Mann sprechen zu hören, einen Ironiker, der todgeweiht sein mag, aber trotzdem lieber von etwas anderem spricht. Über die Menschen, die er nicht mehr so gern mag, nicht einmal den Eichinger, der ja zu diesem Zeitpunkt auch schon tot war und dem er trotzdem immer noch nicht verzeihen konnte, dass er, Eichinger, ihn, Dietl, dazu nötigen wollte, den »Untergang« zu mögen, einen Film, den er verabscheue. Er könne es immer noch nicht fassen, dass Bruno Ganz, dieser große Schauspieler, sich allen Ernstes dafür hergegeben habe, Hitler zu spielen. »Man kann doch keinen Film machen, wo Hitler der Held ist.« Ob man gute Filme machen könne, wenn man die Menschen nicht mehr mag, fragt Giovanni di Lorenzo, und Dietl fällt erstaunlicherweise Luis Buñuel ein. Der habe große Filme gemacht, und die Frage, ob er seine Figuren möge, spiele dabei überhaupt keine Rolle. Sie sprechen über Fellini, über »Zettl« und die ganze Häme, die Dietl noch immer nicht versteht. Sie fragen, ob nach dem Tod noch etwas komme, und Dietl kommt zu der klassisch agnostischen (und irgendwie münchnerischen) Antwort, dass man das dann schon sehen werde. Sie reden über Wulff und Groenewold, die Dietl noch immer zu klein findet für einen großen Film. Sie sprechen über den Film, den Dietl so gern jetzt angehen würde, den mit Josef Hader, und den, da ist er sicher, er schon deshalb nicht machen kann, weil niemand einem kranken Mann wie ihm ein Budget anvertrauen würde. Und als das alles durchgesprochen ist, kommen beide zu dem schönen, optimistischen und ironischen Schluss, dass das letzte Wort noch nicht gesprochen ist.

Die Symptome kamen aber, im Winter. Er werde an seinem Tumor ersticken, sagten die Ärzte. Er wollte nicht ins

Krankenhaus, jedes Grab sei ihm lieber als ein Krankenzimmer, notierte er im Januar. Es ging aber nicht anders, und seine Frau sorgte dafür, dass das Krankenzimmer nicht wie ein Krankenzimmer aussah. Tischdecken, die eigenen Lampen für ein schöneres Licht; das Essen brachte sie ihm auch von zu Hause mit. Helmut Dietl nahm ab, aber immerhin fielen ihm nicht die Haare aus. Er hatte eigentlich immer einen Bart getragen. Wenn der ihm ausgefallen wäre, dann hätte er sich selbst nicht mehr erkannt.

Er kam heraus aus dem Krankenhaus, und seine Frau sorgte dafür, dass es ihm, im Rahmen des Möglichen, gut ging. Als seine Lunge nicht mehr genug Sauerstoff aus der Luft filtern konnte, besorgte sie ein Sauerstoffgerät für zu Hause, damit er bloß nicht ins Krankenhaus kam. Im Frühjahr schaffte er es, sich so weit zu erholen, dass er nach Berlin reisen konnte, und am Abend des 9. Mai nahm er den Ehrenpreis für sein Lebenswerk entgegen.

Die schönste und eleganteste und zugleich wahrhaftigste Pointe, das als Nichtlob ironisierte Lob, der unendliche Dank und die Liebeserklärung, die alle seiner Frau galten, steht ja am Anfang dieses Buchs. Ich saß an diesem Abend im Berliner Palais am Funkturm auf einem der seitlichen Plätze, von wo ich nicht nur Helmut Dietl, sondern auch die Schauspieler, Regisseurinnen, die anderen Preisträger, ja praktisch alle anwesenden Helden der deutschen Filmbranche ganz gut im Blick hatte. Man sah, sie liebten und beneideten ihn zugleich, wie er mit Grandezza, Ironie und kosmopolitischem Münchnertum, die alle dem Krebsleiden abgerungen waren, zu ihnen sprach. Der eine oder andere mochte sich daran erinnern, wie vier Jahre zuvor Bernd Eichinger diesen Preis bekommen hatte, und wie dieser starke, große und ein wenig grobe Mann da oben sentimental, ja rührselig und ein bisschen peinlich geworden war beim Sichbedanken. Helmut Dietl spielte lieber seine Rolle als Helmut Dietl richtig gut, sophisticated und ironisch, und nur dass er dauernd husten und hüsteln musste, war eine kleine, unvermeidbare Konzession ans Authentische. Er zeigte dem Publikum seinen Respekt, indem er eine gut inszenierte Show performte. Und allen war wohl klar, dass das Helmut Dietls Abschiedsvorstellung war, noch bevor er dann sagte: »Wenn keiner was dagegen hat, geh ich jetzt.«

Nach der offiziellen Preisverleihung wird an so einem Abend das Büfett eröffnet, es gibt Drinks, viel zu besprechen, und normalerweise bleibt man auf der Party bis zwei, drei Uhr morgens. In jenem Jahr ging ich gleich nach der Preisverleihung und schaute mir, zeitversetzt im Fernsehen, Dietls Auftritt gleich noch mal an. Ich schickte ihm eine SMS. Und bekam sogar eine Antwort.

Wie er, der ja bekannt war für sein eher gemächliches Tempo beim Schreiben und dafür, dass er das gestern Geschriebene gern heute wieder verwarf, neu anfing, immer wieder die Perfektion des gerade Formulierten anzweifelte – wie Helmut Dietl es schaffte, seiner Krankheit dann doch ein Buch abzutrotzen: Das ist in gewisser Weise ein Rätsel. Er hatte ja angefangen, sich Notizen zu machen, quasi eine Chronologie des ganzen Lebens aufzustellen – das Manuskript dieser Chronologie gibt es im Nachlass, es hat 43 Seiten, 77 000 Anschläge und endet kurz vor der Premiere von »Zettl«. Wie wir wissen, ist daraus nichts geworden. Und wie jeder Leser des Buchs weiß, ist das einerseits ein Mangel, andererseits war das Buch absolut stimmig, als

Roman einer Kindheit und Jugend, als Porträt des Filmregisseurs als junger Dichter, der sich von seinen großen Romanvorgängern, Lucien de Rubempré in den »Verlorenen Illusionen« oder Julien Sorel in »Rot und Schwarz«, vor allem dadurch unterscheidet, dass er in der großen Stadt, in der er etwas werden will, schon aufgewachsen ist. Wie diese beiden ist der junge Dietl ein Günstling des Glücks, ein Junge, dann ein junger Mann, dem kaum jemand widerstehen kann, und die Größe des Autors Dietl zeigt sich auch darin, dass Rubempré und Sorel einen Balzac und einen Stendhal brauchten, damit der Gang durch die Herzen, die Köpfe, die Betten derer, die ihnen nicht widerstanden, angemessen beschrieben werde. Helmut Dietl musste das selbst tun – und vermutlich ist das einer der Gründe, weshalb der alte Dietl beim Schreiben so viel Wert darauf legte, dass den jungen Dietl eine kühle, elegante Einsamkeit umgab; dass er einen Hang zur Melancholie und keinerlei Talent zum Zufriedensein hatte – auch wenn sich die, die ihn damals schon kannten, an einen Jungen erinnern, der sehr gesellig und manchmal geradezu fröhlich sein konnte. Aber wer würde sich interessieren für einen Helden, dem bei den anderen Menschen so viel gelingt? Und der damit auch noch froh und zufrieden ist?

Wusste Helmut Dietl, wie gut ihm dieses Buch gelungen war? Vermutlich schon, seine Frau hat es ihm gesagt und Helge Malchow, der das Buch lektorierte, auch. Und trotzdem wünschte man sich als Helmut Dietls Bewunderer und Leser dieses Buchs, dass er die guten Besprechungen und die guten Verkaufszahlen, dass er den ganzen Erfolg dieses Buchs zur Kenntnis genommen hätte – schon weil das alles den Flop von »Zettl« zur Episode machte. Mit dem Roman seines Lebens rundete sich dieses Werk aber, mit diesem Text, der darauf zurückkam, dass mit Texten alles angefangen hatte, mit Gedichten und kleinen Theaterstücken.

Er hat das Erscheinen des Buchs aber nicht mehr erlebt. Am 15. März, in einem Zimmer, in dem nichts ans Kranksein erinnern durfte, betreut und gestützt von seiner Frau, versöhnt mit seinem Sohn David, dem er in den letzten Monaten seines Lebens sehr nahegekommen war, starb Helmut Dietl, in seinem eigenen Bett, in den Armen seiner Frau.

Auf der Trauerfeier in der Aussegnungshalle des Münchner Nordfriedhofs sahen die Tränen sämtlicher anwesender Schauspieler – es waren sehr viele – echt aus, obwohl drei Wochen vergangen waren. Der bayerische Kultusminister und der Münchner Oberbürgermeister dankten Helmut Dietl für alles, was ja angemessen war. Giovanni di Lorenzo hielt eine Rede, in der er sämtliche Widersprüche der Dietl'schen Existenz in einigen Szenen konzentrierte. David Dietl erzählte von seinem schwierigen, eigenwilligen, geliebten Vater. Und die Tochter Serafina versuchte, den berühmten und in diesem Moment absolut passenden Satz aus den »Münchner Geschichten« zu zitieren: »So is des im Lebn, zuerst is schee, dann is auf amoi ois vorbei.« Und schaffte es nicht, was vielleicht der größte und wahrhaftigste Moment dieser Trauerfeier war. Ein paar umso direktere Sätze über den geliebten Vater sprach sie dann aber doch. Später ging es ins Seehaus am Englischen Garten, und der Schriftsteller Joseph von Westphalen, trotz seines schönen vornehmen Namens ein Fremder in diesen Kreisen, berichtete später, dass er sehr gestaunt habe über all die Schauspieler, Filmleute, Kulturgrößen, Klatschreporter, das ganze Dietl-Personal, das sich zu Ehren Dietls versammelt hatte. Es sei da nämlich sehr freundlich und menschlich zugegangen, er habe interessante und kluge Gesprächspartner gefunden, wo er eigentlich nur Wichtigtuer und Gschaftlhuber vermutet hatte, selbst ein notorischer sogenannter Prominentenfriseur habe freundliche Manieren und ein angenehmes Wesen gehabt.

Westphalen, der unter diese Leute geraten war, weil ihn die »FAZ« um einen Bericht gebeten hatte, fand nur eine Erklärung für dieses unerwartete Verhalten. Die Leute hatten »Kir Royal« nicht nur gesehen (wenn sie nicht eh darin gespielt hatten); sie hatten es auch verstanden. Und dann beschlossen, sich fortan besser zu benehmen.

XXVI.

Du bist Monaco

Bitte bleiben Sie! Das war der Satz, der einem durch den Kopf schoss, als Helmut Dietl auf der Bühne des Messepalais sagte, er gehe jetzt, wenn keiner etwas dagegen habe. Bitte bleiben Sie, wir haben etwas dagegen. Wir protestieren gegen das Alter, die Krankheit, den Krebs, den Tod. Und natürlich ist Helmut Dietl geblieben, weil er die Unsterblichkeit als Künstler längst erlangt hatte.

Der Kanon der Filmgeschichte (und der des Fernsehens) ist auch nur ein Geflecht von Bezügen, eine Quersumme von Geschmacksurteilen, ein Werk des Zufalls und der Ungerechtigkeit – und weil Filme ein Speichermedium sind, kann man sie immer wieder ganz neu betrachten, jederzeit neu bewerten. Manches Bild verblasst, manche Szene wird wiederentdeckt, manches bleibt sichtbar und entfernt sich doch, weil es uns historisch wird: weil da Bilder, Szenen, Filme sind, die uns Gegenwärtige beeindrucken, nicht weil sie uns so nahe wären. Sondern weil sie eine große Ferne zu überbrücken scheinen.

Mit Helmut Dietl ist das anders. Die Siebziger der »Münchner Geschichten« sind uns historisch geworden, die »Münchner Geschichten« sind es aber nicht, so wenig, wie es die anderen Serien sind. Und wenn man sich fragt, was das für eine Gegenwärtigkeit ist, wo sie herkommt, was sie bewirkt und warum sie so unumstößlich und unbezweifelbar ist: Dann landet man im Zweifelsfall bei sich selbst, bei der Haltung, die einzunehmen man von diesen Serien verführt wird. Man kann sie ein universelles Münchnertum nennen, weil diese Haltung überall verständlich ist. Und überall eingenommen werden kann – auch wenn sie sich aus Münchner Quellen speist, zuerst aus der Sprache, die selbst unbezweifelbar Sachverhalte im Irrealis benennt, weil damit klargestellt werden muss, dass die Wirklichkeit nicht alles ist. Und dass man sich ihr auf keinen Fall allzu heftig hingeben sollte. Und das ist es ja, was Helmut Dietls Figuren (und ihren Autor) so zeitgemäß macht und so attraktiv – und was auch nicht so schnell verblassen wird: dass sie nicht bloß gegen irgendwelche Verhältnisse aufbegehren. Sondern dass sie der gesamten Wirklichkeit und allen verbindlichen Verabredungen darüber, was real, normal, gewünscht und von allen anerkannt sei, den Willen entgegensetzen, die eigenen Träume und Wünsche, die eigene Realität für wirklicher zu halten. Dass die Helden scheitern, ist das Mindeste. Dass sie vom eigenen Scheitern nicht beeindruckt sind, gehört dazu. Und Widersprüche sind dazu da, sie wachzuhalten.

Das mag sich kompliziert lesen – und ist doch eigentlich ziemlich einfach für den, der zuschaut. Es ist eine gestische, eine mimetische, eine körperliche Sache. Kaum etwas ist nämlich so ansteckend wie eine Szene von Helmut Dietl. Man hört die Sätze, sieht die Posen, und dann ist man eingeladen, sich nicht etwa einzufühlen, sondern mitzumachen. Und wenn man so spricht, so posiert, dann überkommt einen die dazugehörige Haltung fast schon von selbst. Das war damals das Geheimnis seines Erfolgs, und das ist jetzt der Grund für die Unsterblichkeit. Helmut Dietl war der Monaco Franze. Helmut Fischer war der Monaco Franze. Und jeder Zuschauer ist der Monaco Franze, wenn er sich nur der Inszenierung hingibt.

Manchmal sieht es so aus, als ob München verschwände: als ob diese Stadt, die für Helmut Dietl ein Weltmodell und eine hassgeliebte Heimat war, die Stadt, aus der er selbst dann noch seine Kraft schöpfte, wenn er sie abwies und widerlegen wollte, dieser Ort, der eigentlich schon vergangen war, als Dietl noch zur Schule ging und von der Schwabinger Boheme der vorletzten Jahrhundertwende träumte, die schöne, heitere, grantige, hinterfotzige, schicke, verlogene und deshalb so begehrenswerte Stadt nicht mehr viel Zukunft hätte. Aber wenn die Innenstadt zur Investorenhölle geworden ist und in den schicken neuen Häusern nur noch das Geld wohnen wird, das in Griechenland, Russland oder Arabien an der Steuer vorbeigeschmuggelt wurde; wenn die letzten Münchner nach Augsburg oder Rosenheim gezogen sein werden, weil sie sich selbst die Vorstädte nicht mehr leisten können; wenn die letzten Wirtshäuser die Innereien von der Speisekarte streichen und die letzten Bohemiens nach Leipzig umgezogen sind: Dann wird von München bleiben, was Helmut Dietl darin sah und was er dort inszenierte.

A Riesensach!

Dank

Ohne die Hilfe und das Vertrauen Tamara Dietls wäre aus diesem Buch nichts geworden. Unendlichen Dank dafür.

Großen Dank für Gespräche, Geschichten, Erinnerungen und Antworten auf meine Fragen an Senta Berger, Marianne Dennler, Dorothea Fischer, Karin Dietl-Wichmann, Jürgen Dohme, Thomas Gottschalk, Ugo Dossi, Giovanni di Lorenzo, Georg Seitz, Patrick Süskind, Bernd Stockinger, Dieter Giesing.
    Und an Philip Gröning

Aus Verantwortung für die Umwelt hat sich der
Verlag Kiepenheuer & Witsch zu einer nachhaltigen
Buchproduktion verpflichtet. Der bewusste Umgang mit
unseren Ressourcen, der Schutz unseres Klimas und der Natur
gehören zu unseren obersten Unternehmenszielen.

Gemeinsam mit unseren Partnern und Lieferanten setzen
wir uns für eine klimaneutrale Buchproduktion ein, die
den Erwerb von Klimazertifikaten zur Kompensation
des CO_2-Ausstoßes einschließt.

Weitere Informationen finden Sie unter:
www.klimaneutralerverlag.de

1. Auflage 2022

© 2022, Verlag Kiepenheuer & Witsch, Köln
Alle Rechte vorbehalten
Covergestaltung: Sabine Kwauka
Covermotiv: © IMAGO / Rolf Hayo
Gesetzt aus der Minion Pro
Satz: Buch-Werkstatt GmbH, Bad Aibling
Druck und Bindung: CPI books GmbH, Leck
ISBN 978-3-462-05006-6

»Das ist richtig ein bedeutendes Buch.«
Claudius Seidl, Deutschlandfunk

Bis zu seinem Tod im Frühjahr 2015 hat der große Filmregisseur Helmut Dietl an seiner Autobiografie gearbeitet. Das Ergebnis ist ein Buch, mit dem Helmut Dietl uns noch einmal überrascht – als exzellenter Schriftsteller. Wir erleben ein Feuerwerk von Liebes-, Trennungs- und Reisegeschichten. Selten sind die spießigen Fünfziger- und Sechzigerjahre und die frühen Gegenwelten der Schwabinger Bohème so komisch und unterhaltsam geschildert worden wie in diesem Buch.

Kiepenheuer & Witsch

Leseproben und mehr unter www.kiwi-verlag.de

»Und dann scheißt du ihn glei mit die Klickzahlen zu.«

25 Jahre nach der Kult- Serie »Kir Royal« stürzt sich Helmut Dietl wieder in die Welt der rasenden Klatschreporter. Diesmal geht es in Dietls hochkomischem Universum der Berliner Medienrepublik an den Kragen, statt »Klatsch und Tratsch« sind nun »Gossip und Talk of the Town« angesagt. Eine großartige Satire auf die Reichen und Mächtigen, die Schönen und Schamlosen, die Halbprominenten und Volltrottel der Berliner Republik.

Leseproben und mehr unter www.kiwi-verlag.de